# 1000 संघ
# प्रश्नोत्तरी

# 1000 संघ प्रश्नोत्तरी

अनीश भसीन

सत्साहित्य प्रकाशन, दिल्ली

प्रकाशक : सत्साहित्य प्रकाशन, 205-बी चावड़ी बाजार, दिल्ली-110006
 / संस्करण : प्रथम, 2017 / मूल्य : चार सौ रुपए
मुद्रक : आर-टेक ऑफसेट प्रिंटर्स, दिल्ली ISBN 978-81-7721-317-1

**1000 SANGH PRASHNOTTARI** *by* Anish Bhasin ₹ 400.00
Published by Satsahitya Prakashan, 205-B Chawri Bazar, Delhi-110006

राष्ट्रीय स्वयंसेवक संघ के संस्थापक

परम पूज्य

**डॉ. केशव बलिराम हेडगेवार**

उपाख्य 'डॉक्टरजी' की पावन स्मृति को।

# भूमिका

प्रस्तुत पुस्तक '1000 संघ प्रश्नोत्तरी' आपके समक्ष प्रस्तुत करते हुए मुझे हार्दिक प्रसन्नता का अनुभव हो रहा है। समाज एवं राष्ट्र-निर्माण में संघ की भूमिका स्वयंसिद्ध है। संघ संस्थापक डॉ. केशव बलिराम हेडगेवारजी से लेकर वर्तमान सरसंघचालक मा. मोहनराव भागवत तक सभी ने अपने मार्गदर्शन में कार्यकर्ताओं का विशाल संगठन खड़ा किया है।

संघ की संगठन-पद्धति का आधार उसकी शाखाएँ हैं। उसकी शाखाएँ देश के प्रत्येक भाग में हैं। कोई भी ऐसा राज्य, नगर या कस्बा नहीं है, जहाँ संघ की शाखाएँ न लगती हों; यहाँ तक कि गाँवों में भी शाखाएँ चलती हैं। शाखाओं में भारतीय खेल खेले जाते हैं, देशभक्ति के गीत गाए जाते हैं। देश की समस्याओं पर चर्चा की जाती है तथा देश-सेवा के लिए परस्पर भ्रातृ-भाव की भावना उत्पन्न की जाती है।

भारत के सार्वजनिक जीवन में आज राष्ट्रीय स्वयंसेवक संघ को सबसे बड़े कर्म आंदोलन के रूप में देखा जाता है। कश्मीर से कन्याकुमारी तक, कच्छ से अरुणाचल प्रदेश तक भारत के प्रत्येक कोने में संघ के स्वयंसेवक अखिल भारतीय राष्ट्रीयता के शक्ति-स्तंभ बनकर खड़े हैं।

राष्ट्रीय स्वयंसेवक संघ के बारे में चाहे किसी भी विरोधी या आलोचक ने कुछ भी आरोप क्यों न लगाया हो, कुछ भी कहा हो; परंतु जब भी अपने देशवासियों पर विपत्ति आई है, संघ के स्वयंसेवकों ने सदा जनता की सेवा की है और उसके बदले में कुछ नहीं माँगा। संघ के कार्यकर्ताओं (स्वयंसेवकों) ने देशभक्ति एवं निस्स्वार्थ सेवा का आदर्श प्रस्तुत किया है, जिसके चलते सर्वोदय नेता श्री प्रभाकर राव ने आर.एस.एस. को 'रेडी फॉर सेल्फलेस सर्विस' (निस्स्वार्थ सेवा के लिए तत्पर) का नया नाम दिया।

संघ का अपने स्वयंसेवकों को संदेश है कि संघ को समाज में अलग संगठन खड़ा नहीं करना है, बल्कि समाज का संगठन करना है। देश के लिए ही सबकुछ करना है और श्रेय समाज के खाते में डालना है। वर्तमान में संघ के स्वयंसेवक देश में सेवा के लगभग दो लाख प्रकल्प चला रहे हैं; जैसे स्वास्थ्य, शिक्षा, ग्रामीण विकास, वंचित वर्ग का सशक्तीकरण, पर्यावरण रक्षा एवं स्वावलंबी समाज के निर्माण का कोई भी क्षेत्र स्वयंसेवकों के पराक्रम से अछूता नहीं है। संन्यासी का भगवा वस्त्र उसके त्याग का प्रतीक होता है। सारा देश एवं समाज उस रंग को देखकर सिर झुकाता है।

प्रस्तुत पुस्तक में राष्ट्रीय स्वयंसेवक संघ से संबंधित समस्त जानकारी (तथ्यों की) वस्तुनिष्ठ प्रश्नों के रूप में दी गई है। पुस्तक को तैयार करते समय संघ से संबंधित उन सभी महत्त्वपूर्ण विषयों को सम्मिलित करने का प्रयास किया गया है, जिसके बारे में स्वयंसेवकों/पाठकों की कम जानकारी है। प्रस्तुत पुस्तक में संघ का प्रारंभ, प्रार्थना, भगवा ध्वज (गुरु), शाखा, संघ शिक्षा वर्ग, संघ भौगोलिक रचना, गणवेश, खेल, उत्सव, साहित्य, संपूर्ण संघ परिवार, संघ से जुड़ी संस्थाएँ, संघ के सभी सरसंघचालक, संघ के प्रमुख व्यक्तित्व जैसे नानाजी देशमुख, संघ द्वारा की गई समाज-सेवा एवं वर्तमान प्रधानमंत्री श्री नरेंद्र मोदी की संघ पृष्ठभूमि आदि से संबंधित एक हजार प्रश्न दिए गए हैं और प्रत्येक प्रश्न के साथ चार विकल्प दिए गए हैं, जिनमें से एक सही है।

संघ पर एक हजार क्या, दस हजार प्रश्नोत्तर भी दिए जा सकते थे; लेकिन मेरे सामने एक सीमा-रेखा थी, जिसे ध्यान में रखना अनिवार्य था। कोई भी महत्त्वपूर्ण प्रश्न छूटे नहीं, इसका यथासंभव ध्यान रखा गया है। इस पुस्तक की विषय-वस्तु को उपयोगी बनाने के लिए संघ से संबंधित पचास से अधिक पुस्तकों से संदर्भ लिये गए हैं। इस महत्त्वपूर्ण सहयोग के लिए मैं उन पुस्तकों के लेखक एवं प्रकाशको का अभारी हूँ।

मैं आशा करता हूँ कि यह पुस्तक संघ के प्रति रुचि रखनेवाले असंख्य कार्यकर्ताओं/स्वयंसेवकों एवं सामान्य पाठकों के लिए विशेष रूप से उपयोगी सिद्ध होगी।

# अनुक्रम


| | | |
|---|---|---|
| | भूमिका | 7 |
| 1. | राष्ट्रीय स्वयंसेवक संघ : एक नजर में | 11 |
| 2. | संघ का प्रारंभ | 18 |
| 3. | संघ विस्तार और प्रार्थना | 28 |
| 4. | संघ भगवा ध्वज (गुरु) | 37 |
| 5. | संघ शाखा | 41 |
| 6. | संघ शिक्षा वर्ग | 47 |
| 7. | संघ : भौगोलिक रचना | 54 |
| 8. | संघ प्रचारक | 59 |
| 9. | संघ गणवेश | 61 |
| 10. | संघ खेल | 63 |
| 11. | संघ उत्सव | 68 |
| 12. | हिंदुत्व | 72 |
| 13. | संघ साहित्य | 77 |
| 14. | संघ परिवार–1 | 80 |
| 15. | संघ परिवार–2 | 96 |
| 16. | संघ से जुड़ी संस्थाएँ | 123 |
| 17. | हिंदू स्वयंसेवक संघ | 132 |

18. डॉ. केशव बलिराम हेडगेवार (सरसंघचालक) 135

19. माधवराव सदाशिवराव गोलवलकर 142

20. बालासाहब देवरस (सरसंघचालक) 146

21. प्रो. राजेंद्र सिंह (सरसंघचालक) 149

22. के.एस. सुदर्शन (सरसंघचालक) 151

23. मोहनराव भागवत (सरसंघचालक) 154

24. संघ : प्रमुख व्यक्तित्व 156

25. नानाजी देशमुख 167

26. संघ पर प्रतिबंध 172

27. संघ एवं आपातकाल 179

28. संघ एवं समाज-सेवा 191

29. संघ और राजनीति 195

30. विविध 203

**उत्तर-सूची ( व्याख्या सहित ) 208**

**परिशिष्ट—**

राष्ट्रीय स्वयंसेवक संघ के विकास का घटनाक्रम : एक नजर में 257

संघ के सरसंघचालक 260

संघ प्रार्थना 261

संघ की प्रतिज्ञा 261

संघ रचना दायित्वानुसार 262

संघ परिवार : एक दृष्टि में 262

# राष्ट्रीय स्वयंसेवक संघ : एक नजर में

प्र. 1 : निम्नलिखित में से कौन राष्ट्रीय स्वयंसेवक संघ (RSS) के संस्थापक थे?

(क) डॉ. श्यामा प्रसाद मुकर्जी

(ख) नानाजी देशमुख

(ग) डॉ. केशव बलिराम हेडगेवार

(घ) पं. मदन मोहन मालवीय

प्र. 2 : राष्ट्रीय स्वयंसेवक संघ की स्थापना कब हुई थी?

(क) 25 सितंबर, 1916 को (विजयादशमी के दिन)

(ख) 27 सितंबर, 1925 को (विजयादशमी के दिन)

(ग) 25 अगस्त, 1935 को (दीपावली के दिन)

(घ) 27 अक्तूबर, 1951 को (होली के दिन)

प्र. 3 : राष्ट्रीय स्वयंसेवक (RSS) कितने शब्दों का समुच्चय है?

(क) मात्र एक शब्द का

(ख) दो शब्दों का

(ग) तीन शब्दों का

(घ) पाँच शब्दों का

प्र. 4 : संघ के स्वयंसेवकों के सेवा कार्य को देखकर (सन् 1977 में) किसने संघ को 'रेडी फॉर सेल्फलेस सर्विस' (Ready for selfless service) अर्थात् (निस्स्वार्थ सेवा के लिए तत्पर) का नया नाम दिया था?

(क) विनोबा भावे (ख) प्रभाकर राव

(ग) जयप्रकाश नारायण (घ) नानाजी देशमुख

उत्तर के लिए कृपया पृष्ठ सं. 208 देखें।

प्र. 5 : वर्तमान में भारत का सबसे बड़ा स्वयंसेवी संगठन कौन सा है ?

(क) राष्ट्रीय स्वयंसेवक संघ (ख) रामकृष्ण मिशन

(ग) स्वदेशी जागरण मंच (घ) हिंदू महासभा

प्र. 6 : राष्ट्रीय स्वयंसेवक संघ (RSS) का मुख्यालय कहाँ स्थित है ?

(क) अहमदाबाद (गुजरात) (ख) नागपुर (महाराष्ट्र)

(ग) भोपाल (मध्य प्रदेश) (घ) कानपुर (उ.प्र.)

प्र. 7 : संघ के केंद्रीय कार्यालय को क्या कहा जाता है ?

(क) गोलवलकर भवन (ख) हेडगेवार भवन

(ग) संघ कुंज (घ) केशव कुंज

प्र. 8 : वर्तमान में संघ की प्रार्थना किस भाषा में है ?

(क) हिंदी में (ख) मराठी में

(ग) संस्कृत में (घ) अंग्रेजी में

प्र. 9 : वर्तमान में संपूर्ण भारत में अनुमानित रूप से संघ की कितनी शाखाएँ लगती हैं ?

(क) दस हजार से अधिक

(ख) बीस हजार से अधिक

(ग) तीस हजार से अधिक

(घ) चालीस हजार से अधिक

प्र. 10 : 'संघ परिवार' के किस आनुषंगिक संगठन ने वर्ष 2014 में अपनी स्वर्ण जयंती (50वीं वर्षगाँठ) मनाई ?

(क) अखिल भारतीय विद्यार्थी परिषद् (ABVP)

(ख) विश्व हिंदू परिषद् (VHP)

(ग) बजरंग दल

(घ) राष्ट्र सेविका समिति

प्र. 11 : संघ परिवार के किस संगठन/संस्था ने 6 अप्रैल, 2015 को अपना 35वाँ स्थापना दिवस मनाया ?

(क) भारतीय मजदूर संघ (BMS)

(ख) अखिल भारतीय विद्यार्थी परिषद् (ABVP)

(ग) विश्व हिंदू परिषद् (VHP)

(घ) भारतीय जनता पार्टी (BJP)

उत्तर के लिए कृपया पृष्ठ सं. 208 व 209 देखें।

प्र. 12 : राष्ट्रीय स्वयंसेवक संघ (RSS) में सबसे ऊपर किसका स्थान होता है, जो पूरे संघ का दिशा-निर्देशन करता है ?

(क) सरकार्यवाह (ख) सरसंघचालक

(ग) प्रचारक (घ) प्रांत संघचालक

प्र. 13 : राष्ट्रीय स्वयंसेवक संघ के प्रथम सरसंघचालक कौन थे ?

(क) माधवराव सदाशिव गोलवकर

(ख) नानाजी देशमुख

(ग) श्यामा प्रसाद मुकर्जी

(घ) डॉ. केशव बलिराम हेडगेवार

प्र. 14 : इनमें में से कौन राष्ट्रीय स्वयंसेवक संघ के सरसंघचालक रहे हैं ?

(क) डॉ. केशव बलिराम हेडगेवार

(ख) माधवराव सदाशिव गोलवलकर

(ग) बालासाहब देवरस

(घ) उपर्युक्त सभी

प्र. 15 : निम्न में से कौन राष्ट्रीय स्वयंसेवक संघ के सरसंघचालक नहीं रहे हैं ?

(क) के.एस. सुदर्शन (ख) रज्जू भैया

(ग) नानाजी देशमुख (घ) मोहनराव भागवत

प्र. 16 : निम्न में से कौन संघ के सबसे लंबी अवधि तक सरसंघचालक रहे ?

(क) केशव बलिराम हेडगेवार

(ख) बालासाहब देवरस

(ग) मा.स. गोलवलकर

(घ) के.एस. सुदर्शन

प्र. 17 : निम्न में से कौन संघ में सबसे कम (छोटी) अवधि तक (मात्र 6 वर्ष) सरसंघचालक रहे ?

(क) के.एस. सुदर्शन (ख) प्रो. राजेंद्र सिंह (रज्जू भैया)

(ग) बालासाहब देवरस (घ) उपर्युक्त में से कोई नहीं

प्र. 18 : राष्ट्रीय स्वयंसेवक संघ के वर्तमान में (वर्ष 2016 में) सरसंघचालक कौन हैं ?

(क) के.एस. सुदर्शन (ख) मोहनराव भागवत

(ग) भैयाजी जोशी (घ) उपर्युक्त में से कोई नहीं

उत्तर के लिए कृपया पृष्ठ सं. 209 देखें।

प्र. 19 : संघ के वर्तमान में (वर्ष 2015 के प्रारंभ में) सरकार्यवाह कौन हैं?

(क) के.सी. कनन (ख) दत्तात्रेय होसबोले

(ग) सुरेश सोनी (घ) भैयाजी जोशी

प्र. 20 : वर्तमान में संघ के कितने सह-सरकार्यवाह हैं?

(क) एक (ख) दो

(ग) तीन (घ) चार

प्र. 21 : निम्न में से कौन वर्तमान में संघ का सह-सरकार्यवाह है?

(क) डॉ. कृष्ण गोपाल (ख) सुरेश सोनी

(ग) दत्तात्रेय होसबोले (घ) उपर्युक्त सभी

प्र. 22 : वर्तमान में कौन संघ के अखिल भारतीय प्रचार प्रमुख हैं?

(क) राम माधव (ख) सुरेश सोनी

(ग) मनमोहन वैद्य (घ) अशोक सिंघल

प्र. 23 : संघ की गैर-राजनीतिक गतिविधियों में (शाखाओं में) भाग लेने की राज्यकर्मियों को अनुमति वर्ष 2015 के प्रारंभ में किस राज्य की सरकार ने प्रदान की है?

(क) हिमाचल प्रदेश (ख) जम्मू व कश्मीर

(ग) छत्तीसगढ़ (घ) दिल्ली

प्र. 24 : निम्न में से संघ के प्रमुख व्यक्तित्व एवं उनके उपनाम (जिस नाम से वह 'संघ परिवार' में जाने जाते हैं) के संबंध में कौन सा युग्म गलत है?

| *संघ व्यक्तित्व* | *उपनाम* (संघ परिवार में वह जिस नाम से अधिक जाने जाते हैं) |
|---|---|
| (क) डॉ. पी.वी. दोशी | पप्पाजी |
| (ख) उमाकांत केशव आपटे | बाबासाहब आपटे |
| (ग) लक्ष्मणराव इनामदार | वकील साहब |
| (घ) योगेंद्रजी | भैयाजी दाणी |

प्र. 25 : निम्न में से किस वर्ष राष्ट्रीय स्वयंसेवक संघ के 75 वर्ष पूर्ण होने पर 'राष्ट्र जागरण अभियान' के अंतर्गत व्यापक जन-संपर्क हुआ था?

(क) सन् 1990 में (ख) सन् 1995 में

(ग) सन् 2000 में (घ) सन् 2005 में

**उत्तर के लिए कृपया पृष्ठ सं. 209 देखें।**

प्र. 26 : संघ में देशभक्ति व समाजभक्ति का पाठ पढ़ाते समय प्राय: क्या कहा जाता है ?

(क) एक घंटा देश व समाज का और तेईस घंटे शाखा को।

(ख) एक घंटा शाखा का और तेईस घंटे देश व समाज के लिए।

(ग) एक घंटा खेल-कूद और तेईस घंटे संघ के लिए।

(घ) एक घंटा प्रार्थना का और तेईस घंटे शाखा के लिए।

प्र. 27 : निम्नलिखित में से किसने 'राष्ट्रीय स्वयंसेवक संघ' नामक पुस्तक लिखी थी ?

(क) डॉ. केशव बलिराम हेडगेवार

(ख) अप्पाजी जोशी

(ग) नानाजी देशमुख

(घ) पं. दीनदयाल उपाध्याय

प्र. 28 : निम्नलिखित में से किस अवधि में राष्ट्रीय स्वयंसेवक संघ पर प्रतिबंध लगा रहा ?

(क) 4 फरवरी, 1948 से 12 जुलाई, 1949 तक

(ख) 4 जुलाई, 1975 से 22 मार्च, 1977 तक

(ग) 10 दिसंबर, 1992 से 4 जून, 1993 तक

(घ) उपर्युक्त सभी

प्र. 29 : राष्ट्रीय स्वयंसेवक संघ की स्थापना के समय संघ का अपना कोई संविधान नहीं था। संघ ने अपना संविधान कब बनाया ?

(क) संघ पर लगे प्रतिबंध के दौरान (वर्ष 1949 में)

(ख) आपातकाल के दौरान (वर्ष 1975 में)

(ग) संघ की 75वीं वर्षगाँठ के दौरान (वर्ष 2000 में)

(घ) अटलजी के नेतृत्व में बनी सरकार के दौरान (1999 में)

प्र. 30 : निम्नलिखित में से भारत के कौन से दो प्रधानमंत्री राष्ट्रीय स्वयंसेवक संघ के प्रचारक रह चुके हैं ?

(क) मोरारजी देसाई एवं चरण सिंह

(ख) वी.पी. सिंह एवं चंद्रशेखर

(ग) एच.डी. देवगौड़ा एवं आई.के. गुजराल

(घ) अटल बिहारी वाजपेयी एवं नरेंद्र मोदी

उत्तर के लिए कृपया पृष्ठ सं. 210 देखें।

प्र. 31 : वर्तमान में मनोहर लाल खट्टर भारत के किस राज्य के मुख्यमंत्री हैं, जिन्होंने अपने कॅरियर की शुरुआत संघ में प्रचारक के रूप में की थी ?

(क) गुजरात (ख) जम्मू व कश्मीर

(ग) पंजाब (घ) हरियाणा

प्र. 32 : जनवरी 1940 में 'अनुशीलन समिति' के किस प्रसिद्ध क्रांतिकारी ने देशव्यापी सशस्त्र क्रांति के सिलसिले में नागपुर आकर डॉ. हेडगेवारजी से भेंट की ?

(क) त्रिलोकीनाथ चक्रवर्ती (ख) त्रैलोक्यनाथ चक्रवर्ती

(ग) त्रैलोक्य चक्रवर्ती (घ) त्रिभुवन चक्रवर्ती

प्र. 33 : भारत के प्रधानमंत्री नरेंद्र मोदी के 'ट्विटर' फॉलोअर की संख्या कब एक करोड़ को पार कर गई ?

(क) 26 मई, 2014 को (भारत के प्रधानमंत्री बनते ही)

(ख) 3 जुलाई, 2014 को

(ग) 10 दिसंबर, 2014 को

(घ) 10 फरवरी, 2015 को

प्र. 34 : नरेंद्र मोदी ने गुजरात में सरदार पटेल की भव्य प्रतिमा (विश्व की सबसे ऊँची मूर्ति) के निर्माण का बीड़ा उठाया है। उसको (प्रतिमा/मूर्ति का) नाम क्या दिया गया है ?

(क) 'स्टैच्यू ऑफ लिबर्टी' (Statue of Liberty)

(ख) 'स्टैच्यू ऑफ इक्वेलिटी' (Statue of Equality)

(ग) 'स्टैच्यू ऑफ यूनिटी' (Statue of Unity)

(घ) 'स्टैच्यू ऑफ नेशन' (Statue of Nation)

प्र. 35 : हाल ही में किस राजनेता को 'भारत रत्न' से सम्मानित किया गया है ?

(क) डॉ. श्यामा प्रसाद मुकर्जी (ख) पं. दीनदयाल उपाध्याय

(ग) नानाजी देशमुख (घ) अटल बिहारी वाजपेयी

प्र. 36 : संघ प्रमुख का कौन सा संबोधन संघ की नीतियों एवं विचारों को दुनिया के सामने प्रस्तुत करने का एक सार्वजनिक मंच होता है ?

(क) वर्ष प्रतिपदा का संबोधन (ख) विजयादशमी का संबोधन

(ग) गुरु पूर्णिमा का संबोधन (घ) जन्माष्टमी का संबोधन

उत्तर के लिए कृपया पृष्ठ सं. 210 देखें।

प्र. 37 : राष्ट्रीय स्वयंसेवक संघ, जो अपनी स्थापना से ही राष्ट्र की सेवा करता आया है, ने अपना 90वाँ स्थापना दिवस कब मनाया?

(क) 3 अक्तूबर, 2014 को (ख) 1 अप्रैल, 2015 को

(ग) 17 अगस्त, 2015 को (घ) 22 अक्तूबर, 2015 को

प्र. 38 : हाल ही में दशहरा के पर्व पर संघ के किस वरिष्ठ प्रतिष्ठित अधिकारी ने कहा, ''छोटी-छोटी घटनाएँ हिंदू या भारतीय संस्कृति को नुकसान नहीं पहुँचा सकतीं, क्योंकि हमारी संस्कृति विभिन्नता का सम्मान करते हुए एकता पर बल देती है। संघ पिछले 90 साल से देश को हिंदुत्व के आधार पर एकजुट रखने के लिए काम करता आ रहा है।''

(क) भैयाजी जोशी (ख) दत्तात्रेय होसबोले

(ग) सुरेश सोनी (घ) मोहनराव भागवत

□

उत्तर के लिए कृपया पृष्ठ सं. 210 देखें।

# संघ का प्रारंभ

प्र. 39 : डॉ. केशव बलिराम हेडगेवार द्वारा संघ की स्थापना के संबंध में कहा गया कौन सा कथन सही है?

(क) राष्ट्रीय स्वयंसेवक संघ की स्थापना इसलाम एवं ईसाई धर्म के खिलाफ हिंदुओं को एकजुट करने की मंशा से की गई थी।

(ख) गांधी एवं कांग्रेस की अल्पसंख्यक तुष्टीकरण की नीति की नींव से डॉ. हेडगेवार संतुष्ट नहीं थे, इसलिए वह हिंदू संगठन बनाने में जुट गए।

(ग) डॉ. हेडगेवार का मानना था कि इस देश में 80 प्रतिशत हिंदू हैं और फिर भी वे पिछले 400 वर्षों से शासक नहीं हैं। कभी बाहर से आए मुसलमान शासक बने तो कभी ईसाई। डॉक्टरजी के अनुसार ऐसा इसलिए हुआ, क्योंकि हिंदू आक्रामक नहीं हैं। वे सबकुछ सहन करते हैं। हिंदुओं के इस मूल स्वरूप को बदलना होगा, यह संघ की स्थापना करके उन्होंने ठाना।

(घ) उपर्युक्त सभी

प्र. 40 : डॉ. केशव बलिराम हेडगेवार द्वारा स्थापित संघ के कार्यकलाप क्या हैं?

(क) शारीरिक व सैन्य शिक्षा (ख) राष्ट्रीय शिक्षा

(ग) मार्गदर्शनात्मक भाषण (घ) उपर्युक्त सभी

प्र. 41 : संघ की नींव डॉक्टरजी ने किस सिद्धांत पर रखी थी?

(क) विशुद्ध राष्ट्रभक्ति

(ख) राष्ट्रीय गौरव के लिए अजेय संगठन

(ग) उपर्युक्त 'क' और 'ख' दोनों

(घ) उपर्युक्त में से कोई नहीं

**उत्तर के लिए कृपया पृष्ठ सं. 211 देखें।**

प्र. 42 : ''जहाँ-जहाँ हिंदू रहता है, वहाँ-वहाँ संघ पहुँचना चाहिए।'' उपर्युक्त कथन किसका है ?

(क) डॉ. केशव हेडगेवार (ख) नानाजी देशमुख

(ग) पं. दीनदयाल उपाध्याय (ग) वीर सावरकर

प्र. 43 : संघ निर्माता डॉ. हेडगेवार प्रारंभ में जिस बंगाल की प्रमुख क्रांतिकारी संस्था 'अनुशीलन समिति' के सदस्य रहे, उस समिति के संबंध में इनमें से कौन सा कथन सही है ?

(क) संघ की 'शाखा' अनुशीलन समिति के क्लब का ही दूसरा रूप है।

(ख) अनुशीलन समिति मुहल्ला, क्लबों के माध्यम से कार्य करती थी। इन क्लबों में शारीरिक व्यायाम, खेलकूद, लाठी, तलवार आदि का प्रशिक्षण दिया जाता था।

(ग) राष्ट्रीय स्वयंसेवक संघ को इस अनुशीलन समिति का (सही अर्थों में) उत्तराधिकारी कहा जा सकता है।

(घ) उपर्युक्त सभी।

प्र. 44 : अनुशीलन समिति की स्थापना कब हुई थी ?

(क) 24 मार्च, 1902 (ख) 3 अप्रैल, 1911

(ग) 4 अप्रैल, 1916 (घ) 21 सितंबर, 1924

प्र. 45 : डॉक्टरजी द्वारा संघ का नाम तय करने के लिए 17 अप्रैल, 1926 को बुलाई गई बैठक में मौजूद 26 सदस्यों ने क्या नाम सुझाए थे ?

(क) जरी-पटका मंडल (ख) भारतोद्धारक मंडल

(ग) राष्ट्रीय स्वयंसेवक संघ (घ) उपर्युक्त सभी

प्र. 46 : संघ स्थापना के कितने महीने बाद उसका नामकरण हुआ ?

(क) साढ़े छह महीने (ख) तीन महीने

(ग) दो महीने (घ) आठ महीने

प्र. 47 : अनुशीलन समिति में 'अनुशीलन' शब्द कहाँ से लिया गया था ?

(क) रवींद्रनाथ टैगोर की पुस्तक 'गीतांजलि तत्त्व' से।

(ख) बंकिमचंद्र चटर्जी की पुस्तक 'अनुशीलन तत्त्व' से।

(ग) महात्मा गांधी की पुस्तक 'हिंद स्वराज' से।

(घ) स्वामी विवेकानंद के द्वारा शिकागो के विश्व धर्म सम्मेलन में दिए गए भाषण से।

**उत्तर के लिए कृपया पृष्ठ सं. 211 देखें।**

प्र. 48 : संघ की स्थापना डॉ. हेडगेवारजी ने विजयादशमी के दिन अपने घर पर 15-20 लोगों की बैठक में की थी। इनमें से कौन तब इस बैठक में उपस्थित नहीं थे ?

(क) अन्ना सोहनी एवं विश्वनाथ केलकर

(ख) भाऊजी कावरे एवं बालाजी छुछार

(ग) बापूराव भेदी

(घ) माधवराव सदाशिवराव गोलवलकर

प्र. 49 : उक्त बैठक के प्रारंभ में डॉक्टरजी (हेडगेवार) ने क्या कहा था ?

(क) हम सब मिलकर भारत का नवनिर्माण करते हैं।

(ख) हम सब मिलकर संघ प्रारंभ कर रहे हैं।

(ग) हम सब मिलकर भारत को आजाद कराने की योजना बनाते हैं।

(घ) हम सब मिलकर अंग्रेजी शासन से बदला लेने की योजना बनाते हैं।

प्र. 50 : संघ का नाम 'राष्ट्रीय स्वयंसेवक संघ' किसके द्वारा सुझाया गया था ?

(क) पांडुरंग कृष्ण सावलापुरकर (ख) अण्णा सोहनी

(ग) बैरिस्टर गोविंद राव देशमुख (घ) डॉ. नारायण भास्कर खरे

प्र. 51 : संघ का नामकरण उसकी स्थापना के समय नहीं हुआ था। संघ का नाम 'राष्ट्रीय स्वयंसेवक संघ' कब रखा गया ?

(क) 17 अप्रैल, 1926 (ख) 17 जून, 1927

(ग) 13 नवंबर, 1927 (घ) 13 मई, 1929

प्र. 52 : संघ की पहली विधिवत् दैनिक शाखा नागपुर के सालूबाई मोहिते के बाड़े में कब प्रारंभ की गई थी ?

(क) 28 मई, 1926 (ख) 13 दिसंबर, 1926

(ग) 14 अप्रैल, 1927 (घ) 13 जनवरी, 1928

प्र. 53 : संघ के प्रारंभिक काल में (सन् 1927 से 28 के बीच) संघ शाखा में किस प्रकार की शिक्षा दी जाती थी ?

(क) लाठी चलाने की शिक्षा

(ख) बौद्धिक वर्ग, प्राथमिक शारीरिक शिक्षा

(ग) कार्यकर्ताओं को विविध कार्यों के लिए सिद्ध करने की तैयारियाँ

(घ) उपर्युक्त सभी

**उत्तर के लिए कृपया पृष्ठ सं. 211 देखें।**

प्र. 54 : राष्ट्रीय स्वयंसेवक संघ का कार्य प्रारंभ होने के बाद पत्र-व्यवहार के लिए जो लेटर पैड छपवाए गए थे, उन पर किसकी यह पंक्ति अंकित हुआ करती थी—'दया तिचे नांव भूतांचे पालन आणि निर्दालन कंटाकांचे' (अर्थात् दया का अर्थ है प्राणियों का पालन और दुष्टों का दलन) ?

(क) संत कबीर (ख) संत तुकाराम

(ग) गोस्वामी तुलसीदास (घ) श्रीअरविंद

प्र. 55 : संघ की सांविधिक रचना की दृष्टि से 9-10 नवंबर, 1929 की प्रमुख कार्यकर्ताओं की बैठक को महत्त्वपूर्ण माना जाता है। यह बैठक कहाँ आयोजित हुई थी ?

(क) नागपुर में (ख) पूना में

(ग) बंबई में (घ) दिल्ली में

प्र. 56 : संघ की स्थापना के प्रारंभिक वर्षों तक (सन् 1930 तक) संघ का सारा दायित्व किसने सँभाला हुआ था ?

(क) डॉ. केशव हेडगेवार (ख) श्रीगुरुजी

(ग) अप्पाजी जोशी (घ) बाबासाहब आप्टे

प्र. 57 : नागपुर के बाहर संघ की प्रथम शाखा (महाराष्ट्र में ही) कहाँ शुरू की गई थी ?

(क) हिंगोली में (ख) पूना में

(ग) नाशिक में (घ) चंद्रपुर में

प्र. 58 : वर्धा में संघ की प्रथम शाखा डॉक्टरजी के सान्निध्य में किसने प्रारंभ की थी ?

(क) भाऊजी कावरे (ख) अप्पाजी जोशी

(ग) अन्ना सोहनी (घ) श्रीगुरुजी

प्र. 59 : उत्तर भारत में पहली शाखा काशी हिंदू विश्वविद्यालय में किसने खोली थी ?

(क) अन्ना सोहनी (ख) बाबासाहब आप्टे

(ग) भैयाजी दाणी (घ) अप्पाजी जोशी

प्र. 60 : सन् 1935 तक संघ किस प्रांत तक ही सीमित था ?

(क) मध्य प्रदेश (ख) दिल्ली

(ग) महाराष्ट्र (घ) उपर्युक्त सभी

उत्तर के लिए कृपया पृष्ठ सं. 211 व 212 देखें।

प्र. 61 : सन् 1940 में लगभग सभी प्रांतों से जब संघ शिक्षा वर्ग के लिए स्वयंसेवक नागपुर आए, तब डॉ. हेडगेवार ने अपने अंतिम भाषण में क्या कहा था?

(क) आज यहाँ पर मैं लघु हिंदू राष्ट्र का स्वरूप ही देख रहा हूँ।

(ख) अब संघ को राजनीति में प्रवेश कर लेना चाहिए।

(ग) मैं यहाँ 'श्रीगुरुजी' को अपना उत्तराधिकारी घोषित करता हूँ।

(घ) संघ द्वारा ब्रिटिश शासन को समाप्त करने का अब उचित समय आ गया है।

प्र. 62 : सन् 1936 में किसे संघ के प्रचार-कार्य के लिए दिल्ली भेजा गया था?

(क) गोपाल राव येरकुंटवार को

(ख) श्रीगुरुजी को

(ग) वसंतराव ओक को

(घ) दादाराव परमार्थ को

प्र. 63 : इनमें से डॉ. हेडगेवारजी के वह प्रमुख सहयोगी कौन थे, जो संघ में लाठी व शारीरिक शिक्षा के जन्मदाता भी रहे, परंतु डॉक्टरजी से नीति विषयक मतभेद के चलते संघ छोड़कर चले गए थे?

(क) श्री अन्ना सोहनी

(ख) भाऊजी कावरे

(ग) अप्पाजी जोशी

(घ) भैयाजी दाणी

प्र. 64 : प्रारंभ में संघ के स्वयंसेवकों को अर्द्धसैनिक शिक्षा भी दी जाती थी। इन कार्यों के लिए किनकी सेवाएँ ली जाती थीं?

(क) विश्वनाथ केलकर (ख) श्री मार्तंड राव

(ग) बापू राव (घ) बाबासाहब आप्टे

प्र. 65 : राष्ट्रीय स्वयंसेवक संघ की स्थापना में दो प्रमुख व्यक्ति हिंदू महासभा के थे। इनमें खुद एक डॉ. हेडगेवारजी थे। निम्न में से वह दूसरे व्यक्ति कौन थे?

(क) अप्पाजी जोशी (ख) बाबासाहब आप्टे

(ग) डॉ. शिवम मुंजे (घ) श्रीगुरुजी

उत्तर के लिए कृपया पृष्ठ सं. 212 देखें।

प्र. 66 : सुप्रसिद्ध क्रांतिकारी सरदार भगत सिंह के साथी राजगुरु वर्ष 1929 में नागपुर आए थे। डॉक्टरजी राजगुरु को अच्छी तरह से कैसे जानते थे?

(क) राजगुरु से डॉक्टरजी के पारिवारिक संबंध थे।

(ख) राजगुरु से वह कांग्रेस के नागपुर के वार्षिक अधिवेशन में मिले थे।

(ग) राजगुरु नागपुर प्रांत के संघचालक रहे थे।

(घ) राजगुरु नागपुर की भोसला वेदशाला के छात्र रहे थे और मोहिते संघ स्थान पर बार-बार आया करते थे।

प्र. 67 : संघ की उदासीन और निष्क्रिय भूमिका से खिन्न होकर किसने एक बार यहाँ तक कह डाला था कि 'संघ के स्वयंसेवक की मृत्यु के पश्चात् उसकी समाधि पर लगे पत्थर पर लिखा जाएगा कि वह पैदा हुआ, संघ में चला गया और देश-समाज के लिए बिना कुछ किए ही मर गया।'

(क) पं. मोतीलाल नेहरू

(ख) लाला लाजपत राय

(ग) विनायक दामोदर सावरकर

(घ) पं. मदनमोहन मालवीय

प्र. 68 : डॉ. हेडगेवारजी से किसी ने पूछा कि जब आपका संगठन कार्य पूरा हो जाएगा तो आप उसका क्या करेंगे? तब डॉक्टरजी ने क्या उत्तर दिया था?

(क) मैं सबको एक जगह एकत्र करूँगा और कहूँगा कि सब सो जाओ, तो वे सब सो जाएँगे।

(ख) मैं तब तुरंत राजनीति में आ जाना चाहूँगा।

(ग) मैं तब संगठन (संघ) को छोड़कर अन्य दूसरा समाज-सेवी कार्य करूँगा।

(घ) मैं तब आराम से महीने-दो महीने के लिए विदेश की यात्रा पर चला जाऊँगा।

प्र. 69 : संघ के लक्ष्य को स्पष्ट शब्दों में रखते हुए यह किसने कहा था कि 'हमने तो कभी भी नहीं कहा कि हम मात्र दो दिन या दो महीने में स्वराज्य प्राप्त कर लेंगे। पर साथ-साथ हम यह भी नहीं चाहते कि दस पीढ़ियों और सदियों तक काम करते रहें और उसका फल कुछ भी न

उत्तर के लिए कृपया पृष्ठ सं. 212 देखें।

हो। हमारी तो कोशिश है कि अपने जीते-जी हम अपने उद्देश्य की पूर्ति देख सकें?'

(क) केशव बलिराम हेडगेवार

(ख) माधवराव सदाशिवराव गोलवलकर

(ग) अप्पाजी जोशी

(घ) बाबासाहब आप्टे

प्र. 70 : वर्तमान में जहाँ संघ का केंद्रीय कार्यालय 'हेडगेवार भवन' खड़ा है, उसी स्थान पर संघ के प्रारंभ के समय (स्थापना के समय) क्या हुआ करता था?

(क) नागपुर म्यूनिसिपल कमेटी का कार्यालय

(ख) सालूबाई मोहिते का पुराना बाड़ा

(ग) गुरुजी का निवास-स्थल

(घ) पं. मदन मोहन मालवीय का पुराना बाड़ा

प्र. 71 : दिसंबर 1929 में जब कांग्रेस कार्यकारिणी ने 'स्वतंत्रता दिवस' मनाने का निश्चय किया, तब डॉक्टरजी ने भी संघ की सभी शाखाओं में यह दिन मनाने का आदेश दिया था। इनमें से किस तारीख को 'स्वतंत्रता दिवस' के रूप में मनाया गया था?

(क) 26 जनवरी, 1930 (ख) 3 मार्च, 1930

(ग) 4 जून, 1930 (घ) 1 नवंबर, 1930

प्र. 72 : राष्ट्रीय स्वयंसेवक संघ की स्थापना के बाद गांधीजी द्वारा चलाया गया पहला आंदोलन कौन सा था?

(क) असहयोग आंदोलन

(ख) दांडी मार्च, सविनय अवज्ञा आंदोलन

(ग) भारत छोड़ो आंदोलन

(घ) उपर्युक्त में से कोई नहीं

प्र. 73 : राष्ट्रीय स्वयंसेवक संघ की प्रगति में बाधा डालने के लिए कांग्रेस द्वारा किस वर्ष कांग्रेस के सदस्यों को संघ (RSS सहित हिंदू महासभा एवं मुसलिम लीग) के सदस्य बनने की मनाही करनेवाला प्रस्ताव पारित किया गया था?

(क) सन् 1931 में (ख) सन् 1934 में

(ग) सन् 1939 में (घ) सन् 1942 में

उत्तर के लिए कृपया पृष्ठ सं. 212 देखें।

प्र. 74 : सन् 1947 तक राष्ट्रीय स्वयंसेवक संघ का स्वरूप कैसा था?

(क) उस दौरान संघ के पास उसके संस्थापक डॉ. हेडगेवार की एक छोटी सी जीवनी के अतिरिक्त कोई अधिकृत साहित्य नहीं था।

(ख) संघ का उस दौरान (सन् 1947 तक) कोई अखबार/समाचार-पत्र नहीं था, अपना कोई भवन तक नहीं था।

(ग) सन् 1947 तक संघ की दैनिक शाखा के अतिरिक्त अन्य कोई विशेष गतिविधि नहीं होती थी।

(घ) उपर्युक्त सभी

प्र. 75 : राष्ट्रीय स्वयंसेवक संघ की यात्रा के प्रमुख चरणों के संबंध में कौन सा कथन सही है?

(क) सन् 1925 में स्थापना से लेकर आजादी तक (1947 तक) संघ शाखा-केंद्रित कालखंड को संघ-यात्रा का प्रथम चरण माना जाता है।

(ख) सन् 1947 से 1949 तक के संघर्ष काल को (जब संघ पर प्रतिबंध रहा) संघ-यात्रा का द्वितीय चरण कहा जा सकता है।

(ग) संघ पर प्रतिबंध उठाने/हटाने के पश्चात् संघ-यात्रा का तीसरा चरण प्रारंभ हुआ।

(घ) उपर्युक्त सभी

प्र. 76 : निम्न में से संघ की यात्रा के किस चरण में संघ-शाखा तंत्र से बाहर निकलकर वैकल्पिक सार्वजनिक कार्य-पद्धति में प्रवेश हुआ?

(क) संघ-यात्रा के प्रथम चरण में

(ख) संघ के द्वितीय चरण में

(ग) संघ के तृतीय चरण में

(घ) उपर्युक्त में से कोई नहीं

प्र. 77 : राष्ट्रीय स्वयंसेवक संघ का विरोध (आलोचकों द्वारा) प्रारंभ से ही किया जाता रहा है। इनमें से किस वर्ष मध्य प्रांत की सरकार ने सरकारी कर्मचारियों के शाखा में जाने पर निषेध करने का एक परिपत्र निकाला था?

(क) सन् 1925 में  (ख) सन् 1932 में

(ग) सन् 1944 में  (घ) सन् 1946 में

उत्तर के लिए कृपया पृष्ठ सं. 212 व 213 देखें।

प्र. 78 : द्वितीय विश्व युद्ध के प्रारंभ हो जाने तक अंग्रेजी शासकों की नजर में राष्ट्रीय स्वयंसेवक संघ क्या था?

(क) अंग्रेजी शासकों की नजर में संघ हिंदू महासभा का एक स्वयंसेवक दल मात्र था।

(ख) अंग्रेजों की नजर में संघ के सूत्र संचालक डॉ. मुंजे तथा वी.डी. सावरकर जैसे हिंदू समाज नेता थे।

(ग) संघ को अंग्रेजों ने (मुसलिम-विरोधी) निजी सेवा से अधिक कुछ नहीं समझा।

(घ) उपर्युक्त सभी

प्र. 79 : इनमें से कब ब्रिटिश सरकार ने (संघ के गणवेश के परिप्रेक्ष्य में) एक अध्यादेश निकाला, जिसके तहत भारत सुरक्षा अधिनियम के अंतर्गत किसी भी निजी संगठन द्वारा सैनिक गणवेश धारण करने या सैनिक कवायद पर प्रतिबंध लगाया गया?

(क) 6 जून, 1930 (ख) 12 दिसंबर, 1935

(ग) 5 अगस्त, 1940 (घ) 16 दिसंबर, 1944

प्र. 80 : ब्रिटिश सरकार द्वारा जारी अध्यादेश के परिप्रेक्ष्य में किस तत्कालीन संघ प्रमुख ने 28 अप्रैल, 1942 को संघ की सभी शाखाओं के नाम एक परिपत्र जारी करके सैनिक परीक्षण को अनिश्चित काल के लिए स्थगित करने की घोषणा की थी?

(क) डॉ. केशव बलिराम हेडगेवार

(ख) माधवराव गोलवलकर

(ग) अप्पाजी जोशी

(घ) बालासाहब देवरस

प्र. 81 : सन् 1942 में किस प्रांत की सरकार ने संघ के विस्तार से चौंककर संघ के बारे में प्रत्येक जिले से जानकारी एकत्र करवाई थी?

(क) संयुक्त प्रांत की सरकार ने

(ख) सी.पी. एंड बरार (वर्तमान मध्य प्रदेश एवं विदर्भ क्षेत्र) की सरकार ने

(ग) बंगाल प्रांत की सरकार ने

(घ) मद्रास प्रांत की सरकार ने

उत्तर के लिए कृपया पृष्ठ सं. 213 देखें।

प्र. 82 : निम्न में से किस वर्ष ब्रिटिश सरकार ने भी भारत के सभी प्रांतों से राष्ट्रीय स्वयंसेवक संघ से संबंधित जानकारी भेजने का आदेश दिया (जिसके फलस्वरूप संघ पर पहली फाइल खुली) था?

(क) सन् 1943 में (ख) सन् 1945 में

(ग) सन् 1946 में (घ) सन् 1947 में

☐

उत्तर के लिए कृपया पृष्ठ सं. 213 देखें।

# संघ विस्तार और प्रार्थना

प्र. 83 : प्रारंभ में (सन् 1926 से 1939 तक) शाखा के शारीरिक व बौद्धिक कार्यक्रमों के बाद जो संघ प्रार्थना बोली जाती थी, वह किस भाषा में होती थी?

(क) मराठी एवं संस्कृत (ख) मराठी एवं हिंदी

(ग) संस्कृत एवं गुजराती (घ) संस्कृत एवं हिंदी

प्र. 84 : प्रारंभ में संघ की प्रार्थना के अंत में किसका जयघोष बोला जाता था?

(क) 'राष्ट्रगुरु श्री महर्षि दयानंद सरस्वती की जय' का

(ख) 'राष्ट्रगुरु श्री समर्थ रामदास स्वामी की जय' का

(ग) 'राष्ट्र निर्माता श्री राजा राममोहन राय की जय' का

(घ) 'राष्ट्रगुरु श्री स्वामी विवेकानंद की जय' का

प्र. 85 : संघ की प्रार्थना की भाषा के परिवर्तन हेतु फरवरी 1939 में बैठक कहाँ हुई थी, जिसमें डॉ. हेडगेवारजी, श्रीगुरुजी एवं मा. बाबासाहब आप्टे आदि उपस्थित थे?

(क) कलकत्ता (बंगाल) (ख) रायपुर (छत्तीसगढ़)

(ग) सिंदी (महाराष्ट्र) (घ) रायगढ़ (महाराष्ट्र)

प्र. 86 : वर्ष 1939 में संघ की प्रार्थना की भाषा में परिवर्तन हेतु जो बैठक हुई, उसमें प्रार्थना को किस भाषा में करने का निर्णय हुआ था?

(क) हिंदी में (ख) संस्कृत में

(ग) पंजाबी में (घ) मराठी में

प्र. 87 : संघ की प्रार्थना का (पद्य प्रारूप) किसने तैयार किया था?

(क) यादवराव जोशी (ख) विट्ठलराव पतकी

(ग) तात्याराव तैलंग (घ) नरहरि नारायण भिड़े

उत्तर के लिए कृपया पृष्ठ सं. 213 देखें।

प्र. 88 : संघ की प्रार्थना का प्रथम गायन कब और कहाँ किया गया था?

(क) 23 अप्रैल, 1934 को नागपुर के संघ शिक्षा वर्ग में।

(ख) 23 अप्रैल, 1940 को पुणे के संघ शिक्षा वर्ग में।

(ग) 23 सितंबर, 1948 को पुणे के संघ शिक्षा वर्ग में।

(घ) 23 सितंबर, 1961 को नागपुर के संघ शिक्षा वर्ग में।

प्र. 89 : संघ की प्रार्थना का प्रथम गायन किसके द्वारा किया गया था?

(क) बाबासाहब आप्टे (ख) यादवराव जोशी

(ग) नाना साहब टालाटुडे (घ) कृष्णराव मोहरीर

प्र. 90 : संघ की प्रार्थना में (तीनों) श्लोक तथा 'भारत माता की जय' जय-घोष मिलाकर कितनी पंक्तियाँ हैं?

(क) 11 (ख) 13

(ग) 16 (घ) 18

प्र. 91 : प्रार्थना को दोहराते समय पंक्तियों की संख्या 'भारत माता की जय' जय-घोष सहित कितनी हैं?

(क) 21 (ख) 23

(ग) 24 (घ) 25

प्र. 92 : संघ की प्रार्थना की प्रथम पंक्ति कौन सी है?

(क) प्रभो शक्तिमन हिंदु राष्ट्राङ्गभूता

(ख) नमस्ते सदा वत्सले मातृभूमे

(ग) परम साधनं नाम वीरव्रतम्

(घ) भारत माता की जय

प्र. 93 : संघ की प्रार्थना में इनमें से किस शब्द का प्रयोग नहीं होता है?

(क) पुण्यभूमे (ख) हिंदुभूमे

(ग) वसुधैव कुटुंबकम् (घ) धर्मस्य

प्र. 94 : संघ की प्रार्थना में कुल कितने श्लोक हैं?

(क) मात्र एक (ख) दो

(ग) तीन (घ) पाँच

प्र. 95 : संघ की प्रार्थना का कौन सा श्लोक स्वयंसेवक एक वचन में बोलते हैं?

(क) पहला श्लोक (ख) दूसरा श्लोक

(ग) तीसरा श्लोक (घ) उपर्युक्त में से कोई नहीं

उत्तर के लिए कृपया पृष्ठ सं. 214 देखें।

प्र. 96 : प्रारंभ में स्वयंसेवक को क्या कहा जाता था?

(क) धर्मसेवक (ख) सर्वसेवक

(ग) स्वयंसेवी (घ) सभासद

प्र. 97 : स्वयंसेवक दल 'भारत सेवक समाज' की स्थापना किसने की थी?

(क) डॉ. हेडगेवार (ख) डॉ. परांजपे

(ग) क व ख दोनों ने (घ) कोई नहीं

प्र. 98 : स्वयंसेवकों का गणवेष क्या तय किया गया?

(क) खाकी नेकर

(ख) खाकी कमीज

(ग) दो बटनोंवाली खाकी टोपी

(घ) खाकी नेकर, खाकी कमीज और दो बटनोंवाली खाकी टोपी

प्र. 99 : गणवेष पर आनेवाला खर्च कौन वहन करता है?

(क) स्वयंसेवक (ख) संघ

(ग) सरकार (घ) निजी संस्थान

प्र. 100 : संघ में आनेवाले तरुणों की संख्या बढ़ गई और संघ-स्थान छोटा पड़ने लगा और तब खँडहर पड़े किस स्थान पर शाखा लगनी आरंभ हुई?

(क) मोहित का बाड़ा (ख) मोहिते का बाड़ा

(ग) मोहिते स्कूल (घ) काली बाड़ा

प्र. 101 : संघ में कब से लाठी-शिक्षा नियमित रूप से दी जाने लगी?

(क) 30 मई, 1926 (ख) 2 मई, 1926

(ग) 28 अप्रैल, 1926 (घ) 28 मई, 1926

प्र. 102 : डॉक्टरजी ने अपने मौलिक चिंतन तथा प्रयोगशीलता के कारण संघ में रक्षाबंधन का उत्सव सन् 1926 से ही एक विशेष रीति से मनाना प्रारंभ किया। उन्होंने राष्ट्र की रक्षा का संकल्प लेने तथा समाज-बंधुओं के राखी बाँधने से राष्ट्र के प्रति आत्मीयता की वृद्धि करने के लिए उत्सव का उपयोग किया। इसी कड़ी में प्रथम रक्षाबंधन उत्सव नागपुर में कहाँ पर मनाया गया?

(क) तुलसी बाग में (ख) मोहिते का बाड़ा में

(ग) व्यंकटेश सभागृह में (घ) शुक्रवार तालाब के निकट

उत्तर के लिए कृपया पृष्ठ सं. 214 देखें।

प्र. 103 : संघ-स्थापना का प्रथम वार्षिकोत्सव कहाँ पर मनाया गया ?

(क) तुलसी बाग में

(ख) मोहिते का बाड़ा में

(ग) व्यंकटेश सभागृह में

(घ) डॉक्टरजी के घर पर

प्र. 104 : संघ-स्थापना के प्रथम वार्षिकोत्सव के अवसर पर संघ के स्वयंसेवकों के सामने अध्यक्षीय भाषण किसने दिया ?

(क) डॉ. हेडगेवार

(ख) डॉ. नारायण भास्कर खरे

(ग) बापूराव आंबेडकर

(घ) डॉ. मुंजे

प्र. 105 : राष्ट्रीय स्वयंसेवक संघ की वर्तमान में जो प्रार्थना है, वह किस वर्ष से व्यवहार में आई है ?

(क) सन् 1925 से (ख) सन् 1940 से

(ग) सन् 1964 से (घ) सन् 1977 से

प्र. 106 : डॉ. केशवराव को क्रांतिकारी संस्था 'अनुशीलन समिति' की प्रतिज्ञा दिलाकर किस क्रांतिकारी ने दीक्षित किया था ?

(क) रासबिहारी बोस

(ख) अरविंद घोष

(ग) नलिनी किशोर गुहा

(घ) पुलिन बिहारी दास

प्र. 107 : राष्ट्रीय स्वयंसेवक संघ की प्रार्थना की कौन सी एकमात्र पंक्ति हिंदी में है ?

(क) पहली (ख) चौथी

(ग) बारहवीं (घ) अंतिम

प्र. 108 : वर्तमान में संघ की प्रार्थना के अंत में किसका जयघोष किया जाता है ?

(क) 'राष्ट्र गुरु स्वामी विवेकानंदजी की जय' का

(ख) 'हिंदू राष्ट्र-निर्माता छत्रपति शिवाजी महाराज की जय' का

(ग) 'भारत माता की जय' का

(घ) 'जय श्रीराम' का

**उत्तर के लिए कृपया पृष्ठ सं. 214 देखें।**

प्र. 109 : संघ की प्रार्थना के संबंध में कौन सा कथन सही है ?

(क) संघ में प्रचलित वर्तमान प्रार्थना एवं गणवेश आदि में समय-समय पर आवश्यकतानुसार परिवर्तन होता रहा है।

(ख) प्रार्थना संघ का मंत्र है। संघ का सिद्धांत उद्देश्य, लक्ष्य, कार्य-पद्धति आदि सभी बातों का समावेश सूत्र रूप में इस प्रार्थना में किया गया है।

(ग) प्रत्येक स्वयंसेवक की प्रार्थना कंठस्थ होनी चाहिए। प्रार्थना के उच्चारण, स्वर, शब्दार्थ एवं भावार्थ आदि का योग्य ज्ञान भी होना चाहिए।

(घ) उपर्युक्त सभी।

प्र. 110 : संघ की प्रार्थना के प्रथम श्लोक में 'वत्सले मातृभूमे' शब्द का इस्तेमाल हुआ है। इनमें से इस शब्द का अर्थ क्या है ?

(क) बालकों (संतान) को शिक्षा देनेवाली मातृभूमि।

(ख) बालकों (संतान) पर मातृवत् स्नेह करनेवाली मातृभूमि।

(ग) स्वयंसेवकों का कल्याण करनेवाली मातृभूमि।

(घ) संघ का विस्तार करनेवाली मातृभूमि।

प्र. 111 : मध्य प्रांत में जारी क्रांतिकारी गतिविधियों में कौन डॉ. केशवराव के पक्के मित्र, श्रेष्ठ क्रांतिकारी और परम सहयोगी रहे ?

(क) अण्णा खोत (ख) डॉ. केशवराव

(ग) महादेव शास्त्री (घ) वैद्य भाऊजी कावरे

प्र. 112 : सार्वजनिक सभा में भाषण न देने की सरकारी आज्ञा पर ध्यान न देने के कारण डॉक्टरजी पर 1 मई, 1921 को नागपुर में सरकार ने किसका मुकदमा चला दिया ?

(क) अवज्ञा (ख) देशद्रोह

(ग) राजद्रोह (घ) बगावत

प्र. 113 : किसने मार्च 1931 में डॉक्टरजी के 21 दिवसीय वाराणसी प्रवास के दौरान अपने 'तरुण हिंदू महासभा' नामक संगठन का संघ में विलय कर दिया तथा संघ के विस्तार में ही अपना शेष जीवन समर्पित करने का संकल्प लिया ?

(क) दामोदर सावरकर (ख) नारायण सावरकर

(ग) बाबाराव सावरकर (घ) महामना मदनमोहन मालवीय

उत्तर के लिए कृपया पृष्ठ सं. 214 व 215 देखें।

प्र. 114 : कराची में संघ की पहली शाखा स्वयं डॉ. हेडगेवारजी ने कब आरंभ कराई ?

(क) मई 1932 (ख) जून 1933

(ग) जनवरी 1930 (घ) मई 1931

प्र. 115 : पूना में अप्रैल-मई 1937 में हिंदुओं द्वारा 'सोन्या मारुति सत्याग्रह' क्यों किया गया ?

(क) पूना में हिंदुओं के सरकारी दमन के कारण

(ख) पूना में मंदिरों में घंटा बजाने के सरकारी प्रतिबंध के कारण

(ग) पूना में हिंदुओं से शासकीय भेदभाव के कारण

(घ) पूना के 'सोन्या मारुति मंदिर' में घंटा बजाने के सरकारी प्रतिबंध के कारण

प्र. 116 : स्वयंसेवक द्वारा ईश्वर से माँगा गया प्रथम गुण क्या है ?

(क) अक्षय ध्येयनिष्ठा (ख) वीरव्रत

(ग) श्रुतम् (घ) अजेय शक्ति

प्र. 117 : संघ-स्थापना के प्रथम वार्षिकोत्सव के अवसर पर बौद्धिक जागरूकता के प्रबल पक्षधर डॉक्टरजी ने संघ के स्वयंसेवकों के लिए कौन सी एक महत्त्वपूर्ण घोषणा की थी ?

(क) तरणताल की स्थापना

(ख) संघ-मंदिर की स्थापना

(ग) अस्पताल की स्थापना

(घ) पुस्तकालय की स्थापना

प्र. 118 : संघ के स्वयंसेवकों को कब से प्रत्येक रविवार को प्रातः सैनिक शिक्षण नियमित रूप ले दिया जाने लगा ?

(क) दिसंबर 1926 (ख) जनवरी 1926

(ग) मार्च 1926 (घ) सितंबर 1926

प्र. 119 : पाई-पाई जोड़कर संघ के प्रसिद्ध घोष-विभाग का प्रथम वाद्ययंत्र बिगुल कब खरीदा गया था ?

(क) 1931 में (ख) 1924 में

(ग) 1925 में (घ) 1926 में

उत्तर के लिए कृपया पृष्ठ सं. 215 देखें।

प्र. 120 : नागपुर से बाहर संघ की सबसे पहली संघ-शाखा कहाँ पर आरंभ हुई?

(क) वर्धा (ख) पुणे

(ग) यवतमाल (घ) नासिक

प्र. 121 : वर्ष 1927 आते-आते मोहिते के बाड़े में संघ रूप बहुत निखर उठा था। अब शिशुओं से प्रौढ़ों तक के अनेक पथक (गण) वहाँ चलते दिखाई देते थे। इन पथकों के नाम शिशु से प्रौढ़ तक क्रमशः लव, चिलया, कुश, ध्रुव, प्रह्लाद, अभिमन्यु, भीम तथा भीष्म रखे जाते थे। 'लव' और 'चिलया' पथक में कितने वर्ष से कम आयु के शिशु रखे जाते थे?

(क) 10 वर्ष से कम

(ख) 10 वर्ष से अधिक

(ग) 8 वर्ष से कम

(घ) 12 वर्ष से कम

प्र. 122 : वर्ष 1927 आते-आते मोहिते के बाड़े में संघ रूप बहुत निखर उठा था। अब शिशुओं से प्रौढ़ों तक के अनेक पथक (गण) वहाँ चलते दिखाई देते थे। इन पथकों के नाम शिशु से प्रौढ़ तक क्रमशः लव, चिलया, कुश, ध्रुव, प्रह्लाद, अभिमन्यु, भीम तथा भीष्म रखे जाते थे। 'भीम' में किस पथक के स्वयंसेवक रखे जाते थे?

(क) बालक (ख) वृद्ध

(ग) प्रौढ़ (घ) बड़े तरुण

प्र. 123 : राष्ट्रीय स्वयंसेवक संघ की प्रतिज्ञा (संकल्प) के संबंध में कौन सा कथन गलत है?

(क) डॉक्टरजी ने काशी में डॉ. अलतेकर के घर में प्रतिज्ञा ली थी।

(ख) श्रीगुरुजी ने कहा—मूल शब्दों में ही प्रतिज्ञा लें। प्रतिज्ञा में काट-छाँट करने की आवश्यकता नहीं।

(ग) संघ की स्वतंत्रता से पूर्व तथा पश्चात् की प्रतिज्ञा में कोई परिवर्तन नहीं हुआ है।

(घ) संघ के स्वयंसेवक के लिए अपने पवित्र हिंदू धर्म, हिंदू संस्कृति, हिंदू समाज का संरक्षण एवं राष्ट्र की उन्नति ही प्रतिज्ञा संकल्प की प्रथम शर्त है।

उत्तर के लिए कृपया पृष्ठ सं. 215 देखें।

प्र. 124 : हिंदू जीवन-पद्धति में किसी पवित्र कार्य को करने के पूर्व व्यक्ति संकल्प (प्रतिज्ञा) लेता है। अनेक महापुरुषों एवं उनके द्वारा ली गई प्रतिज्ञाओं के संबंध में इनमें से कौन युग्म सही नहीं है?

*महापुरुष संकल्प (प्रतिज्ञा) (जो संकल्प/प्रतिज्ञा महापुरुष द्वारा ली गई)*

| | महापुरुष | संकल्प (प्रतिज्ञा) |
|---|---|---|
| (क) | छत्रपति शिवाजी | 'हिंदू साम्राज्य की स्थापना करूँगा।' |
| (ख) | भीष्म पितामह | 'मैं कभी सिंहासन पर नहीं बैठूँगा तथा इस जीवन में विवाह नहीं करूँगा।' |
| (ग) | गुरु गोविंद सिंह | 'जब तक राज्य को मुगलों से नहीं छुड़ा लूँगा, तब तक सोने-चाँदी के पात्रों में भोजन नहीं करूँगा।' |
| (घ) | चाणक्य (कौटिल्य) | 'अत्याचारी नंद वंश का नाश करने योग्य शासक को मगध की गद्दी पर बैठा दूँगा। |

प्र. 125 : राष्ट्रीय स्वयंसेवक संघ की स्थापना का तात्कालिक उद्देश्य भारत की स्वतंत्रता-प्राप्ति था, जो उन दिनों प्रत्येक स्वयंसेवक को दिलाई जानेवाली प्रतिज्ञा में वर्णित था। उस दौरान संघ का स्वयंसेवक यह प्रतिज्ञा करता था कि 'हिंदू राष्ट्र को स्वतंत्र कराने के लिए मैं संघ का सदस्य बना दूँ।' आज उसके स्थान पर वह क्या कहता है?

(क) राष्ट्रीय स्वयंसेवक संघ के विस्तार के लिए संघ का सदस्य बना हूँ।

(ख) हिंदू राष्ट्र की सर्वांगीण उन्नति करने के लिए मैं संघ का सदस्य बना हूँ।

(ग) संघ परिवार की उन्नति एवं विस्तार के लिए मैं संघ का सदस्य बना हूँ।

(घ) समाज-कल्याण के उद्देश्य से मैं संघ का सदस्य बना हूँ।

प्र. 126 : किसके प्रति राष्ट्रीय स्वयंसेवक संघ के एक गीत में कहा गया है कि 'थे अकेले आप लेकिन, बीज का था भाव पाया। बो दिया निज को अमर वट, संघ भारत में उगाया॥'

(क) डॉ. केशव बलिराम हेडगेवार

(ख) डॉ. श्यामा प्रसाद मुकर्जी

(ग) माधवराव गोलवलकर (गुरुजी)

(घ) डॉ. मुंजे

उत्तर के लिए कृपया पृष्ठ सं. 215 देखें।

प्र. 127 : यह गीत किसका है कि 'शपथ लेना तो सरल है, पर निभाना ही कठिन है?'

(क) भारतीय जनता पार्टी में

(ख) भारतीय मजदूर संघ में

(ग) संस्कार भारती में

(घ) राष्ट्रीय स्वयंसेवक संघ में

प्र. 128 : अटल बिहारी वाजपेयी ने संघ के किस वरिष्ठ प्रतिष्ठित व्यक्ति के बारे में एक कविता में लिखा है—

'पथ पर चलते-चलते ही वह राह बन गया,
तिल-तिल जलते-जलते ही वह दाह बन गया।
कैसा था वह भक्त स्वयं भगवान् बन गया,
कुंभकार की कृति होकर निर्माण बन गया॥'

(क) डॉ. हेडगेवार

(ख) श्रीगुरुजी

(ग) नानाजी देशमुख

(घ) एकनाथ रानाडे

□

उत्तर के लिए कृपया पृष्ठ सं. 215 देखें।

# संघ भगवा ध्वज (गुरु)

प्र. 129 : भगवा ध्वज के संबंध में इनमें से कौन सा कथन सही है?

(क) भगवा ध्वज को संघ ने अपना ध्वज मानकर इसको गुरु का स्थान दिया है।

(ख) भगवा ध्वज की छत्रच्छाया में ही संघ की दैनिक शाखा के साथ कार्यक्रम संपन्न किए जाते हैं।

(ग) गुरु पूर्णिमा के दिन (स्वयंसेवकों द्वारा) भगवा ध्वज की पूजा की जाती है। यह ध्वज संगठन का प्रतीक है।

(घ) उपर्युक्त सभी

प्र. 130 : भगवा ध्वज अपने राष्ट्र का पुरातन ध्वज है। इनमें से किस वेद में 'अरुणाः सन्तु केतवः' का वर्णन है?

(क) सामवेद (ख) अथर्ववेद

(ग) ऋग्वेद (घ) यजुर्वेद

प्र. 131 : भगवा ध्वज के संबंध में इनमें से कौन सा कथन गलत है?

(क) भगवा ध्वज का रंग उगते हुए सूर्य के समान है। उगता हुआ सूर्य अंधकार एवं रात्रि की निष्क्रियता को समाप्त कर प्रकाश देता है।

(ख) भगवा ध्वज बलिदान व त्याग अर्थात् समाज-हित में सर्वस्व अर्पण करनेवालों का प्रतीक है।

(ग) भगवा ध्वज का अर्थ भगवान् का ध्वज है, अर्थात् यह ईश्वरीय कार्य का प्रतीक है। यह हिंदुत्व का प्रतीक भी है।

(घ) भारत के राष्ट्रीय ध्वज (तिरंगे ध्वज) और भगवा ध्वज में कोई अंतर नहीं है, दोनों समान हैं।

उत्तर के लिए कृपया पृष्ठ सं. 215 देखें।

प्र. 132 : राष्ट्रीय स्वयंसेवक संघ किसी व्यक्ति विशेष को गुरु नहीं मानता है। वह किसे 'गुरु' के रूप में स्वीकार करता है ?

(क) डॉ. हेडगेवार स्मृति मंदिर को

(ख) राम जन्मभूमि को

(ग) भगवा ध्वज को

(घ) भगवद्गीता को

प्र. 133 : संघ के (गुरु के) संबंध में कौन सा कथन/वाक्य सही है ?

(क) संघ व्यक्ति-पूजक नहीं, अपितु तत्त्व-पूजक है, अर्थात् संघ में व्यक्ति के स्थान पर तत्त्वनिष्ठा का आग्रह है।

(ख) भारतीय समाज में वैदिक काल से गुरु-शिष्य परंपरा विद्यमान रही है।

(ग) हिंदू समाज में गुरु को ईश्वर से ऊपर मानकर सर्वोच्च स्थान दिया गया है। 'गुरु' का अर्थ होता है—'अज्ञान रूपी अंधकार को दूर करना।'

(घ) उपर्युक्त सभी

प्र. 134 : वर्ष में एक बार स्वयंसेवक श्रद्धाभाव से किसके सम्मुख उपस्थित होकर उसका पूजन करते हैं ? अर्थात् श्रीगुरु के सम्मुख दक्षिणा (धन से) अर्पित करते हैं ?

(क) प.पू. सरसंघचालक

(ख) भगवा ध्वज

(ग) पू. सरकार्यवाह

(घ) उपर्युक्त में से कोई नहीं

प्र. 135 : गुरु के मार्गदर्शन से ही जीवन को सही दृष्टि प्राप्त होती है। इनमें से प्रमुख महापुरुषों/देवताओं एवं उनके गुरु के जोड़ों में से कौन सा जोड़ा गलत समेलित है ?

| | *महापुरुष/देवता* | *गुरु* |
|---|---|---|
| (क) | भगवान् श्रीरामचंद्रजी | सांदीपनि |
| (ख) | देवताओं के गुरु | बृहस्पति |
| (ग) | छत्रपति शिवाजी महाराज | समर्थ रामदास |
| (घ) | स्वामी विवेकानंद | रामकृष्ण परमहंस |

उत्तर के लिए कृपया पृष्ठ सं. 215 व 216 देखें।

प्र. 136 : राष्ट्रीय स्वयंसेवक संघ में प्रथम बार गुरु-पूजा किस वर्ष आयोजित की गई थी, जब भगवा ध्वज को 'गुरु' के रूप में स्वीकार किया गया?

(क) सन् 1928 में (ख) सन् 1942 में

(ग) सन् 1958 में (घ) सन् 1972 में

प्र. 137 : गुरु के प्रति कृतज्ञता-ज्ञापन एवं समर्पण का प्रतीक 'गुरु दक्षिणा' हिंदू समाज की प्राचीन पद्धति है। वर्ष में कितनी बार स्वयंसेवक गुरु दक्षिणा अर्पित करते हैं?

(क) एक बार (ख) तीन बार

(ग) चार बार (घ) छह बार

प्र. 138 : 'गुरु दक्षिणा' के संबंध में कौन सा कथन सही है?

(क) संघ ने व्यक्ति को गुरु नहीं माना है, भगवा ध्वज को ही गुरु के रूप में स्वीकार किया है। इसलिए स्वयंसेवक श्रद्धाभाव से ध्वज के सम्मुख दक्षिणा अर्पित करते हैं।

(ख) गुरु दक्षिणा केवल धन-संग्रह की पद्धति नहीं है, अपितु श्रद्धापूर्वक किया गया समर्पण है।

(ग) गुरु दक्षिणा से संघ आत्मनिर्भर रहता है। संघ कार्य को स्वावलंबी रखने हेतु यह पद्धति विकसित की गई है।

(घ) उपर्युक्त सभी

प्र. 139 : प्रतिदिन की शाखा के ध्वज की लंब रूप में ऊँचाई कितनी (सें.मी.) होनी चाहिए?

(क) 25 सें.मी. (ख) 40 सें.मी.

(ग) 75 सें.मी. (घ) 110 सें.मी.

प्र. 140 : प्रतिदिन की शाखा के ध्वजदंड की ऊँचाई कितने मीटर होनी चाहिए?

(क) 1.5 मीटर (ख) 2.5 मीटर

(ग) 3.5 मीटर (घ) 4 मीटर

प्र. 141 : प्रारंभिक स्वयंसेवकों में से अनेक बाद में बहुत चमके। इनमें एकनाथ रानडे और बालासाहब देवरस, जो आगे चलकर संघ के महान् प्रचारक-प्रसारक बने, किस पथक के बाल स्वयंसेवक थे?

(क) भीम (ख) कुश

(ग) प्रौढ़ (घ) अभिमन्यु

उत्तर के लिए कृपया पृष्ठ सं. 216 देखें।

प्र. 142 : वर्ष 1927 तक स्वंयसेवकों की संख्या कितनी हो गई थी?

(क) 650 (ख) 730

(ग) 1000 (घ) 5000

प्र. 143 : राष्ट्रीय स्वयंसेवक संघ से जुड़े किन संस्थाओं द्वारा भगवा रंग के ध्वज को स्वीकार किया गया है?

(क) भारतीय मजदूर संघ तथा भारतीय किसान संघ

(ख) वनवासी कल्याण आश्रम तथा ए.बी.वी.पी. (ABVP)

(ग) विश्व हिंदू परिषद् (VHP)

(घ) उपर्युक्त सभी

प्र. 144 : इनमें से किसने संघ के भगवा ध्वज के संबंध में एक पुस्तक (मराठी भाषा में) लिखी थी?

(क) अप्पाजी जोशी (ख) एन.एच. पालकर

(ग) डॉ. ल.वा. परांजपे (घ) भैयाजी दाणी

प्र. 145 : स्वयंसेवकों में समाज के उत्थान व 'हिंदू-संघटन' की रक्षार्थ प्रतिज्ञा-कार्यक्रम किस वर्ष से आरंभ हुआ?

(क) 1928 (ख) 1927

(ग) 1930 (घ) 1932

प्र. 146 : विदेशों के कई शोधकर्ता हिंदू चिंतन एवं हिंदू संगठनों पर शोध कर रहे हैं। इनमें से किस विदेशी ने 'Brotherhood in safron' नामक पुस्तक लिखी है?

(क) वाल्टर एंडरसन (ख) डेविड फ्रावले

(ग) फ्रांसुआ गोतिए (घ) स्टीफन नैफ

□

उत्तर के लिए कृपया पृष्ठ सं. 216 देखें।

# संघ शाखा

प्र. 147 : राष्ट्रीय स्वयंसेवक संघ की शाखा के संबंध में कौन सा कथन सही नहीं है ?

(क) शाखा किसी मैदान या खुली जगह पर लगती है।

(ख) शाखा में खेल, सूर्य नमस्कार, समता (परेड), गीत एवं प्रार्थना होती है।

(ग) शाखा में बौद्धिक एवं शारीरिक क्रियाओं के साथ स्वयंसेवकों का पूर्ण विकास किया जाता है।

(घ) शाखा केवल प्रांत प्रचारक की उपस्थिति में ही लगती है।

प्र. 148 : संघ की शाखा सामान्यत: प्रतिदिन कितनी अवधि के लिए लगती है ?

(क) पंद्रह मिनट

(ख) एक घंटे

(ग) तीन घंटे

(घ) चार घंटे

प्र. 149 : शाखा के प्रकार के संबंध में कौन सा युग्म/जोड़ा सही है ?

(क) प्रभात शाखा : सुबह लगनेवाली शाखा को 'प्रभात शाखा' कहते हैं।

(ख) सायं शाखा : शाम को लगनेवाली शाखा को 'सायं शाखा' कहते हैं।

(ग) रात्रि शाखा : रात को लगनेवाली शाखा को 'रात्रि शाखा' कहते हैं।

(घ) उपर्युक्त सभी

**उत्तर के लिए कृपया पृष्ठ सं. 216 देखें।**

प्र. 150 : संघ की स्थापना के समय प्रारंभ में केवल 'सायं शाखा' ही क्यों प्रारंभ हुई?

(क) क्योंकि उस समय संघ में मुख्यतः विद्यार्थी स्वयंसेवक ही आते थे।

(ख) क्योंकि डॉ. हेडगेवारजी के पास सुबह (प्रभात) समय का अभाव होता था।

(ग) क्योंकि उस दौरान संघ में प्रौढ़ व्यवसायी ही आते थे।

(घ) ब्रिटिश राज के चलते सुबह शाखा लगाना मुश्किल होता था।

प्र. 151 : संघ की शाखा में सक्रिय कार्यकर्ता टोली में कौन सम्मिलित होता है?

(क) शाखा कार्यवाह

(ख) मुख्य शिक्षक

(ग) गण शिक्षक व गट नायक

(घ) उपर्युक्त सभी

प्र. 152 : संघ की शाखा में किसका पद सबसे बड़ा होता है?

(क) गण शिक्षक (ख) मुख्य शिक्षक

(ग) शाखा कार्यवाह (घ) गट नायक

प्र. 153 : शाखा कार्यवाह का प्रमुख कार्य क्या होता है?

(क) मुख्य शिक्षक एवं शाखा टोली को सँभालना तथा उसका विकास करना।

(ख) शाखा को मुहल्ले से तथा मुहल्ले को शाखा से जोड़ना।

(ग) अभिभावकों से संपर्क एवं संवाद करना।

(घ) उपर्युक्त सभी।

प्र. 154 : इनमें से कौन सा प्रमुख कार्य शाखा के मुख्य शिक्षक द्वारा नहीं किया जाता है?

(क) शाखा टोली का विकास करना।

(ख) 60 मिनट की शाखा के कार्यक्रमों की रचना एवं संचालन करना।

(ग) गट एवं गण-व्यवस्था विकसित करना।

(घ) प्रत्येक वर्ष शाखा से कम-से-कम दस स्वयंसेवकों को प्रशिक्षण हेतु नागपुर (मुख्यालय) भेजना।

उत्तर के लिए कृपया पृष्ठ सं. 216 देखें।

प्र. 155 : शाखा के संबंध में कौन सा कथन सही है ?

(क) सामान्यत: प्रभात शाखाओं में प्रौढ़ एवं तरुण व्यवसायी आते हैं।

(ख) सामान्यत: संघ शाखाओं में विद्यार्थी स्वयंसेवक आते हैं।

(ग) गाँव में संघ कार्य का जब विस्तार हुआ तो किसान एवं मजदूरों में कार्य बढ़ने के कारण रात्रि शाखाएँ प्रारंभ हुईं।

(घ) उपर्युक्त सभी।

प्र. 156 : इनमें से कौन सी शाखा संघ कार्य की रीढ़ है ?

(क) विद्यार्थी शाखा (ख) प्रौढ़ शाखा

(ग) तरुण शाखा (घ) रात्रि शाखा

प्र. 157 : स्वयंसेवक के जीवन में सेवा-भाव जगाने के लिए शाखा की रचना में एक दिन की योजना इनमें से किस सेवा दिन के रूप में की गई है ?

(क) 'साप्ताहिक सेवा दिन' के रूप में।

(ख) 'मासिक सेवा दिन' के रूप में।

(ग) 'त्रैमासिक सेवा दिन' के रूप में।

(घ) उपर्युक्त में से कोई नहीं।

प्र. 158 : संघ के स्वयंसेवकों के प्रतिदिन निर्धारित समय पर एकत्र होने और दैनंदिन कार्यक्रमों को सुचारु रूप से संपन्न करने की इस प्रक्रिया से जिस संगठित शक्ति का प्रादुर्भाव होता है, उसे देखकर किसने अपने जीवन के आखिरी दिनों में एक नया नारा दिया—'देश कार्य के लिए प्रतिदिन कम-से-कम एक घंटा दो।'

(क) पं. मदन मोहन मालवीय (ख) लोकनायक जयप्रकाश नारायण

(ग) लाल बहादुर शास्त्री (घ) डॉ. श्यामा प्रसाद मुकर्जी

प्र. 159 : शाखा के संबंध में किसने कहा कि "संघ यानी शाखा, शाखा यानी कार्यक्रम, कार्यक्रम यानी कार्यकर्ता ?"

(क) बालासाहब देवरस (ख) के.एस. सुदर्शन

(ग) प्रो. राजेंद्र सिंह (घ) नानाजी देशमुख

प्र. 160 : संघ की पहली विधिवत् दैनिक शाखा कहाँ शुरू हुई थी ?

(क) डॉ. हेडगेवार के निवास-स्थान में

(ख) नागपुर के सालूबाई मोहिते के बाड़े में

(ग) हिंदू महासभा के नागपुर कार्यालय में

(घ) पं. मदन मोहन मालवीय के निवास-स्थान में

उत्तर के लिए कृपया पृष्ठ सं. 216 व 217 देखें।

प्र. 161 : संघ की पहली विधिवत् शाखा कब हुई थी ?

(क) 27 सितंबर, 1925 को

(ख) 28 मई, 1926 को

(ग) 9 नवंबर, 1929 को

(घ) 6 जून, 1931 को

प्र. 162 : दैनंदिन शाखा संघ कार्य पद्धति की एक प्रमुख विशेषता है। शाखा सुचारु रूप से चलती रहे तथा कार्यकर्ताओं का निर्माण भी योग्य प्रकार से होता रहे, इस हेतु कार्य-पद्धति में किन अंगों (विषयों) का समावेश किया गया है ?

(क) बैठक, सम्मेलन एवं शिविर

(ख) चर्चा, शंका-समाधान एवं प्रशिक्षण वर्ग

(ग) संघ-मंडली, साप्ताहिक मिलन एवं सम्मिलित/एकत्रीकरण

(घ) उपर्युक्त सभी

प्र. 163 : संघ की कार्य-पद्धति के प्रमुख अंगों (विषयों) के संबंध में कौन सा जोड़ा सुमेलित नहीं है ?

| | |
|---|---|
| (क) सम्मेलन | कार्यकर्ताओं में उत्साह का वातावरण निर्माण करने की दृष्टि से कुछ समय के लिए किया गया एकत्रीकरण। |
| (ख) एकत्रीकरण | समय-समय पर एक या एक से अधिक शाखाओं के स्वयंसेवकों को एकत्र कर विभिन्न शारीरिक/बौद्धिक कार्यक्रमों का आयोजन। |
| (ग) शाखा | प्रतिदिन निश्चित समय एवं स्थान पर (निर्धारित वेश में) एक घंटे का एकत्रीकरण। |
| (घ) बैठक | कम संख्या के गट (टोली) में आपसी वार्त्तालाप एवं प्रश्नोत्तरी द्वारा विषयों की गहराई तक पहुँचकर उनको स्पष्ट करना। |

प्र. 164 : इनमें से किसने 'संघ कार्य-पद्धति का विकास' नामक पुस्तक लिखी है ?

(क) बाबा साहब आप्टे (ख) प्रभाकर राव

(ग) बी.एन. वरधपंडे (घ) एकनाथ रानाडे

उत्तर के लिए कृपया पृष्ठ सं. 217 देखें।

प्र. 165 : शाखा–विहीन या दूरस्थ स्थानों पर माह में निश्चित दिन, निश्चित समय एवं स्थान पर एक घंटे का एकत्रीकरण, जिसमें आयु वर्गानुसार सामूहिक शारीरिक व बौद्धिक कार्यक्रम किए जाते हैं। इनमें से वह क्या कहलाता है?

(क) शंका समाधान (ख) संघ मंडली

(ग) साप्ताहिक मिलन (घ) शिविर

प्र. 166 : संघ की कार्य–पद्धति में 'साप्ताहिक मिलन' क्या होता है?

(क) कार्यकर्ताओं की शारीरिक व बौद्धिक निपुणता बढ़ाने हेतु नगरों में किया गया साप्ताहिक आयोजन।

(ख) शाखा–विहीन स्थानों या 'संघ मंडली' के स्थानों पर निश्चित दिन, निश्चित समय एवं स्थान पर साप्ताहिक एकत्रीकरण।

(ग) सप्ताह में एक या एक से अधिक शाखाओं के स्वयंसेवकों को एकत्र कर विभिन्न शारीरिक व बौद्धिक कार्यक्रमों का आयोजन करना।

(घ) कार्यकर्ताओं में उत्साह व उमंग का वातावरण निर्माण करने की दृष्टि से पाँच घंटे के लिए किया गया एकत्रीकरण।

प्र. 167 : संघ की कार्य–पद्धति के निम्न में से किस अंग (विषय) के एकत्रीकरण में प्रार्थना तथा ध्वज की अनिवार्यता नहीं होती है?

(क) साप्ताहिक मिलन

(ख) संघ मंडली

(ग) शाखा

(घ) उपर्युक्त में से कोई नहीं

प्र. 168 : संघ की कार्य–पद्धति में योजना बनाने एवं समीक्षा करने, गुणात्मक विकास तथा सामूहिक निर्णय लेने हेतु योजनात्मक, गुणात्मक, नियमित, नैमित्तिक एवं निश्चित अंतराल पर किसका आयोजन किया जाता है?

(क) शिविर का

(ख) बैठक का

(ग) चर्चा का

(घ) साप्ताहिक मिलन का

उत्तर के लिए कृपया पृष्ठ सं. 217 देखें।

प्र. 169 : संघ के 'बौद्धिक वर्ग' के संबंध में कौन सा कथन सही है ?

(क) माह में एक बार किसी निश्चित विषय पर शाखा में या निश्चित भौगोलिक क्षेत्र के एकत्रीकरण में बौद्धिक वर्ग का कार्यक्रम।

(ख) इसमें बौद्धिक से पूर्व विषयानुरूप व्यक्तिगत गीत एवं अमृत वचन भी अपेक्षित होते हैं।

(ग) इसमें विषय का विशद विवेचन एक ही कार्यकर्ता द्वारा होता है।

(घ) उपर्युक्त सभी।

प्र. 170 : एक से अधिक दिन के लिए स्वयंसेवकों एवं कार्यकर्ताओं को सामूहिक जीवन, नियम, व्यवस्था आदि के प्रशिक्षण हेतु किसका आयोजन किया जाता है ?

(क) चर्चा का (ख) शिविर का

(ग) बौद्धिक वर्ग का (घ) शंका-समाधान का

□

उत्तर के लिए कृपया पृष्ठ सं. 217 देखें।

# संघ शिक्षा वर्ग

प्र. 171 : कुल कितने प्रकार के संघ शिक्षा वर्ग होते हैं ?

(क) दो (ख) तीन

(ग) चार (घ) छह

प्र. 172 : संघ के प्रथम प्रशिक्षण कैंप का आयोजन कहाँ हुआ था ?

(क) पुणे (ख) नागपुर

(ग) भोपाल (घ) दिल्ली

प्र. 173 : इनमें से किस वर्ष संघ का प्रथम प्रशिक्षण कैंप (संघ शिक्षा वर्ग) आयोजित हुआ था ?

(क) वर्ष 1929 में (ख) वर्ष 1934 में

(ग) वर्ष 1936 में (घ) वर्ष 1939 में

प्र. 174 : संघ के प्रथम (प्रारंभिक) प्रशिक्षण कैंप के संबंध में कौन सा कथन गलत है ?

(क) यह कुल 40 दिनों के लिए आयोजित हुआ था।

(ख) इसका आयोजन 1 मई से 10 जून (सन् 1929) तक हुआ था।

(ग) इन प्रशिक्षण कैंपों को 'ग्रीष्मकालीन कैंप' कहा जाता था, क्योंकि ये ग्रीष्मकालीन छुट्टियों में आयोजित होते थे।

(घ) इन प्रशिक्षण कैंपों को सन् 1980 के बाद से 'संघ शिक्षा वर्ग' का नाम दिया गया।

प्र. 175 : इनमें से किस वर्ष के बाद से संघ के प्रशिक्षण कैंपों के लिए 'संघ शिक्षा वर्ग' के नाम का इस्तेमाल किया जाने लगा है ?

(क) सन् 1950 के बाद से (ख) सन् 1960 के बाद से

(ग) सन् 1970 के बाद से (घ) सन् 1980 के बाद से

**उत्तर के लिए कृपया पृष्ठ सं. 217 देखें।**

प्र. 176 : इनमें से किसके द्वारा संघ के प्रशिक्षण कैंपों को 'संघ शिक्षा वर्ग' का नाम दिया गया?

(क) एकनाथजी रानाडे (ख) मा.स. गोलवलकरजी
(ग) दत्तोपंत ठेंगड़ी (घ) नानाजी देशमुख

प्र. 177 : वर्ष 1934 तक संघ के प्रशिक्षण कैंपों का आयोजन किस एक स्थान पर ही होता था?

(क) भोपाल (ख) अहमदाबाद
(ग) नागपुर (घ) पुणे

प्र. 178 : वर्ष 1935 से संघ के द्वितीय एवं तृतीय वर्ष के वर्ग का प्रारंभ किस स्थान पर हुआ था?

(क) पुणे (ख) दिल्ली
(ग) नाशिक (घ) नागपुर

प्र. 179 : वर्ष 1938 से संघ के द्वितीय एवं तृतीय वर्ष के शिविरों का प्रारंभ किस स्थान पर भी हुआ था?

(क) कोलकाता (कलकत्ता) (ख) लाहौर
(ग) दिल्ली (घ) लखनऊ

प्र. 180 : 'ओ.टी.सी.', जो एक चर्चित शब्द है, संघ के प्रशिक्षण कैंप के लिए इसका पूरा नाम क्या है?

(क) ऑरिजिनल ट्रेनिंग सेंटर (ख) ऑर्गेनाइज ट्रेनिंग कैंप
(ग) ऑफिसर ट्रेनिंग कैंप (घ) ऑर्गेनाइजेशन ट्रेनिंग सेंटर

प्र. 181 : 'संघ परिवार' का कौन सा प्रशिक्षण कैंप सबसे पुराना तथा चर्चित कैंप रहा है?

(क) ग्रीष्मकालीन कैंप
(ख) शीतकालीन कैंप
(ग) उपर्युक्त 'क' और 'ख' दोनों
(घ) उपर्युक्त में से कोई नहीं

प्र. 182 : संघ के प्रथम शीत ट्रेनिंग कैंप का आयोजन किस वर्ष नागपुर के निकट सोनेगाँव में हुआ था?

(क) सन् 1928 में (ख) सन् 1934 में
(ग) सन् 1939 में (घ) सन् 1941 में

उत्तर के लिए कृपया पृष्ठ सं. 217 व 218 देखें।

प्र. 183 : संघ के प्रशिक्षण शिविरों में किस वर्ष तक शनिवार शाम तक रविवार को कुछ मनोरंजन कार्यक्रम भी होता था?

(क) सन् 1928 तक (ख) सन् 1937 तक

(ग) सन् 1949 तक (घ) सन् 1961 तक

प्र. 184 : 'संघ शिक्षा वर्गों' (द्वितीय एवं तृतीय वर्ष) में प्रणाम की दृष्टि से सही क्रम क्या है?

(क) सरकार्यवाह-सरसंघचालक-सहसरकार्यवाह-वर्ग कार्यवाह

(ख) सरकार्यवाह-सहसरकार्यवाह-सरसंघचालक-वर्ग कार्यवाह

(ग) सरसंघचालक-सरकार्यवाह-सहसरकार्यवाह-वर्ग कार्यवाह

(घ) सरसंघचालक-वर्ग कार्यवाह-सरकार्यवाह-सहसरकार्यवाह

प्र. 185 : सन् 1934 में महात्मा गांधी किस 'संघ शिक्षा वर्ग' को देखने के लिए आए थे?

(क) नागपुर (ख) वर्धा

(ग) भोपाल (घ) लाहौर

प्र. 186 : डॉ. भीमराव अंबेडकर वर्धा के 'संघ शिक्षा वर्ग' में किस वर्ष गए थे?

(क) वर्ष 1929 में (ख) वर्ष 1934 में

(ग) वर्ष 1939 में (घ) वर्ष 1944 में

प्र. 187 : स्वतंत्रता सेनानी जयप्रकाश नारायण 3 नवंबर, 1977 को संघ के किस प्रशिक्षण शिविर में गए और वहाँ भाषण भी दिया था?

(क) इंदौर (मध्य प्रदेश)

(ख) वर्धा (महाराष्ट्र)

(ग) पटना (बिहार)

(घ) दिल्ली

प्र. 188 : संघ के प्रशिक्षण शिविर के संबंध में कौन सा कथन सही है?

(क) ये शिविर सुबह 4 बजे से प्रारंभ होते हैं तथा रात 10 बजे तक चलते हैं।

(ख) सुबह तथा शाम के समय शारीरिक व्यायाम कराया जाता है।

(ग) दोपहर एवं रात के समय में बौद्धिक विकास तथा समसामयिक और कई विचारात्मक मुद्दों पर चर्चा होती है।

(घ) उपर्युक्त सभी

उत्तर के लिए कृपया पृष्ठ सं. 218 देखें।

प्र. 189 : इनमें से किसके प्रयासों से पूना में पहला संघ शिक्षा वर्ग सन् 1935 में प्रारंभ किया गया था?

(क) भैयाजी दाणी (ख) अन्ना सोहनी

(ग) दादाराव परमार्थ (घ) बाबा साहब आप्टे

प्र. 190 : संघ के प्रशिक्षण शिविर न केवल भारत में, बल्कि विदेशों में भी आयोजित किए जाते रहे हैं। विदेशों में वे किस नाम से आयोजित होते हैं?

(क) इंडियन स्वयंसेवक संघ (ख) हिंदू स्वयंसेवक संघ

(ग) एशियन स्वयंसेवक संघ (घ) आर्यन स्वयंसेवक संघ

प्र. 191 : संघ प्रशिक्षण शिविर के संबंध में कौन सा कथन सही है?

(क) संघ के प्रशिक्षण शिविरों में किसी भी तरह की कोई राजनीतिक चर्चा नहीं की जाती।

(ख) शिविरों की विचारधारा (संघ) की शारीरिक एवं बौद्धिक विकास, चरित्र-निर्माण, संगठनात्मक कार्य तथा राष्ट्र के समक्ष चुनौतियों आदि विषयों पर चर्चा की जाती है।

(ग) संघ के (तृतीय वर्ष के) प्रशिक्षण कैंप में स्वयंसेवक देश के विभिन्न हिस्सों से भाग लेने आते हैं।

(घ) उपर्युक्त सभी।

प्र. 192 : राष्ट्रीय स्वयंसेवक संघ द्वारा सबसे बड़े प्रशिक्षण शिविर का आयोजन (व्रर्ष 1988 में) किस स्थान पर हुआ था, जिसमें लगभग 35,000 स्वयंसेवकों ने भाग लिया था?

(क) औरंगाबाद (ख) नाशिक

(ग) तलजई (पूना) (घ) दिल्ली

प्र. 193 : संघ के प्रथम एवं द्वितीय वर्ष के प्रशिक्षण शिविर में सामान्यत: किस आयु का युवा पुरुष भाग ले सकता है?

(क) 14 वर्ष से अधिक का (ख) 16 वर्ष से अधिक का

(ग) 21 वर्ष से अधिक का (घ) 25 वर्ष से अधिक का

प्र. 194 : संघ के तृतीय वर्ष के प्रशिक्षण शिविर में सामान्यत: कितने वर्ष का स्वयंसेवक भाग ले सकता है?

(क) 16 वर्ष से अधिक का (ख) 18 वर्ष से अधिक का

(ग) 25 वर्ष से अधिक का (घ) 35 वर्ष से अधिक का

उत्तर के लिए कृपया पृष्ठ सं. 218 देखें।

प्र. 195 : इनमें से किस प्रकार का संघ शिक्षा वर्ग होता है ?

(क) अनिवार्य वर्ग, बौद्धिक वर्ग, शारीरिक वर्ग एवं सर्वोदय वर्ग।

(ख) प्राथमिक वर्ग, माध्यमिक वर्ग, सर्वोच्च वर्ग एवं चतुर्थ वर्ग।

(ग) शीत शिविर वर्ग, ग्रीष्म शिविर वर्ग, दीपावली वर्ग एवं निवासी वर्ग।

(घ) प्राथमिक वर्ग, प्रथम वर्ग, द्वितीय वर्ग एवं तृतीय वर्ग।

प्र. 196 : प्रथम संघ शिक्षा वर्ग लगभग कितने दिनों का होता है ?

(क) 20 दिन (ख) 1 महीने

(ग) 2 महीने (घ) 3 महीने

प्र. 197 : प्रथम संघ शिक्षा वर्ग का आयोजन सामान्यतः कौन करता है ?

(क) प्रांत (ख) क्षेत्र

(ग) जिला (घ) ग्राम (गाँव)

प्र. 198 : इनमें से द्वितीय संघ शिक्षा वर्ग कितने दिनों का होता है ?

(क) 10 दिनों का (ख) 20 दिनों का

(ग) 30 दिनों का (घ) 50 दिनों का

प्र. 199 : द्वितीय संघ शिक्षा वर्ग का आयोजन सामान्यतः कहाँ होता है ?

(क) प्रांत (ख) क्षेत्र

(ग) ग्राम (घ) जिला

प्र. 200 : तृतीय संघ शिक्षा वर्ग लगभग कितने दिनों का होता है ?

(क) 20 दिनों का (ख) 30 दिनों का

(ग) 40 दिनों का (घ) 50 दिनों का

प्र. 201 : तृतीय संघ शिक्षा वर्ग का आयोजन प्रत्येक वर्ष कहाँ होता है ?

(क) भोपाल (ख) नागपुर

(ग) अहमदाबाद (घ) दिल्ली

प्र. 202 : संघ शिक्षा वर्ग का प्राथमिक वर्ग लगभग कितनी अवधि का होता है ?

(क) दो दिन (ख) एक सप्ताह

(ग) एक महीने (घ) दो महीने

प्र. 203 : संघ के प्राथमिक वर्ग का आयोजन सामान्यतः कौन करता है ?

(क) ग्राम (ख) जिला

(ग) क्षेत्र (घ) प्रांत

उत्तर के लिए कृपया पृष्ठ सं. 218 देखें।

प्र. 204 : संघ शिक्षा वर्ग इनमें से क्या कार्य करता है?

(क) संघ शिक्षा वर्ग संघ के साहित्य का प्रकाशन करता है।

(ख) यह वर्ग संघ के उत्सवों का आयोजन करता है।

(ग) यह वर्ग बौद्धिक एवं शारीरिक रूप से स्वयंसेवकों को संघ की जानकारी देता है तथा साथ ही समाज, राष्ट्र एवं धर्म की शिक्षा भी देता है।

(घ) यह वर्ग विदेशों में संघ की शाखाएँ खोलने में मदद करता है।

प्र. 205 : 'संघ-वर्ग' किस प्रकार के होते हैं?

(क) बौद्धिक वर्ग एवं 'संघ शिक्षा वर्ग'

(ख) दीपावली वर्ग एवं निवासी वर्ग

(ग) शीत (हेमंत) एवं शारीरिक वर्ग

(घ) उपर्युक्त सभी

प्र. 206 : संघ के 'निवासी वर्ग' के संबंध में इनमें से कौन सा कथन सही है?

(क) यह वर्ग शाम से सुबह तक के होते हैं।

(ख) यह वर्ग हर महीने होता है।

(ग) यह वर्ग शाखा नगर या तालुका द्वारा आयोजित होता है।

(घ) उपर्युक्त सभी।

प्र. 207 : संघ का शीत शिविर किस मास में आयोजित होता है?

(क) सितंबर (ख) दिसंबर

(ग) अक्तूबर (घ) फरवरी

प्र. 208 : संघ का शीत शिविर कितने दिनों का होता है?

(क) 3 दिनों का

(ख) 10 दिनों का

(ग) 15 दिनों का

(घ) 30 दिनों का

प्र. 209 : संघ का दीपावली वर्ग, जो हर साल दीपावली के आसपास आयोजित होता है, कितने दिनों का होता है?

(क) 1 दिन (ख) 2 दिन

(ग) 3 दिन (घ) 5 दिन

**उत्तर के लिए कृपया पृष्ठ सं. 218 देखें।**

प्र. 210 : राष्ट्रीय स्वयंसेवक संघ के बौद्धिक वर्ग के संबंध में कौन सा कथन गलत है ?

(क) यह वर्ग (बौद्धिक वर्ग) हर महीने, दो महीने या तीन महीने में एक बार होता है।

(ख) यह वर्ग सामान्यतः नगर या तालुका आयोजित करता है।

(ग) यह वर्ग केवल संघ मुख्यालय, नागपुर में ही आयोजित किया जाता है।

(घ) उपर्युक्त सभी।

प्र. 211 : संघ के शारीरिक वर्ग के संबंध में कौन सा कथन गलत है ?

(क) यह वर्ग सामान्यतः नगर या तालुका में आयोजित होता है।

(ख) यह वर्ग हर महीने, दो महीने या तीन महीने में एक बार होता है।

(ग) यह छह-छह महीनों के बाद आयोजित होता है।

(घ) उपर्युक्त सभी।

□

उत्तर के लिए कृपया पृष्ठ सं. 218 व 219 देखें।

# संघ : भौगोलिक रचना

प्र. 212 : राष्ट्रीय स्वयंसेवक संघ के कार्य को सुसंचालित करने हेतु वर्तमान में संघ की भौगोलिक रचना को कितने क्षेत्रों में शामिल किया जाता है?

(क) छह क्षेत्रों में (ख) आठ क्षेत्रों में

(ग) ग्यारह क्षेत्रों में (घ) सोलह क्षेत्रों में

प्र. 213 : संघ की भौगोलिक रचना में वर्तमान में कौन से क्षेत्र सम्मिलित हैं?

(क) उत्तर क्षेत्र, दक्षिण क्षेत्र, पश्चिम क्षेत्र एवं पूर्वी क्षेत्र

(ख) उत्तर-पूर्व क्षेत्र, उत्तर-पश्चिम क्षेत्र, मध्य क्षेत्र एवं दक्षिण-मध्य क्षेत्र

(ग) पूर्वी उत्तर प्रदेश क्षेत्र, पश्चिमी उत्तर प्रदेश क्षेत्र एवं असम

(घ) उपर्युक्त में से सभी

प्र. 214 : राष्ट्रीय स्वयंसेवक संघ के उत्तर क्षेत्र में कुल कितने प्रांत शामिल हैं?

(क) दो (ख) तीन

(ग) पाँच (घ) आठ

प्र. 215 : संघ के उत्तर क्षेत्र में कौन सा प्रांत सम्मिलित नहीं है?

(क) पंजाब एवं हरियाणा (ख) जम्मू कश्मीर एवं हिमाचल

(ग) दिल्ली (घ) उत्तर प्रदेश

प्र. 216 : संघ की भौगोलिक रचना में (प्रभाव एवं क्षमता की दृष्टि से) कौन सा क्षेत्र सबसे महत्त्वपूर्ण है?

(क) उत्तर क्षेत्र (ख) दक्षिण क्षेत्र

(ग) मध्य क्षेत्र (घ) पूर्व क्षेत्र

उत्तर के लिए कृपया पृष्ठ सं. 219 देखें।

प्र. 217 : संघ की संगठनात्मक रचना के अनुसार दक्षिण क्षेत्र में कितने प्रांत सम्मिलित हैं ?

(क) दो (ख) तीन

(ग) पाँच (घ) छह

प्र. 218 : संघ के दक्षिण क्षेत्र में कौन सा प्रांत सम्मिलित नहीं है ?

(क) उत्तर तमिलनाडु (ख) दक्षिण तमिलनाडु

(ग) महाराष्ट्र (घ) केरल

प्र. 219 : संघ के दक्षिण मध्य क्षेत्र में रचनानुसार कौन से प्रांत सम्मिलित नहीं हैं ?

(क) उत्तर एवं दक्षिण कर्नाटक (ख) पूर्व एवं प. आंध्र प्रदेश

(ग) पूर्व एवं पश्चिम तमिलनाडु (घ) उपर्युक्त सभी

प्र. 220 : संघ की भौगोलिक रचना के अनुसार उसके पश्चिम क्षेत्र में इनमें से कौन सा प्रांत शामिल है ?

(क) गुजरात (ख) उत्तराखंड

(ग) राजस्थान (घ) मध्य प्रदेश

प्र. 221 : संघ के पश्चिमी क्षेत्र में इनमें से कौन सा प्रांत सम्मिलित नहीं है ?

(क) देवगिरी एवं विदर्भ (ख) कोंकण

(ग) पश्चिम महाराष्ट्र (घ) जयपुर एवं जोधपुर

प्र. 222 : संघ की भौगोलिक रचना की दृष्टि से उत्तर-पश्चिम क्षेत्र में इनमें से कौन सा प्रांत सम्मिलित है ?

(क) चित्तौड़ (ख) जयपुर

(ग) जोधपुर (घ) उपर्युक्त सभी

प्र. 223 : संघ के मध्य क्षेत्र में इनमें से कौन से प्रांत शामिल हैं ?

(क) मालवा (ख) महाकौशल

(ग) मध्य भारत (घ) उपर्युक्त सभी

प्र. 224 : संघ के मध्य क्षेत्र में कौन सा शासकीय प्रदेश शामिल है ?

(क) मध्य प्रदेश (ख) गुजरात

(ग) राजस्थान (घ) महाराष्ट्र

प्र. 225 : संघ की भौगोलिक रचना के अनुसार उसके पश्चिमी उत्तर प्रदेश क्षेत्र में कौन सा प्रांत नहीं आता है ?

(क) मेरठ (ख) काशी

(ग) ब्रज (घ) उत्तराखंड

उत्तर के लिए कृपया पृष्ठ सं. 219 देखें।

प्र. 226 : संघ के पूर्वी उत्तर प्रदेश क्षेत्र में इनमें से कौन सा प्रांत नहीं आता है ?

(क) अवध (ख) कानपुर

(ग) काशी (घ) मुजफ्फरनगर

प्र. 227 : संघ के पूर्वी उत्तर प्रदेश क्षेत्र में इनमें से कौन सा प्रांत शामिल है ?

(क) सहारनपुर

(ख) मुजफ्फरनगर

(ग) गौरक्ष (गोरखपुर)

(घ) उपर्युक्त सभी

प्र. 228 : संघ की भौगोलिक रचना की दृष्टि से उसके उत्तर-पूर्व क्षेत्र में इनमें से कौन सा प्रांत शामिल नहीं है ?

(क) दक्षिण बिहार (ख) झारखंड

(ग) उत्तर बिहार (घ) उदयपुर

प्र. 229 : संघ संगठनात्मक रचनानुसार छत्तीसगढ़ प्रांत किस क्षेत्र में शामिल है ?

(क) मध्य क्षेत्र (ख) पूर्व क्षेत्र

(ग) उत्तर-पश्चिम क्षेत्र (घ) पश्चिमी क्षेत्र

प्र. 230 : संघ के पूर्व क्षेत्र में इनमें से कौन सा प्रांत शामिल नहीं है ?

(क) उत्तर एवं दक्षिण बंगाल (ख) उत्तर एवं दक्षिण बिहार

(ग) उत्कल (घ) उपर्युक्त सभी

प्र. 231 : संघ में प्रथम प्रतिज्ञा-कार्यक्रम कब आयोजित हुआ ?

(क) दिसंबर 1928 में (ख) जनवरी 1928 में

(ग) फरवरी 1928 में (घ) मार्च 1928 में

प्र. 232 : संघ के असम क्षेत्र के अंतर्गत कौन सा प्रांत शामिल है ?

(क) उत्तर एवं दक्षिण असम

(ख) मणिपुर

(ग) अरुणाचल प्रदेश

(घ) उपर्युक्त सभी

प्र. 233 : संघ के असम क्षेत्र के अंतर्गत कौन सा एकमात्र राज्य/प्रांत शामिल नहीं है ?

(क) नागालैंड (ख) सिक्किम

(ग) मिजोरम (घ) त्रिपुरा

उत्तर के लिए कृपया पृष्ठ सं. 219 देखें।

प्र. 234 : आंध्र प्रदेश का विभाजन कर देश में एक नया राज्य 'तेलंगाना' कब अस्तित्व में आया है?

(क) 2 अक्तूबर, 2012 को

(ख) 2 जून, 2013 को

(ग) 2 जून, 2014 को

(घ) 1 जनवरी, 2015 को

प्र. 235 : संघ का प्रथम प्रतिज्ञा-कार्यक्रम कहाँ पर आयोजित हुआ?

(क) तुलसी बाग, नागपुर में

(ख) नागपुर से 6 किलोमीटर दूर पहाड़ी (स्टार्की पॉइंट) पर

(ग) व्यंकटेश सभागृह, नागपुर में

(घ) शुक्रवार तालाब के निकट, नागपुर में

प्र. 236 : तेलंगाना राज्य के गठन के पश्चात् यह (तेलंगाना) संघ के किस क्षेत्र के अंतर्गत शामिल है?

(क) दक्षिण क्षेत्र

(ख) दक्षिण-मध्य क्षेत्र

(ग) पश्चिम क्षेत्र

(घ) उपर्युक्त में से कोई नहीं

प्र. 237 : राष्ट्रीय स्वयंसेवक संघ के संविधान के अनुसार, किसका स्थान 'तत्त्वज्ञ तथा मार्गदर्शक' के रूप में होता है और वह सर्वोच्च होता है?

(क) सरसंघचालक (ख) सरकार्यवाह

(ग) प्रचारक (घ) शाखा कार्यवाह

प्र. 238 : संघ की सर्वोच्च निर्णय लेनेवाली सभा/समिति कौन सी है?

(क) अखिल भारतीय कार्यकारिणी

(ख) अखिल भारतीय प्रतिनिधि सभा

(ग) उपर्युक्त (क) एवं (ख) दोनों

(घ) उपर्युक्त में से कोई नहीं

प्र. 239 : संघ के सरकार्यवाह का चुनाव अखिल भारतीय प्रतिनिधि सभा के प्रतिनिधि कितने वर्ष के लिए करते हैं?

(क) एक वर्ष (ख) दो वर्ष

(ग) तीन वर्ष (घ) चार वर्ष

उत्तर के लिए कृपया पृष्ठ सं. 219 व 220 देखें।

प्र. 240 : संघ के संबंध में इनमें से कौन सा कथन गलत है ?

(क) अखिल भारतीय प्रतिनिधियों का चुनाव प्रांतीय प्रतिनिधि करते हैं।

(ख) प्रांतीय प्रतिनिधियों का चुनाव न्यूनतम 18 वर्ष या इससे ऊपर की आयु के प्रतिज्ञित एवं 6 वर्ष से सक्रिय स्वयंसेवक ही करते हैं।

(ग) सरसंघचालक का कार्यकाल 12 वर्ष से अधिक का नहीं होता।

(घ) उपर्युक्त में से कोई नहीं।

प्र. 241 : संघ रचना के दायित्वानुसार कौन सा कथन सही है ?

(क) प्रांतीय प्रतिनिधियों के द्वारा क्षेत्र तथा प्रांत के मा. संघचालकों का चुनाव होता है।

(ख) मा. प्रांत संघचालकों के द्वारा विभाग, जिला एवं अन्य संघचालकों की नियुक्ति होती है।

(ग) मा. संघचालक प्रमुख कार्यकर्ताओं से परामर्श कर अपने-अपने क्षेत्र के अन्य पदाधिकारियों की नियुक्ति करते हैं।

(घ) उपर्युक्त सभी

प्र. 242 : संघ के अखिल भारतीय कार्यकारी मंडल में कौन सम्मिलित होता है ?

(क) सरसंघचालक (ख) सरकार्यवाह

(ग) सह-सरकार्यवाह (घ) उपर्युक्त सभी

प्र. 243 : राष्ट्रीय स्वयंसेवक संघ में सर्वोच्च प्रणाम अधिकारी कौन होता है ?

(क) प्रांत संघचालक (ख) सरसंघचालक

(ग) सरकार्यवाह (घ) सह-सरकार्यवाह

□

उत्तर के लिए कृपया पृष्ठ सं. 220 देखें।

# संघ प्रचारक

प्र. 244 : राष्ट्रीय स्वयंसेवक संघ के वर्तमान में (वर्ष 2015 के प्रारंभ तक) संपूर्ण भारत में लगभग कितने प्रचारक कार्यरत हैं ?

(क) 500 (ख) 1,000

(ग) 2,000 (घ) 4,000

प्र. 245 : संघ के प्रचारक का प्रमुख कार्य क्या है ?

(क) नई शाखा को प्रारंभ करना

(ख) नए लोगों को शाखा में लाना

(ग) संघ की विचारधारा का प्रचार करना

(घ) उपर्युक्त सभी

प्र. 246 : प्रचारक के संबंध में कौन सा कथन सही है ?

(क) एक प्रचारक के लिए अविवाहित होना आवश्यक है

(ख) प्रचारक को भारत के किसी भी हिस्से में भेजा जा सकता है

(ग) प्रचारक को कोई वेतन/पारिश्रमिक नहीं दिया जाता

(घ) उपर्युक्त सभी

प्र. 247 : राष्ट्रीय स्वयंसेवक संघ में 'प्रचारक' किसे कहा जाता है ?

(क) पूर्णकालिक स्वयंसेवक को संघ में प्रचारक कहा जाता है।

(ख) जिस स्वयंसेवक को निश्चित वेतन मिलता है, उसे प्रचारक कहा जाता है।

(ग) जिसकी नियुक्ति सरसंघचालक द्वारा सीधे होती है, वह प्रचारक कहा जाता है।

(घ) जिस स्वयंसेवक की नियुक्ति किसी उद्देश्य को प्राप्त करने हेतु अल्प अवधि के लिए की जाए तो उसे प्रचारक कहा जाता है।

**उत्तर के लिए कृपया पृष्ठ सं. 220 देखें।**

प्र. 248 : प्रचारक परंपरा का प्रमुख तत्त्व क्या है ?

(क) व्यक्तिगत लाभ (ख) संघ का विस्तार

(ग) बिना शर्त संपूर्ण समर्पण (घ) उपर्युक्त सभी

प्र. 249 : बाबासाहब आप्टे, दादाराव परमार्थ एवं गोपाल राव कब औपचारिक रूप से प्रचारक होकर निकले थे ?

(क) 3 जून, 1926 को (ख) 16 मार्च, 1928 को

(ग) 19 नवंबर, 1929 को (घ) 13 दिसंबर, 1933 को

प्र. 250 : प्रथम प्रतिज्ञा–कार्यक्रम में कितने चुने हुए उत्कृष्ट स्वयंसेवकों ने हिस्सा लिया

(क) 99 (ख) 100

(ग) 95 (घ) 98

प्र. 251 : इनमें से किस वर्ष में इंदौर में विभाग प्रचारकों की अखिल भारतीय बैठक हुई, जिसमें विभाग और उससे ऊपर के सभी माननीय संघचालक भी आए थे ?

(क) सन् 1960 में (ख) सन् 1970 में

(ग) सन् 1984 में (घ) सन् 2000 में

प्र. 252 : इनमें से कौन संघ का प्रचारक रहा है ?

(क) पं. दीनदयाल उपाध्याय (ख) एकनाथजी रानाडे

(ग) नानाजी देशमुख (घ) उपर्युक्त सभी

प्र. 253 : संघ के सर्वप्रथम सैनिक शिविर का आयोजन किस वर्ष हुआ ?

(क) 1929 (ख) 1926

(ग) 1927 (घ) 1928

प्र. 254 : संघ के स्वयंसेवक से कौन सी न्यूनतम अपेक्षाएँ होती हैं ?

(क) वह नियमित रूप से प्रतिदिन निर्धारित गणवेश में निश्चित समय पर शाखा में जाए।

(ख) वह अपने साथ कुछ मित्रों को भी लेकर शाखा पहुँचे तथा कुछ नए बंधुओं को भी शाखा से जोड़े।

(ग) शाखा के उपरांत कुछ अन्य बंधुओं से संपर्क करे तथा अपना समय जनसेवा में लगाए।

(घ) उपर्युक्त सभी।

□

उत्तर के लिए कृपया पृष्ठ सं. 220 देखें।

# संघ गणवेश

प्र. 255 : गणवेश किसी भी संगठन की बाह्य पहचान होती है; किंतु संघ के (स्वयंसेवक के) लिए गणवेश श्रद्धा का विषय एवं साध्य को पूर्ण करने का साधन होता है। गणवेश का उद्देश्य इनमें से क्या होता है?

(क) अनुशासन एवं शौर्य

(ख) समान वेश एवं उत्साहपूर्ण वातावरण बनाना

(ग) पुरुषार्थ-भाव का जागरण करना

(घ) उपर्युक्त सभी

प्र. 256 : संघ के गणवेश में खाकी कमीज के स्थान पर सफेद कमीज किस वर्ष से प्रारंभ की गई थी?

(क) सन् 1940 से (ख) सन् 1962 से

(ग) सन् 1975 से (घ) सन् 1987 से

प्र. 257 : शासन द्वारा सैनिक वेश पर प्रतिबंध लगाने के कारण सन् 1942 से 1945 तक संघ के गणवेश में किस रंग के मोजे व जूते रहे?

(क) सफेद मोजे व लाल रंग के जूते

(ख) नीले मोजे व सफेद रंग के (कपड़े के) जूते

(ग) सफेद मोजे व खाकी रंग के (कपड़े के) जूते

(घ) लाल मोजे व काले रंग के (कपड़े के) जूते

प्र. 258 : संघ के गणवेश में क्या-क्या सम्मिलित रहा है?

(क) काली कमीज, सफेद पैंट, लाल टोपी, कपड़े के सफेद जूते

(ख) लाल कमीज, काला कोट, काली पैंट, टोपी, चमड़े के सफेद जूते

(ग) सफेद कमीज, पट्टा, नेकर, टोपी, जूते

(घ) टी-शर्ट, कोट, खाकी पैंट, सफेद टोपी, चमड़े के जूते

उत्तर के लिए कृपया पृष्ठ सं. 221 देखें।

प्र. 259 : संघ के गणवेश में टोपी किस रंग की पहनी जाती है ?

(क) लाल रंग की (ख) काले रंग की

(ग) सफेद रंग की (घ) नीले रंग की

प्र. 260 : संघ के गणवेश में नेकर किस रंग की पहनी जाती है ?

(क) काली (ख) खाकी

(ग) लाल (घ) सफेद

प्र. 261 : संघ के गणवेश में जूते किस रंग के पहने जाते हैं ?

(क) सफेद रंग के कपड़े के जूते

(ख) चमड़े/प्लास्टिक का सादा काला फीतेवाला जूता

(ग) नीले रंग के कपड़े के जूते

(घ) खाकी रंग का प्लास्टिक का फीतेवाला जूता

प्र. 262 : संघ के गणवेश पहनने का सही क्रम क्या है ?

(क) सर्वप्रथम कमीज पश्चात् नेकर, मोजा-जूते, टोपी, अंत में पट्टा।

(ख) सर्वप्रथम मोजा पश्चात् जूते, कमीज, नेकर, पट्टा, अंत में टोपी।

(ग) सर्वप्रथम मोजा पश्चात् जूते, नेकर, पट्टा, टोपी, अंत में पट्टा।

(घ) सर्वप्रथम कमीज पश्चात् नेकर, पट्टा, टोपी, अंत में मोजा व जूते।

प्र. 263 : संघ के गणवेश में मार्च 2011 में चमड़े के लाल पट्टे (पेटी) की जगह किस तरह का पट्टा (पेटी) प्रारंभ हुआ है ?

(क) सूती का सफेद पट्टा (ख) नायलॉन का लाल पट्टा

(ग) सूती का लाल पट्टा (घ) नायलॉन का काला पट्टा

प्र. 264 : संघ के सर्वप्रथम सैनिक शिविर का आयोजन किस स्थान पर हुआ ?

(क) नागपुर (ख) वर्धा

(ग) पुणे (घ) सतारा

प्र. 265 : संघ के गणवेश के पहनने के संबंध में इनमें से कौन सा कथन सही है ?

(क) टोपी पहनते समय टोपी थोड़ी दाईं ओर झुकी होनी चाहिए।

(ख) मोजे को जूते के ऊपर चार अंगुल की ऊँचाई तक मोड़ना चाहिए।

(ग) पट्टा (पेटी) पहनते समय पेटी के बक्कल के बीच का भाग तथा नेकर और कमीज के सामने की सिलाई एक सीध में होनी चाहिए।

(घ) उपर्युक्त सभी।

□

उत्तर के लिए कृपया पृष्ठ सं. 221 देखें।

# संघ खेल

प्र. 266 : निम्नलिखित में से कौन सा खेल संघ के बाल स्वयंसवकों के लिए है ?

(क) हाथी की सूँड़ एवं मेढक (ख) भस्मासुर एवं भालू युद्ध

(ग) डमरू दौड़ एवं राम-रावण (घ) उपर्युक्त सभी

प्र. 267 : इनमें से कौन सा खेल संघ के बाल स्वयंसवकों के लिए नहीं है ?

(क) घर बदलो एवं अंधा आदमी

(ख) खँडहर कूद एवं अखंड लंबी कूद

(ग) तांडव नृत्य एवं डमरू दौड़

(घ) नमस्ते एवं नमस्कार छू

प्र. 268 : संघ के बाल स्वयंसेवकों के खेल 'नमस्ते' के संबंध में इनमें से कौन सा कथन सही है ?

(क) इस खेल में एक स्वयंसेवक मंडल के बाहर से दौड़ते हुए किसी एक स्वयंसेवक की पीठ को स्पर्श करता है।

(ख) वह स्वयंसेवक विरुद्ध दिशा में बाहर से दौड़ता है।

(ग) जब दोनों एकत्र मिलेंगे, तब एक-दूसरे को नमस्ते कहते हैं। बाद में दोनों उसी दिशा में दौड़ते हुए रिक्त स्थान ग्रहण करने के लिए प्रयत्न करते हैं और जो हार जाता है, वह फिर से दौड़ता है।

(घ) उपर्युक्त सभी

प्र. 269 : शिशुओं का खेल 'दंड त्रिकोण' क्या होता है ?

(क) यह एक दंड का त्रिकोण तैयार करने की प्रतिस्पर्धा है।

(ख) यह दो दंड का त्रिकोण तैयार करने की प्रतिस्पर्धा है।

(ग) यह तीन दंड का त्रिकोण (पिरामिड जैसा) तैयार करने की प्रतिस्पर्धा है।

(घ) यह नौ दंड का त्रिकोण तैयार करने की प्रतिस्पर्धा है।

**उत्तर के लिए कृपया पृष्ठ सं. 221 देखें।**

प्र. 270 : संघ के इनमें से किस खेल में प्रतिस्पर्धियों में अपने पैर के अँगूठे हाथ से पकड़ना और दूसरे को गिराना या उसके हाथ छुड़ाना होता है ?

(क) भस्मासुर खेल में

(ख) भालू युद्ध में

(ग) कबड्डी में

(घ) डमरू युद्ध में

प्र. 271 : जब स्वयंसेवक एक रेखा पर खड़े होंगे और वहाँ से दोनों पैर मिलाकर लंबी कूद लेने का प्रयास करेंगे, तब एक कूद में सबसे अधिक अंतर लाँघनेवाला विजयी होगा। वह बालकों का कौन सा खेल होता है ?

(क) खँडहर कूद (ख) अखंड कूद

(ग) डमरू कूद (घ) लंबी कूद

प्र. 272 : निम्नलिखित में से कौन सा खेल संघ के शिशुओं के लिए ही है ?

(क) मेढक कूद स्पर्धा (ख) मैं शिवाजी

(ग) दंड दौड़ (घ) कठघरा

प्र. 273 : संघ के खेल 'मेढक कूद स्पर्धा' के संबंध में कौन सा कथन सही है ?

(क) इसमें प्रारंभ रेखा पर सभी स्वयंसेवक मेढक स्थिति में बैठते हैं।

(ख) संकेत होने पर निश्चित मर्यादा तक मेढक के समान कूदते हुए जाते हैं।

(ग) इसमें जो प्रथम पहुँचता है, वही विजयी होता है।

(घ) उपर्युक्त सभी

प्र. 274 : संघ के खेल 'खो-खो दौड़ स्पर्धा' के संबंध में कौन सा कथन गलत है ?

(क) इसमें सभी स्वयंसेवक दो या अधिक गुटों में खो-खो की पद्धति में बैठते हैं।

(ख) अंत का स्वयंसेवक स्पर्श रेखा तक दौड़कर वापस आता है और पहले स्वयंसेवक को खो देता है।

(ग) पहला दूसरे को, दूसरा तीसरे को—इस प्रकार अंतिम स्वयंसेवक को खो मिलने पर वह दौड़ना प्रारंभ करता है।

(घ) निश्चित मर्यादा तक दौड़कर सबसे अंत में वापस आनेवाला गट विजयी होता है।

**उत्तर के लिए कृपया पृष्ठ सं. 221 देखें।**

प्र. 275 : संघ के बाल स्वयंसेवकों के एक खेल 'तीन पैर की दौड़' के संबंध में कौन सा कथन सही है ?

(क) इसमें स्वयंसेवक दो-दो के जोड़े में खड़े रहेंगे।

(ख) उनके एकत्र आए हुए बाएँ-दाएँ पैरों को रूमाल से बाँधकर तीन पैरों की जोड़ी खड़ी रहेगी।

(ग) संकेत होने पर निश्चित मर्यादा तक प्रथम पहुँचनेवाली जोड़ी विजयी होगी।

(घ) उपर्युक्त सभी।

प्र. 276 : नागपुर में विजयादशमी के दिन राष्ट्रीय स्वयंसेवक संघ के प्रथम पथ-संचलन कार्यक्रम का आयोजिन किस वर्ष हुआ ?

(क) 1927 (ख) 1928

(ग) 1929 (घ) 1926

प्र. 277 : निम्नलिखित में से कौन सा खेल संघ के तरुण स्वयंसेवकों के लिए है ?

(क) मैं शिवाजी एवं शेर बकरी

(ख) नदी पार करना एवं घोड़े की सवारी

(ग) मित्र-रक्षा एवं घोड़े की सवारी

(घ) उपर्युक्त में से सभी

प्र. 278 : इनमें से कौन सा खेल संघ के तरुण स्वयंसेवकों के लिए नहीं है ?

(क) दिल्ली हमारी (ख) रस्सी खींच

(ग) घर बदलो (घ) अग्निकुंड

प्र. 279 : इनमें से संघ के तरुण स्वयंसेवकों के एक खेल 'कुक्कुर युद्ध' के संबंध में कौन सा कथन सही है ?

(क) इस खेल में प्रत्येक स्वयंसेवक अपना बायाँ पैर उठाकर बाएँ हाथ से पकड़ता है और दाएँ हाथ के पीछे से बायाँ हाथ पकड़ता है। यह कुक्कुर अवस्था होती है।

(ख) इस खेल में स्वयंसेवक अपनी दाईं भुजा से धकेलकर प्रतिद्वंद्वी का हाथ छुड़ाने या उसे गिराने का प्रयत्न करता है।

(ग) इस खेल में जो अंत तक रहता है, वही विजयी होता है।

(घ) उपर्युक्त सभी।

उत्तर के लिए कृपया पृष्ठ सं. 221 देखें।

प्र. 280 : संघ के 'मैं शिवाजी' नामक खेल के संबंध में इनमें से कौन सा कथन सही है ?

(क) 'मैं शिवाजी' खेलते समय स्वयंसेवक संकट में पड़े अपने साथी का संकट अपने ऊपर ले लेता है।

(ख) 'मैं शिवाजी' नामक खेल के द्वारा स्वयंसेवक पुनर्जन्म की आस्था के आधार पर सिखाता है कि जीना-मरना तो खेल है।

(ग) इस खेल में प्रत्येक दल का प्रथम स्वयंसेवक दोनों पैर जोड़कर लंबी कूद लगाता है।

(घ) इस खेल में प्रत्येक स्वयंसेवक अपने प्रतिद्वंद्वी के घुटने पर एक रूमाल से गाँठ मारता है। जो जल्दी करता है, वही विजयी होता है।

प्र. 281 : संघ के तरुण स्वयंसेवकों के लिए किस खेल में प्रत्येक स्वयंसेवक के पास एक रूमाल होना चाहिए ?

(क) खंजाने की रक्षा (ख) घोड़ा बाँधो

(ग) दिल्ली हमारी (घ) घोड़े की सवारी

प्र. 282 : 'खजाने की रक्षा' नामक खेल में एक स्वयंसेवक मंडल में क्या रखकर खजाने की रक्षा करता है ?

(क) पुस्तक (ख) पत्थर

(ग) गेंद (घ) चाँदी

प्र. 283 : 'दिल्ली हमारी' नामक खेल में मंडल में (दिल्ली में) स्थित स्वयंसेवक कुल कितनी बार शेष स्वयंसेवकों से प्रश्न पूछेगा कि दिल्ली किसकी ?

(क) एक बार (ख) दो बार

(ग) तीन बार (घ) पाँच बार

प्र. 284 : संघ के खेल 'शेर-बकरी' से स्वयंसेवकों को क्या प्रेरणा मिलती है ?

(क) 'शेर-बकरी' नामक खेल के माध्यम से स्वयंसेवक को एक जाग्रत् समाज का संवेदनशील व्यक्ति बनने की प्रेरणा मिलती है।

(ख) 'शेर-बकरी' द्वारा 'संगठन में शक्ति' भाव की अनुभूति होती है।

(ग) इस खेल के माध्यम से शिक्षा के महत्त्व की अनुभूति प्राप्त होती है।

(घ) इस खेल से धन या संपत्ति के महत्त्व की जानकारी मिलती है।

उत्तर के लिए कृपया पृष्ठ सं. 222 देखें।

प्र. 285 : इनमें से कौन सा खेल संघ के प्रौढ़ों के लिए है ?

(क) साथी ढूँढ़ना (ख) मेढक

(ग) अंधा आदमी (घ) रूमाल उठाओ

प्र. 286 : इनमें से कौन सा खेल संघ के प्रौढ़ों के लिए नहीं है ?

(क) घर बदलो (ख) दंड-दौड़

(ग) मेढक कूद स्पर्धा (घ) दंड ढूँढ़ना

प्र. 287 : संघ के बैठकर खेले जानेवाले खेल, जो सभी प्रकार के स्वयंसेवक (बाल/तरुण या प्रौढ़) खेल सकते हैं। इनमें से वे कौन से हैं ?

(क) घोड़ा पानी (ख) नेता पहचानो

(ग) डाकघर (घ) उपर्युक्त सभी

प्र. 288 : इनमें से कौन सा खेल बैठकर खेले जानेवाला नहीं है ?

(क) राम-कृष्ण (ख) जल-स्थल-नभ-अग्नि

(ग) दीवार युद्ध (घ) खाएँगे

प्र. 289 : संघ के बैठकर खेले जानेवाले खेल 'राम-कृष्ण' के संबंध में कौन सा कथन सही है ?

(क) इस खेल में सभी स्वयंसेवक क्रमशः संख्या कहना शुरू करते हैं। इसमें 3 से विभाजित होनेवाली संख्या आने पर 'कृष्ण' कहना चाहिए।

(ख) इस खेल में 5 से विभाजित होनेवाली संख्या आने पर 'राम' कहना चाहिए।

(ग) 3 और 5 दोनों से विभाजित होनेवाली संख्या आने पर 'राम-कृष्ण' कहना चाहिए।

(घ) उपर्युक्त में से कोई नहीं।

□

उत्तर के लिए कृपया पृष्ठ सं. 222 देखें।

# संघ उत्सव

प्र. 290 : संघ द्वारा वर्ष में समय-समय पर कुल कितने उत्सव मनाए जाते हैं ?

(क) तीन (ख) चार

(ग) छह (घ) नौ

प्र. 291 : इनमें से कौन सा महोत्सव संघ द्वारा नहीं मनाया जाता है ?

(क) वर्ष प्रतिपदा महोत्सव

(ख) हिंदू साम्राज्य महोत्सव

(ग) मकर संक्रांति महोत्सव

(घ) महाशिवरात्रि महोत्सव

प्र. 292 : इनमें से कौन सा महोत्सव संघ द्वारा मनाया जाता है ?

(क) विजयादशमी महोत्सव

(ख) गुरु पूर्णिमा महोत्सव

(ग) रक्षाबंधन महोत्सव

(घ) उपर्युक्त सभी

प्र. 293 : संघ द्वारा वर्ष भर मनाए जानेवाले उत्सवों/महोत्सवों के संबंध में कौन सा कथन सही है ?

(क) संघ उत्सव सामान्यतः शाखा स्तर पर मनाए जाते हैं।

(ख) संघ द्वारा किसी नए उत्सव/महोत्सव का सृजन नहीं किया गया है।

(ग) संघ द्वारा वही उत्सव मनाए जाते हैं, जो हिंदू समाज द्वारा काफी समय से मनाए जाते हैं तथा जिन्हें राष्ट्रीय महत्त्व प्राप्त है।

(घ) उपर्युक्त सभी।

**उत्तर के लिए कृपया पृष्ठ सं. 222 देखें।**

प्र. 294 : इनमें से संघ का वह कौन सा उत्सव है, जो राष्ट्रीय स्तर पर नहीं मनाया जाता है ?

(क) श्री गुरु पूर्णिमा महोत्सव (ख) वर्ष प्रतिपदा महोत्सव

(ग) हिंदू साम्राज्य दिवसोत्सव (घ) विजयादशमी महोत्सव

प्र. 295 : राष्ट्रीय स्वयंसेवक संघ के लिए 'विजयादशमी' का अत्यंत महत्त्व क्यों है ?

(क) क्योंकि विजयादशमी के दिन संघ संस्थापक डॉ. हेडगेवारजी का जन्म हुआ था।

(ख) विजयादशमी के दिन संघ के द्वितीय सरसंघचालक श्रीगुरुजी का जन्म हुआ था।

(ग) विजयादशमी के दिन डॉ. केशव बलिराम हेडगेवार ने संघ की स्थापना की थी।

(घ) विजयादशमी के दिन ही संघ पर लगा प्रतिबंध (वर्ष 1949 में) हटा था।

प्र. 296 : प.पू. डॉक्टरजी (हेडगेवारजी) ने समाज में जिन गुणों की आवश्यकता अनुभव की, उन्हीं के अनुरूप उत्सवों की योजना की। प्रत्येक उत्सव किसी विशेष गुण की ओर इंगित करता है। इनमें से संघ के प्रमुख उत्सव एवं उनके गुणों के संबंध में कौन सा जोड़ा गलत है ?

| उत्सव | विशेष गुण |
|---|---|
| (क) मकर संक्रांति | संगठन के भाव का निर्माण करना। |
| (ख) गुरु पूर्णिमा | आत्म-निवेदन एवं समर्पण-भाव। |
| (ग) विजयादशमी | सामाजिक समरसता एवं समानता का प्रकटीकरण। |
| (घ) हिंदू साम्राज्य दिवस | राष्ट्र-भाव एवं आत्मगौरव-वृत्ति जागरण। |

प्र. 297 : वर्ष प्रतिपदा (चैत्र शुक्ल एकम्) से जुड़े कुछ सामाजिक व ऐतिहासिक प्रसंगों के संबंध में कौन सा वाक्य गलत है ?

(क) मर्यादा पुरुषोत्तम श्रीराम का राज्याभिषेक इसी दिन हुआ था।

(ख) स्वामी विवेकानंद का जन्म इसी दिन हुआ था।

(ग) महर्षि दयानंद सरस्वती ने आर्यसमाज की स्थापना इसी दिन की थी।

(घ) 'शक संवत्' (भारत का राष्ट्रीय संवत्) का यह प्रथम दिन है।

उत्तर के लिए कृपया पृष्ठ सं. 222 देखें।

प्र.298 : संघ के स्वयंसेवकों के लिए वर्ष प्रतिपदा का दिन अधिक महत्त्वपूर्ण क्यों है ?

(क) वर्ष प्रतिपदा के दिन संघ की स्थापना हुई थी।

(ख) वर्ष प्रतिपदा के दिन स्वामी विवेकानंद ने (वर्ष 1893 में) शिकागो में विश्व धर्म सम्मेलन में भाग लिया तथा भारत की प्रतिष्ठा को विश्व मंच पर प्रतिष्ठित किया था।

(ग) वर्ष प्रतिपदा के दिन संघ के संस्थापक डॉ. हेडगेवारजी का जन्म हुआ था।

(घ) वर्ष प्रतिपदा के दिन माधवराव सदाशिवराव गोलवलकर (गुरुजी) संघ के द्वितीय सरसंघचालक नियुक्त हुए थे।

प्र. 299 : इनमें से किस मास की पूर्णिमा हिंदू समाज में गुरु पूर्णिमा या व्यास पूर्णिमा के नाम से प्रसिद्ध है ?

(क) आषाढ़ मास (ख) कार्तिक मास

(ग) फाल्गुन मास (घ) श्रावण मास

प्र. 300 : छत्रपति शिवाजी महाराज का राज्याभिषेक 'हिंदू साम्राज्य की स्थापना' के संकल्प की घोषणा ही नहीं, बल्कि हिंदू संस्कृति के पुनरुत्थान और विश्व धर्म की पुनः प्रतिष्ठा का शंखनाद था। शिवाजी का राज्याभिषेक कब हुआ था ?

(क) 19 मई, 1674 को (ख) 6 जून, 1680 को

(ग) 17 मई, 1665 को (घ) 6 जून, 1670 को

प्र. 301 : संघ-स्वयंसेवकों द्वारा गुरु के रूप में किसका पूजन किया जाता है ?

(क) गुरु-मूर्ति (ख) भगवा ध्वज

(ग) सरसंघचालक (घ) किसी का नहीं

प्र. 302 : किस वर्ष से यह नीति आरंभ हुई कि संघ के योग्य स्वयंसेवकों को आगे की पढ़ाई के लिए नागपुर के बाहर सुदूर विश्वविद्यालयों में प्रवेश लेने भेजा जाए, जिससे कि संघ की अनेक शाखाएँ सुदूर स्थानों में प्रारंभ हो सकें ?

(क) 1925 (ख) 1927

(ग) 1929 (घ) 1928

उत्तर के लिए कृपया पृष्ठ सं. 222 देखें।

प्र. 303 : डॉक्टरजी की नीति थी कि साहित्य, राजनीति, शिक्षा, धर्म आदि विविध क्षेत्रों के प्रतिष्ठित नेताओं का संघ-कार्य और संघ के स्वरूप से उत्तम रीति से परिचित कराके उनका आशीर्वाद तथा सहयोग संघ को प्राप्त कराया जाए। अक्तूबर 1928 में इस दृष्टि से किन दो अत्यंत प्रतिष्ठित विभूतियों को अलग-अलग तिथियों पर मोहिते बाड़ा संघस्थान पर आमंत्रित किया गया?

(क) महात्मा गांधी एवं पं. जवाहरलाल नेहरू

(ख) विट्ठलभाई पटेल एवं डॉ. श्रीधर व्यंकटेश केलकर

(ग) वल्लभभाई पटेल एवं पं. जवाहरलाल नेहरू

(घ) मोतीलाल नेहरू एवं महात्मा गांधी

प्र. 304 : 23 अक्तूबर, 1928 को विजयादशमी के अवसर पर कितने गण-वेषधारी स्वयंसेवकों द्वारा प्रथम पथ-संचलन में भाग लिया गया?

(क) 500 (ख) 520

(ग) 570 (घ) 390

प्र. 305 : दिसंबर 1928 तक नागपुर संभाग में संघ की कितनी शाखाएँ स्थापित हो चुकी थीं?

(क) 11 (ख) 13

(ग) 18 (घ) 9

□

उत्तर के लिए कृपया पृष्ठ सं. 222 देखें।

# हिंदुत्व

प्र. 306 : राष्ट्रीय स्वयंसेवक संघ एक हिंदू राष्ट्रवादी संगठन है। इसके सिद्धांत किस पर आधारित हैं?

(क) हिंदुत्व में

(ख) धर्मनिरपेक्षता/पंथनिरपेक्षता में

(ग) उपर्युक्त (क) और (ख) दोनों में

(घ) उपर्युक्त में से कोई नहीं

प्र. 307 : संघ लगभग कितने वर्षों से देश को हिंदुत्व के आधार पर एकजुट करने का कार्य करता आ रहा है?

(क) 40 वर्षों से (ख) 60 वर्षों से

(ग) 70 वर्षों से (घ) 90 वर्षों से (अपनी स्थापना से)

प्र. 308 : सर्वोच्च न्यायालय ने किस वर्ष अपने एक फैसले में माना कि 'हिंदुत्व एक जीवन-शैली/पद्धति' है?

(क) सन् 1985 में (ख) सन् 1992 में

(ग) सन् 1995 में (घ) सन् 2002 में

प्र. 309 : 'हिंदुत्व' के संबंध में कौन सा वाक्य सही है?

(क) हिंदुत्व वैदिक काल से भारतीय समाज की संस्कृति एवं संस्कारों की रक्षा करता आ रहा है।

(ख) हिंदुत्व एवं राष्ट्रीयत्व भारतीय के समान ही परस्पर पर्यायवाची है।

(ग) हिंदुत्व 'वसुधैव कुटुंबकम्' के सिद्धांत को जीवन में अपनाने और इसके अनुसार जीवन जीने की प्रेरणा देता है।

(घ) उपर्युक्त सभी।

उत्तर के लिए कृपया पृष्ठ सं. 223 देखें।

प्र. 310 : डॉक्टरजी के कौन से एक विश्वस्त क्रांतिकारी साथी साधुवेष में वर्धा में रहकर अपनी गेरुआ कफनी में पिस्तौल व कारतूस छिपाए रहते थे। बाद में डॉक्टरजी ने सरकारी गुप्तचरों के सामने ही उस पिस्तौल को प्राप्त कर ठिकाने लगवाया और पुलिस सब जानकर भी हाथ मलती रह गई।

(क) डॉ. शिवाजीराव पटवर्धन (ख) बाबाराव सावरकर
(ग) डॉ. गंगाप्रसाद पांडे (घ) कोई नहीं

प्र. 311 : वर्ष 1928 में कलकत्ता में आयोजित हुए कांग्रेस अधिवेशन में डॉ. हेडगेवारजी किस हैसियत से शामिल हुए थे?

(क) स्वयंसेवक के रूप में
(ख) मध्य प्रांत कांग्रेस कार्यकारिणी के सदस्य के रूप में
(ग) दर्शक के रूप में
(घ) श्रोता के रूप में

प्र. 312 : कलकत्ता से लौटते हुए 6 जनवरी, 1929 को डॉ. हेडगेवारजी ने कहाँ रुककर कुछ प्रतिष्ठित नागरिकों और 'हिंदी नवयुवक राष्ट्रीय संघ' नामक संस्था के तरुण सदस्यों की बैठक में संघ-विचार रखा?

(क) दार्जिलिंग (ख) गुवाहाटी
(ग) आसनसोल (घ) खड्गपुर

प्र. 313 : निम्न में से कौन विख्यात क्रांतिकारी संघ की मोहिते बाड़ा शाखा के स्वयंसेवक रहे?

(क) भगतसिंह (ख) राजगुरु
(ग) अरविंद (घ) सुखदेव

प्र. 314 : लाहौर में सांडर्स-वध में फरार क्रांतिकारी राजगुरु को सुरक्षित आश्रय मुहैया कराकर किसने उनकी सहायता की?

(क) कांग्रेस ने (ख) महात्मा गांधी ने
(ग) अरविंद ने (घ) डॉ. हेडगेवार ने

प्र. 315 : पाँचले गाँवकर महाराज ने संघ की गतिविधियों और आत्मीयता से प्रभावित होकर अपने किस दल का राष्ट्रीय स्वयंसेवक संघ में विलय कर दिया?

(क) तारेश्वर (ख) महेश्वर
(ग) सर्वेश्वर (घ) मुक्तेश्वर

उत्तर के लिए कृपया पृष्ठ सं. 223 देखें।

प्र. 316 : 9 से 20 नवंबर, 1929 के दौरान नागपुर में हुई संघ-बैठक में डॉ. केशवराव हेडगेवार को किस दिन प्रथम सरसंघचालक घोषित किया गया?

(क) 20 नवंबर, 1929 (ख) 21 नवंबर, 1929

(ग) 10 नवंबर, 1929 (घ) 19 नवंबर, 1929

प्र. 317 : वीर सावरकर के अनुसार, हिंदू समाज सात बेड़ियों में जकड़ा हुआ है। इनमें से वह कौन सी बेड़ी है?

(क) स्पर्शबंदी और रोटीबंदी

(ख) व्यवसायबंदी और सिंधुबंदी

(ग) वेदोक्तबंदी, शुद्धिबंदी एवं बेटीबंदी

(घ) उपर्युक्त सभी

प्र. 318 : 'दि इंडियन वार ऑफ इंडिपेंडेंस : 1857' नामक पुस्तक इनमें से किसने लिखी थी, जिसमें सन् 1857 के संग्राम को गदर नहीं, अपितु भारत का प्रथम स्वतंत्रता संग्राम सिद्ध किया गया था?

(क) श्यामजी कृष्ण वर्मा (ख) वि.दा. सावरकर

(ग) लोकमान्य तिलक (घ) रवींद्रनाथ टैगोर

प्र. 319 : इनमें से किसने 'अभिनव भारत' नामक एक क्रांतिकारी संगठन की स्थापना (सन् 1904 में) की थी?

(क) लाला हरदयाल (ख) भगत सिंह

(ग) रासबिहारी घोष (घ) वि.दा. सावरकर

प्र. 320 : 9 से 20 नवंबर, 1929 के दौरान नागपुर में हुई संघ-बैठक में प्रथम सरकार्यवाह किसे घोषित किया गया?

(क) बालाजी हुद्दार (ख) मार्तंडराव जोग

(ग) आप्पाजी जोशी (घ) डॉ. लक्ष्मण वामन परांजपे

प्र. 321 : 9 से 20 नवंबर, 1929 के दौरान नागपुर में हुई संघ-बैठक में प्रथम सरसेनापति किसे घोषित किया गया?

(क) बालाजी हुद्दार

(ख) मार्तंडराव जोग

(ग) आप्पाजी जोशी

(घ) डॉ. लक्ष्मण वामन परांजपे

उत्तर के लिए कृपया पृष्ठ सं. 223 देखें।

प्र. 322 : कराची में संघ की पहली शाखा स्वयं डॉ. हेडगेवारजी ने कब आरंभ कराई?

(क) मई 1932 (ख) जून 1933

(ग) जनवरी 1930 (घ) मई 1931

प्र. 323 : कराची में स्थापित संघ की पहली शाखा का संघचालक डॉ. हेडगेवारजी ने किसे नियुक्त किया?

(क) दामोदर सावरकर (ख) बाबाराव सावरकर

(ग) प्राचार्य राम सहाय (घ) डी.डी. चौधरी

प्र. 324 : भारतीय संविधान के किस अनुच्छेद में (नीति निर्देशक सिद्धांतों के अंतर्गत) राज्य को यह दायित्व दिया गया है कि वह सभी नागरिकों के लिए समान नागरिक संहिता बनाए?

(क) अनुच्छेद 21 (ख) अनुच्छेद 34

(ग) अनुच्छेद 44 (घ) अनुच्छेद 370

प्र. 325 : डॉ. हेडगेवार के अनथक प्रयासों और ओजस्वी प्रोत्साहन के चलते सितंबर 1932 तक नागपुर में संघ की कितनी शाखाएँ कार्य करने लगी थीं?

(क) 12 (ख) 13

(ग) 16 (घ) 15

प्र. 326 : वर्ष 1932 में नागपुर में आयोजित संघ-विजयादशमी उत्सव के अवसर पर निकले पथ-संचलन में कितने गणवेषधारी स्वयंसेवकों ने भाग लिया?

(क) 1200 (ख) 1322

(ग) 1600 (घ) 1555

प्र. 327 : वर्ष 1932 में नागपुर में आयोजित संघ-विजयादशमी उत्सव के अवसर पर विशिष्ट अतिथि के रूप में वाराणसी से कौन पधारे थे?

(क) बाबासाहब कोलते (ख) माधवराव गोलवलकर

(ग) मदनमोहन मालवीय (घ) बाबाराव सावरकर

प्र. 328 : दिन-रात के कठिन परिश्रम के कारण नवंबर-दिसंबर 1932 में डॉक्टरजी किस रोग से ग्रस्त हो गए?

(क) ज्वर (ख) मलेरिया

(ग) तपेदिक (घ) फेफड़ों में सूजन

उत्तर के लिए कृपया पृष्ठ सं. 223 देखें।

प्र. 329 : मध्य प्रांतीय सरकार ने क्या कारण देते हुए 15 दिसंबर, 1932 को एक परिपत्रक द्वारा सरकारी सेवकों का राष्ट्रीय स्वयंसेवक संघ में भाग लेना प्रतिबंधित कर दिया?

(क) संघ सांप्रदायिक है

(ख) संघ राजनीतिक है

(ग) संघ भगवा है

(घ) संघ सांप्रदायिक है और राजनीतिक आंदोलनों में अत्यधिक भाग लेता है

प्र. 330 : मध्य प्रांतीय सरकार ने 15 दिसंबर, 1932 को एक परिपत्रक द्वारा सरकारी सेवकों का राष्ट्रीय स्वयंसेवक संघ में भाग लेना प्रतिबंधित कर दिया। सरकार के इस पग का उद्देश्य क्या था?

(क) संघ को डराना

(ख) संघ की प्रगति को रोकना

(ग) संघ को शक्तिशाली बनाना

(घ) कुछ नहीं

प्र. 331 : ''संघ राजनीति से अलिप्त है तथा किसी का द्वेष न करते हुए हिंदू समाज को सुसंगठित और बलशाली बनाने के लिए प्रयत्नशील है। सरकार बताए कि संघ ने किन राजनीतिक आंदोलनों में भाग लिया है और हिंदुस्तान में कब और कहाँ किस अहिंदू समाज पर आक्रमण किया है? किसी अन्य समाज का तिरस्कार या उससे द्वेष न करते हुए केवल अपने हिंदू समाज के कल्याण के लिए चलाए गए संघ-कार्य को सांप्रदायिक नहीं कहा जा सकता। सरकार को यह जान लेना चाहिए कि संघ-कार्य दबाया नहीं जा सकता। हिंदू धर्म तथा संस्कृति की रक्षा के लिए किया गया प्रयत्न हिंदुस्तान में कभी सांप्रदायिक नहीं हो सकता।'' मध्य प्रांतीय सरकार द्वारा सरकारी सेवकों का राष्ट्रीय स्वयंसेवक संघ में भाग लेना प्रतिबंधित कर दिए जाने पर यह वक्तव्य किसने दिया था?

(क) महात्मा गांधी (ख) डॉ. हेडगेवार

(ग) बाबाराव सावरकर (घ) महामना मदनमोहन मालवीय

□

उत्तर के लिए कृपया पृष्ठ सं. 223 देखें।

# संघ साहित्य

प्र. 332 : इनमें से कौन सा पत्र संघ का हिंदी का मुख पत्र है ?

(क) परिवर्तन (ख) नवजागरण

(ग) पाञ्चजन्य (घ) हिंदुत्व

प्र. 333 : इनमें से किस वर्ष 'पाञ्चजन्य' का प्रकाशन प्रारंभ हुआ था ?

(क) सन् 1942 (ख) सन् 1948

(ग) सन् 1957 (घ) सन् 1962

प्र. 334 : इनमें से कौन 'पाञ्चजन्य' के प्रथम संपादक थे ?

(क) अटल बिहारी वाजपेयी

(ख) श्यामा प्रसाद मुकर्जी

(ग) श्री गुरुजी

(घ) लालकृष्ण आडवाणी

प्र. 335 : महान् चिंतक एवं दार्शनिक पं. दीनदयाल उपाध्याय द्वारा (सन् 1947 में) किस प्रकाशन संस्थान की स्थापना की गई थी ?

(क) साधना प्रकाशन लिमिटेड

(ख) राष्ट्रधर्म प्रकाशन लिमिटेड

(ग) लोकहित प्रकाशन लिमिटेड

(घ) उपर्युक्त में से कोई नहीं

प्र. 336 : प्रारंभ में राष्ट्रधर्म प्रकाशन लि. द्वारा कौन सी पत्र/पत्रिकाओं का प्रकाशन किया जाता था ?

(क) स्वदेश (ख) राष्ट्रधर्म

(ग) पाञ्चजन्य (घ) उपर्युक्त सभी

उत्तर के लिए कृपया पृष्ठ सं. 224 देखें।

प्र. 337 : इनमें से किस सरसंघचालक के समय 'स्वदेश', 'राष्ट्रधर्म' एवं 'पाञ्चजन्य' नामक प्रसिद्ध राष्ट्रवादी पत्र-पत्रिकाओं का प्रकाशन प्रारंभ हुआ था?

(क) डॉ. हेडगेवार (ख) श्रीगुरुजी

(ग) बालासाहब देवरस (घ) उपर्युक्त में से कोई नहीं

प्र. 338 : इनमें से किस वर्ष स्वतंत्रता के बाद 'पाञ्चजन्य' पर प्रतिबंध लगाया गया था, जिसके चलते इसका प्रकाशन बंद रहा?

(क) सन् 1948 (ख) सन् 1950

(ग) सन् 1952 (घ) सन् 1962

प्र. 339 : 'पाञ्चजन्य' पर प्रतिबंध के दौरान पं. दीनदयालजी ने किस पत्र-पत्रिका का प्रकाशन किया था?

(क) हिमालय पत्रिका

(ख) देशभक्त

(ग) उपर्युक्त (क) और (ख) दोनों

(घ) उपर्युक्त में से कोई नहीं

प्र. 340 : 'पाञ्चजन्य' पत्रिका का ध्येयसूत्र/मूलमंत्र क्या है?

(क) भारतीय नवनिर्माण का उद्घोष

(ख) भारतीय स्वाभिमान और शौर्य का उद्घोष

(ग) लोकतंत्र में जनता की आवाज

(घ) हिंदू राष्ट्रवाद का उद्घोष

प्र. 341 : इनमें से कौन 'पाञ्चजन्य' पत्रिका के वर्तमान संपादक हैं?

(क) तरुण विजय (ख) हितेश शंकर

(ग) प्रभात झा (घ) अशोक सिंघल

प्र. 342 : इनमें से कब सरसंघचालक मोहनराव भागवत ने 'पाञ्चजन्य' एवं 'ऑर्गेनाइजर' के पत्रिका के रूप में प्रकाशित प्रथम अंकों का लोकार्पण किया?

(क) 26 सितंबर, 2012 (ख) 23 मार्च, 2013

(ग) 24 मार्च, 2014 (घ) 3 फरवरी, 2015

प्र. 343 : इनमें से राष्ट्रीय स्वयंसेवक संघ का मुख पत्र है?

(क) इंडियन ओपिनियन (ख) ऑर्गेनाइजर

(ग) हिंदू नेशनलिज्म (घ) हिंदू नेशन

उत्तर के लिए कृपया पृष्ठ सं. 224 देखें।

प्र. 344 : किस वर्ष संघ के अंग्रेजी पत्र (पत्रिका) का प्रारंभ हुआ था?

(क) सन् 1936 (ख) सन् 1947

(ग) सन् 1958 (घ) सन् 1964

प्र. 345 : 'ऑर्गेनाइजर' किस प्रकार का पत्र है?

(क) साप्ताहिक (ख) पाक्षिक

(ग) मासिक (घ) त्रैमासिक

प्र. 346 : इनमें से कौन 'ऑर्गेनाइजर' पत्रिका का संपादक रह चुका है?

(क) श्री ए.आर. नैयर (ख) के. आर. मलकानी

(ग) वी.पी. भाटिया (घ) उपर्युक्त सभी

प्र. 347 : इनमें से भाजपा के कौन प्रसिद्ध वरिष्ठ नेता संघ के अंग्रेजी पत्र 'ऑर्गेनाइजर' का संपादक रह चुके हैं?

(क) मुरली मनोहर जोशी (ख) लालकृष्ण आडवाणी

(ग) अरुण जेटली (घ) राजनाथ सिंह

प्र. 348 : वर्तमान में 'ऑर्गेनाइजर' के संपादक कौन हैं?

(क) अरुण शौरी (ख) आर. बालशंकर

(ग) मोहनराव भागवत (घ) उपर्युक्त में से कोई नहीं

प्र. 349 : इनमें से किन प्रकाशनों ने उच्च कोटि का संघ साहित्य बड़ी संख्या में प्रकाशित किया है?

(क) सुरुचि प्रकाशन, दिल्ली

(ख) लोकहित प्रकाशन साहित्य भवन, लखनऊ

(ग) साधना प्रकाशन, अहमदाबाद

(घ) उपर्युक्त सभी

☐

उत्तर के लिए कृपया पृष्ठ सं. 224 देखें।

# संघ परिवार-1

प्र. 350 : राष्ट्रीय स्वयंसेवक संघ और उससे जुड़े संगठनों को संक्षेप में 'संघ परिवार' कहा जाता है। संघ परिवार के संबंध में इनमें से कौन सा कथन सही है ?

(क) ये वैसे संगठन हैं, जिनकी अपनी स्वतंत्र पहचान है, नीतियाँ और कार्यक्रम भी हैं; परंतु ये सभी संगठन विचारधारा के मामले में संघ से ही अनुप्राणित होते हैं।

(ख) संघ से जुड़े ऐसे पंजीकृत संगठनों की संख्या लगभग 50 से भी अधिक है। संघ में इन्हें 'आनुषंगिक संगठन' कहा जाता है।

(ग) इन संगठनों में प्रमुख लोग वही होते हैं, जो संघ से भेजे जाते हैं। इनमें अधिकांश आजीवन सदस्य होते हैं, जिन्हें बोलचाल की भाषा में 'प्रचारक' कहा जाता है। वे परदे के पीछे रहकर सांगठनिक कार्यों को अंजाम देते हैं।

(घ) उपर्युक्त सभी

प्र. 351 : इनमें से कौन सा संगठन राष्ट्रीय स्वयंसेवक संघ का आनुषंगिक संगठन नहीं है ?

(क) राष्ट्र सेविका समिति

(ख) अखिल भारतीय साहित्य परिषद्

(ग) नेशनल स्टूडेंट ऑफ इंडिया

(घ) भारतीय किसान संघ

उत्तर के लिए कृपया पृष्ठ सं. 224 देखें।

प्र. 352 : इनमें से कौन सा संगठन आर.एस.एस. का आनुषंगिक संगठन है ?
(क) अखिल भारतीय विद्यार्थी परिषद्
(ख) भारतीय मजदूर संघ
(ग) विश्व हिंदू परिषद्
(घ) उपर्युक्त सभी

प्र. 353 : इनमें से 'संघ परिवार' से जुड़े किस संगठन की स्थापना सर्वप्रथम हुई थी ?
(क) ए.बी.वी.पी. (ख) विश्व हिंदू परिषद्
(ग) राष्ट्र सेविका समिति (घ) भारतीय मजदूर संघ

प्र. 354 : इनमें से किस छात्र संगठन को कुछ अंशों में राष्ट्रीय स्वयंसेवक संघ की छात्र शाखा कहा जा सकता है ?
(क) एन.एस.वी.पी. (ख) ए.बी.वी.पी.
(ग) आईसा (घ) उपर्युक्त सभी

प्र. 355 : इनमें से 'ए.बी.वी.पी.' छात्र संगठन का पूरा नाम क्या है ?
(क) अखिल भारतीय विश्वविद्यालय परिषद्
(ख) अखिल भारतीय विद्यार्थी परिषद्
(ग) अध्यापक भारतीय विश्वविद्यालय परिषद्
(घ) अध्यापक भारतीय विद्यार्थी परिषद्

प्र. 356 : ए.बी.वी.पी. की स्थापना किस वर्ष हुई थी ?
(क) सन् 1948 में (ख) सन् 1958 में
(ग) सन् 1962 में (घ) सन् 1972 में

प्र. 357 : अखिल भारतीय विद्यार्थी परिषद् की स्थापना का श्रेय इनमें से किसे दिया जाता है ?
(क) पं. दीनदयाल उपाध्याय (ख) प्रो. ओमप्रकाश बहल
(ग) नानाजी देशमुख (घ) एकनाथजी रानाडे

प्र. 358 : अखिल भारतीय विद्यार्थी परिषद् का मुख्यालय कहाँ स्थित है ?
(क) नई दिल्ली (ख) भोपाल
(ग) मुंबई (घ) नागपुर

प्र. 359 : ए.बी.वी.पी. नामक 'छात्र संघ' का ध्येय क्या है ?
(क) तमसो मा ज्योति (ख) सर्वे भवन्तु सुखिनः
(ग) वसुधैव कुटुम्बकम् (घ) ज्ञान-शील-एकता

उत्तर के लिए कृपया पृष्ठ सं. 224 व 225 देखें।

प्र. 360 : इनमें से कौन अखिल भारतीय विद्यार्थी परिषद् के अध्यक्ष रह चुके हैं ?

(क) प्रो. बलवंत परशुराम आप्टे (बाल आप्टे)

(ख) बालासाहब देशपांडे

(ग) प्रवीण तोगड़िया

(घ) प्रो. राजेंद्र सिंह (रज्जू भैया)

प्र. 361 : ए.बी.वी.पी. की सामान्यतः कुल कितनी इकाइयाँ होती हैं ?

(क) दो (ख) तीन

(ग) चार (घ) आठ

प्र. 362 : 'अखिल भारतीय विद्यार्थी परिषद्' का मुख पत्र कौन सा है ?

(क) भारतीय छात्र (ख) राष्ट्रीय छात्र-शक्ति

(ग) छात्र-प्रगति (घ) हिंदू छात्र-शक्ति

प्र. 363 : अखिल भारतीय विद्यार्थी परिषद् की कुल सदस्यता (वर्ष 2014 के प्रारंभ तक) कितनी है ?

(क) 6 लाख (ख) 12 लाख

(ग) 18 लाख (घ) 22 लाख

प्र. 364 : इनमें से किस राज्य में अखिल भारतीय विद्यार्थी परिषद् के नाम सर्वाधिक रक्तदान करने का रिकॉर्ड है ?

(क) उत्तर प्रदेश (ख) आंध्र प्रदेश

(ग) बिहार (घ) पश्चिम बंगाल

प्र. 365 : अखिल भारतीय विद्यार्थी परिषद् के कार्यकर्ताओं द्वारा परिषद् का स्थापना दिवस 'राष्ट्रीय छात्र दिवस' के रूप में कब मनाया जाता है ?

(क) 1 जनवरी को (ख) 3 मार्च को

(ग) 9 जुलाई को (घ) 14 सितंबर को

प्र. 366 : अखिल भारतीय विद्यार्थी परिषद् की स्थापना का मूल उद्देश्य क्या है ?

(क) राष्ट्रीय पुनर्निर्माण (ख) सामाजिक समरसता

(ग) शिक्षा का प्रचार-प्रसार (घ) छात्र कल्याण

प्र. 367 : इनमें से कौन सा छात्र संगठन भारत का सबसे बड़ा छात्र संगठन है ?

(क) नेशनल स्टूडेंट यूनियन ऑफ इंडिया

(ख) अखिल भारतीय विद्यार्थी परिषद्

(ग) आईसा एसोसिएशन

(घ) उपर्युक्त में से कोई नहीं

उत्तर के लिए कृपया पृष्ठ सं. 225 देखें।

प्र. 368 : वर्तमान में ए.बी.वी.पी. से जुड़े लोग/कार्यकर्ता समाज जीवन के प्रत्येक क्षेत्र में सक्रिय हैं। इनमें से किस क्षेत्र में संगठन/परिषद् ने समय-समय पर आंदोलन किया है ?

(क) कश्मीर से धारा 370 को हटाने के लिए
(ख) बँगलादेशी अवैध घुसपैठ के खिलाफ
(ग) बँगलादेश को तीन बीघा भूमि देने के विरुद्ध
(घ) उपर्युक्त सभी

प्र. 369 : ए.बी.वी.पी. के संबंध में कौन सा कथन सही है ?

(क) देश के सभी विश्वविद्यालयों और अधिकांश कॉलेजों में परिषद् की इकाइयाँ हैं। अधिकांश 'छात्र संघ' पर परिषद् का ही अधिकार है।
(ख) ए.बी.वी.पी. स्थापना काल से ही छात्र-हित और राष्ट्र-हित से जुड़े प्रश्नों को प्रमुखता से उठाता रहा है।
(ग) राष्ट्रीय स्तर पर इस संगठन/परिषद् द्वारा प्रत्येक वर्ष का आयोजन किया जाता है।
(घ) उपर्युक्त सभी

प्र. 370 : अखिल भारतीय विद्यार्थी परिषद् निर्धन व मेधावी छात्रों, जो कि प्रतियोगी परीक्षाओं की तैयारी के लिए निजी कोचिंग संस्थानों में नहीं जा सकते, के लिए किस प्रकार के शिविर का आयोजन करती है ?

(क) पं. जवाहरलाल निःशुल्क शिक्षा शिविर
(ख) स्वामी विवेकानंद निःशुल्क शिक्षा शिविर
(ग) चाणक्य/कौटिल्य निःशुल्क शिक्षा शिविर
(घ) गुरुकुल उच्च शिक्षा शिविर

प्र. 371 : वर्तमान में (वर्ष 2016 में) अखिल भारतीय विद्यार्थी परिषद् के राष्ट्रीय अध्यक्ष कौन हैं ?

(क) प्रभात झा
(ख) प्रो. पी. मुरली मनोहर
(ग) विश्वनाथ प्रसाद तिवारी
(घ) श्री हरि बोरीकर

उत्तर के लिए कृपया पृष्ठ सं. 225 देखें।

प्र. 372 : इनमें से वह कौन सी संस्था है, जो भारत की स्त्रियों की एक संस्था है, जो राष्ट्रीय स्वयंसेवक संघ के ही दर्शन के अनुरूप कार्य करती है ?

(क) राष्ट्रीय महिला अधिकार संघ

(ख) राष्ट्र सेविका समिति

(ग) महिला कल्याण समिति

(घ) अखिल भारतीय महिला संघ

प्र. 373 : राष्ट्र सेविका समिति की स्थापना कब हुई थी ?

(क) सन् 1926 में विजयादशमी के दिन

(ख) सन् 1936 में विजयादशमी के दिन

(ग) सन् 1942 में रक्षाबंधन के दिन

(घ) सन् 1952 में जन्माष्टमी के दिन

प्र. 374 : राष्ट्र सेविका समिति की स्थापना कहाँ हुई थी ?

(क) नागपुर में (ख) दिल्ली में

(ग) कानपुर में (घ) वर्धा में

प्र. 375 : इनमें से कौन राष्ट्र सेविका समिति की प्रथम प्रमुख संचालिका (संस्थापक) थीं ?

(क) विजयलक्ष्मी पंडित

(ख) मैडम भीकाजी कामा

(ग) लक्ष्मीबाई केलकर

(घ) उपर्युक्त में से कोई नहीं

प्र. 376 : वर्तमान में राष्ट्र सेविका समिति की प्रमुख संचालिका कौन हैं ?

(क) सुषमा स्वराज

(ख) प्रज्ञा ठाकुर

(ग) वं. शांतक्का

(घ) उमा भारती

प्र. 377 : राष्ट्र सेविका समिति का ध्येय सूत्र क्या है ?

(क) स्त्री राष्ट्र की आधारशिला है

(ख) यत्र नार्यस्तु पूज्यन्ते रमन्ते तत्र देवता:

(ग) महिलाओं से ही घर-परिवार व समाज बनता है

(घ) महिलाओं को पुरुषों के समान अधिकार प्राप्त हो

उत्तर के लिए कृपया पृष्ठ सं. 225 देखें।

प्र. 378 : राष्ट्र सेविका समिति का प्रमुख कार्यक्रम क्या है ?

(क) दैनंदिन व साप्ताहिक शाखाएँ लगाना तथा वहाँ पर सेविकाओं को शारीरिक शिक्षा, बौद्धिक विकास एवं मनोबल बढ़ाने हेतु विविध उपक्रम प्रारंभ करना।

(ख) शिशु-बालिका, युवती, गृहिणी, सेविकाओं हेतु प्रतिवर्ष भारतीय तथा विभाग बैठकों का आयोजन करना।

(ग) अपनत्व की भावना से आरोग्य शिविर, छात्रावास, बाल मंदिर संस्कार वर्ग सहित विभिन्न सेवा कार्य करना।

(घ) उपर्युक्त सभी।

प्र. 379 : राष्ट्र सेविका समिति वन विहार और शिविरों का आयोजन किन सेविकाओं के लिए कराती है ?

(क) शिशु-बालिका (ख) युवती

(ग) गृहिणी (घ) उपर्युक्त सभी

प्र. 380 : राष्ट्र सेविका समिति द्वारा वर्ष 2005 में विश्व का सबसे बड़ा महिलाओं का तीन दिवसीय शिविर कहाँ लगाया गया, जिसमें 10,000 से अधिक महिलाओं ने एक साथ भाग लिया था ?

(क) दिल्ली (ख) नागपुर

(ग) कानपुर (घ) अहमदाबाद

प्र. 381 : इनमें से किस उद्‌देश्य को ध्यान में रखकर 'वनवासी कल्याण आश्रम' की स्थापना की गई ?

(क) वनों/वृक्षों की अंधाधुंध कटाई को रोकने की दृष्टि से।

(ख) वनवासी क्षेत्रों में ईसाइयों द्वारा छल से किए जा रहे धर्मांतरण को रोकने तथा वनवासियों को सक्षम एवं स्वावलंबी बनाने की दृष्टि से।

(ग) वनों में रहनेवाले अनुसूचित जनजातियों को उनकी लकड़ी का उचित मूल्य दिलाने तथा उनके कल्याण हेतु।

(घ) उपर्युक्त सभी।

प्र. 382 : इनमें से किस वर्ष 'वनवासी कल्याण आश्रम' की स्थापना हुई थी ?

(क) सन् 1942 में (ख) सन् 1952 में

(ग) सन् 1968 में (घ) सन् 1984 में

उत्तर के लिए कृपया पृष्ठ सं. 225 व 226 देखें।

प्र. 383 : इनमें से किसके द्वारा 'वनवासी कल्याण आश्रम' की स्थापना की गई थी ?

(क) एकनाथ रानाडे (ख) बालासाहब देशपांडे

(ग) दत्तोपंत ठेंगड़ी (घ) नानाजी देशमुख

प्र. 384 : 'वनवासी कल्याण आश्रम' प्रथम (सन् 1952 में) कहाँ स्थापित किया गया था ?

(क) जसपुर (छत्तीसगढ़) (ख) कोडरमा (झारखंड)

(ग) बैतूल (मध्य प्रदेश) (घ) बालाघाट (मध्य प्रदेश)

प्र. 385 : इनमें से कौन सा कथन अखिल भारतीय वनवासी कल्याण आश्रम के संबंध में सही है ?

(क) यह आश्रम भारत के वनों में बसनेवाले लगभग 8 करोड़ वनवासियों के सर्वांगीण विकास हेतु कार्य में संलग्न संस्था है।

(ख) यह आश्रम वनवासियों के विकास के लिए सुदूर जनजातीय गाँवों के सामाजिक व आर्थिक विकास के लिए तरह-तरह के कार्यक्रम चलाता रहता है।

(ग) इस वनवासी कल्याण आश्रम की संपूर्ण भारत में अपनी शाखाएँ हैं।

(घ) उपर्युक्त सभी।

प्र. 386 : अखिल भारतीय वनवासी कल्याण आश्रम का ध्येय वाक्य (मूल मंत्र) क्या है ?

(क) जनजातियों के विकास के अभाव में भारत का विकास संभव नहीं

(ख) नगरवासी, ग्रामवासी, वनवासी हम सभी हैं भारतवासी

(ग) ग्राम के विकास से वनवासियों का विकास

(घ) वनवासियों के योगदान को जानो

प्र. 387 : वनवासी कल्याण आश्रम का मुख्यालय कहाँ स्थित है ?

(क) जमशेदपुर (झारखंड) (ख) बिलासपुर (छत्तीसगढ़)

(ग) बालाघाट (मध्य प्रदेश) (घ) बीरभूम (प. बंगाल)

प्र. 388 : भारतीय मजदूर संघ के संस्थापक इनमें से कौन थे ?

(क) बालासाहब देशपांडे (ख) दत्तोपंत ठेंगड़ी

(ग) एकनाथजी रानाडे (घ) बाबा साहब आप्टे

उत्तर के लिए कृपया पृष्ठ सं. 226 देखें।

प्र. 389 : भारतीय मजदूर संघ की स्थापना किस वर्ष हुई थी?

(क) सन् 1955 में (ख) सन् 1964 में

(ग) सन् 1972 में (घ) सन् 1971 में

प्र. 390 : भारतीय मजदूर संघ के संबंध में इनमें से कौन सा कथन सही है?

(क) भारतीय मजदूर संघ भारत का सबसे बड़ा केंद्रीय श्रमिक संगठन है।

(ख) यह देश का पहला मजदूर संगठन है, जो किसी राजनीतिक दल की श्रमिक इकाई नहीं, बल्कि मजदूरों का, मजदूरों के लिए, मजदूरों द्वारा संचालित अपने में स्वतंत्र मजदूर संगठन है।

(ग) भारत के अन्य श्रमिक संगठनों की तरह यह किसी संगठन के विभाजन के कारण नहीं बना, वरन् एक विचारधारा के लोगों के सम्मिलित प्रयास का परिणाम था।

(घ) उपर्युक्त सभी।

प्र. 391 : भारतीय किसान संघ की स्थापना किस वर्ष हुई थी?

(क) सन् 1962 में (ख) सन् 1979 में

(ग) सन् 1987 में (घ) सन् 1992 में

प्र. 392 : इनमें से कौन सी संस्था/संगठन साहित्य के क्षेत्र में राष्ट्रीय स्वयंसेवक संघ का आनुषंगिक संगठन है?

(क) भारतीय ज्ञानपीठ (ख) साहित्य अकादेमी

(ग) संगीत नाटक अकादमी (घ) अखिल भारतीय साहित्य परिषद्

प्र. 393 : अखिल भारतीय साहित्य परिषद् की स्थापना कब हुई थी?

(क) 25 जून, 1956 को (ख) 26 अक्तूबर, 1966 को

(ग) 13 अक्तूबर, 1978 को (घ) 16 दिसंबर, 1986 को

प्र. 394 : अखिल भारतीय साहित्य परिषद्, जो भारतीय भाषाओं का एक देशव्यापी संगठन है, की स्थापना कहाँ हुई थी?

(क) मुंबई (ख) कोलकाता

(ग) दिल्ली (घ) नागपुर

प्र. 395 : अखिल भारतीय साहित्य परिषद् का प्रथम राष्ट्रीय अधिवेशन (सन् 1966 में) किस प्रसिद्ध साहित्यकार की अध्यक्षता में संपन्न हुआ था?

(क) सुमित्रानंदन पंत (ख) रामधारी सिंह 'दिनकर'

(ग) जैनेंद्र कुमार (घ) महादेवी वर्मा

उत्तर के लिए कृपया पृष्ठ सं. 226 देखें।

प्र. 396 : अखिल भारतीय साहित्य परिषद् का प्रमुख कार्य/उद्देश्य इनमें से क्या है ?

(क) भारतीय जीवन-मूल्यों में आस्था रखनेवाले विभिन्न भाषाओं के साहित्यकारों को प्रोत्साहन देना तथा साहित्य का प्रचार व प्रसार करना।

(ख) वरिष्ठ साहित्यकारों को देश के सर्वोच्च साहित्यिक सम्मान 'ज्ञानपीठ पुरस्कारों' से सम्मानित करना।

(ग) प्रत्येक तीन वर्ष के अंतराल पर विश्व के किसी एक देश में 'विश्व हिंदी सम्मेलन' का आयोजन करना।

(घ) उपर्युक्त सभी।

प्र. 397 : अखिल भारतीय साहित्य परिषद् न्यास के संबंध में कौन सा कथन गलत है ?

(क) प्रांतीय एवं स्थानीय स्तर पर कार्यरत परिषद् की सभी इकाइयों को संगठन की दृष्टि से संबद्ध करने हेतु अखिल भारतीय साहित्य परिषद् न्यास का गठन सन् 1998 में किया गया।

(ख) इसका पंजीकृत केंद्रीय कार्यालय हेडगेवार भवन, नागपुर में है।

(ग) परिषद् 'अखिल भारतीय साहित्य परिषद्' न्यास के अंतर्गत कार्य करती है।

(घ) भारतीय भाषाओं की कोई भी समवैचारिक साहित्यिक संस्था न्यास से संबद्धता प्राप्त कर सकती है।

प्र. 398 : अखिल भारतीय साहित्य परिषद् अखिल भारतीय स्तर पर किस नाम से एक त्रैमासिक पत्रिका का प्रकाशन करती है ?

(क) साहित्य परिक्रमा (ख) साहित्य अमृत

(ग) साहित्य प्रकाश (घ) साहित्य ज्ञान

प्र. 399 : ''हम साहित्यिक लोग तो वाग्वीर हैं, परंतु यहाँ तो शक्ति की प्रत्यक्ष उपासना हो रही है। यह शक्ति का दृश्य स्वरूप है। सहस्रों व्याख्यान देखकर तथा लेख लिखकर हम जो काम सिद्ध नहीं कर सकते, जो भाव लोगों के मन पर अंकित नहीं कर सकते, वह संघ के इस दृश्य मात्र से संभव है। प्रत्यक्ष दृश्य मात्र से ही महान् तत्त्वों का बोध हो सकता है, संघ इसका अत्यंत प्रभावी उदाहरण है।'' वर्ष 1933 के उत्तरार्द्ध में

उत्तर के लिए कृपया पृष्ठ सं. 226 देखें।

नागपुर में संघ-शिविर देखकर यह महान् वक्तव्य किसने दिया था?

(क) शंकरराव देव (ख) काका साहब खाडिलकर

(ग) बाबूराव गोखले (घ) दत्तोपंत पोतदार

प्र. 400 : इनमें से किस स्थान पर अखिल भारतीय साहित्य परिषद् का राष्ट्रीय अधिवेशन हो चुका है?

(क) हैदराबाद (ख) आगरा

(ग) अंबाला (घ) उपर्युक्त सभी

प्र. 401 : इनमें से किस स्थान पर अखिल भारतीय साहित्य परिषद् के अब तक तीन बार राष्ट्रीय अधिवेशन हो चुके हैं?

(क) सोनीपत (ख) कोटा

(ग) वाराणसी (घ) राजकोट

प्र. 402 : अखिल भारतीय साहित्य परिषद् का चौदहवाँ राष्ट्रीय अधिवेशन वर्ष 2014 में किस स्थान पर हुआ था?

(क) हैदराबाद (ख) दिल्ली

(ग) झाँसी (घ) कोटा

प्र. 403 : अखिल भारतीय साहित्य परिषद् साहित्य की विविध विधाओं में इनमें से किस प्रकार के कार्यक्रम आयोजित करती है?

(क) साहित्यकार सम्मेलन, साहित्यकार सम्मान समारोह एवं नवोदित प्रतिभाओं का प्रोत्साहन करना।

(ख) कवि सम्मेलन एवं कहानी, कविता, निबंध प्रतियोगिता का आयोजन करना।

(ग) साहित्यकारों की जयंती पर विचार गोष्ठियों का आयोजन करना।

(घ) उपर्युक्त सभी।

प्र. 404 : इनमें से कौन से साहित्यकार अखिल भारतीय साहित्य परिषद् के राष्ट्रीय अध्यक्ष रह चुके हैं?

(क) विद्यानिवास मिश्र (ख) गोविंद शंकर कुरुप

(ग) जगदीश गुप्त (घ) उपर्युक्त सभी

प्र. 405 : इनमें से कौन से साहित्यकार अखिल भारतीय साहित्य परिषद् के राष्ट्रीय अध्यक्ष नहीं रहे हैं?

(क) बलवंत ज्ञानी (ख) रमानाथ त्रिपाठी

(ग) एच.एस. अज्ञेय (घ) जी.बी. सुब्रह्मण्यम

उत्तर के लिए कृपया पृष्ठ सं. 226 व 227 देखें।

प्र. 406 : भारत के लगभग कितने प्रांतों में अखिल भारतीय साहित्य परिषद् का कार्य चल रहा है ?

(क) 12 (ख) 14

(ग) 18 (घ) 21

प्र. 407 : वर्तमान में कौन अखिल भारतीय साहित्य परिषद् के राष्ट्रीय अध्यक्ष हैं ?

(क) त्रिभुवन नाथ शुक्ल (ख) विद्यानिवास मिश्र

(ग) कुँवर नारायण (घ) श्रीलाल शुक्ल

प्र. 408 : इनमें से किस संस्था/समिति का प्रमुख कार्य इतिहास का सही लेखन एवं संस्कृत भाषा का प्रचार-प्रसार करना है ?

(क) राष्ट्र सेविका समिति

(ख) बाबा साहब आप्टे स्मारक समिति

(ग) विद्या भारती

(घ) पं. दीनदयाल उपाध्याय शोध संस्थान

प्र. 409 : इनमें से संघ परिवार की किस संस्था की स्थापना जन संघ की स्थापना से पूर्व हुई थी ?

(क) विश्व हिंदू परिषद्

(ख) अखिल भारतीय विद्यार्थी परिषद्

(ग) अखिल भारतीय मजदूर संघ

(घ) अखिल भारतीय साहित्य परिषद्

प्र. 410 : विश्व हिंदू परिषद् एक हिंदू संगठन है, जो संघ का एक आनुषंगिक संगठन है। किस वर्ष इसकी स्थापना हुई थी ?

(क) सन् 1954 में (ख) सन् 1964 में

(ग) सन् 1972 में (घ) सन् 1984 में

प्र. 411 : इनमें से कौन विश्व हिंदू परिषद् के संस्थापकों में प्रमुख रहा है ?

(क) मास्टर तारा चंद (ख) स्वामी चिन्मयानंद

(ग) बाबा साहब आप्टे (घ) उपर्युक्त सभी

प्र. 412 : विश्व हिंदू परिषद् का प्रतीक चिह्न क्या है ?

(क) शंख (ख) कलम

(ग) बरगद का पेड़ (घ) त्रिशूल

उत्तर के लिए कृपया पृष्ठ सं. 227 देखें।

प्र. 413 : विश्व हिंदू परिषद् का ध्येय वाक्य क्या है ?

(क) वसुधैव कुटुंबकम् (ख) तमसो मा ज्योतिर्गमय

(ग) धर्मो रक्षति रक्षितः (घ) सर्वे भवन्तु सुखिनः

प्र. 414 : विश्व हिंदू परिषद् का लक्ष्य क्या है ?

(क) हिंदू समाज को मजबूत करना।

(ख) हिंदू जीवन–दर्शन एवं अध्यात्म की रक्षा, संवर्धन एवं प्रचार करना।

(ग) विदेशों में रहनेवाले हिंदुओं से तालमेल रखना और हिंदू व हिंदुत्व की रक्षा हेतु उन्हें संगठित करना।

(घ) उपर्युक्त सभी।

प्र. 415 : गुजरात में विश्व हिंदू परिषद् (VHP) की नींव किसने रखी थी ?

(क) प्रवीण तोगड़िया

(ख) डॉ. विश्वनाथ राव वणीकर

(ग) केशवराव देशमुख

(घ) सरदार पटेल

प्र. 416 : गुजरात में विश्व हिंदू परिषद् का प्रथम राज्य स्तर का सम्मेलन (सन् 1972 में) कहाँ होना था ?

(क) अहमदाबाद में (ख) पोरबंदर में

(ग) सिद्धपुर में (घ) गांधीनगर में

प्र. 417 : इनमें से कौन विश्व हिंदू परिषद् के अंतरराष्ट्रीय अध्यक्ष रहे हैं, जिन्हें राम मंदिर आंदोलन के पर्याय के रूप में जाना जाता है ?

(क) स्वामी विवेकानंद

(ख) अशोक सिंघल

(ग) के. एन. गोविंदाचार्य

(घ) उपर्युक्त में से कोई नहीं

प्र. 418 : प्रवीण तोगड़िया, जो विहिप के अंतरराष्ट्रीय महासचिव हैं, पेशे से क्या हैं ?

(क) एक विख्यात शिक्षाविद्

(ख) एक विख्यात परमाणु विशेषज्ञ

(ग) एक विख्यात कैंसर सर्जन

(घ) एक प्रशासनिक अधिकारी

उत्तर के लिए कृपया पृष्ठ सं. 227 देखें।

प्र. 419 : विश्व हिंदू परिषद् द्वारा समय-समय पर (प्रतिवर्ष) विश्व के विभिन्न देशों में हिंदू सम्मेलन का आयोजन किया जाता रहा है। इस संबंध में कौन सा जोड़ा सही नहीं है?

| *वर्ष* | *स्थान (जहाँ हिंदू सम्मेलन आयोजित हुए)* |
|---|---|
| (क) सन् 2000 | त्रिनिडाड एवं टोबैगो |
| (ख) सन् 2003 | कोलंबो (श्रीलंका) |
| (ग) सन् 2013 | मालदीव |
| (घ) सन् 2014 | फिजी |

प्र. 420 : इनमें से कौन सी संस्था विश्व हिंदू परिषद् का युवा चेहरा है?

(क) सेवा भारती (ख) बजरंग दल

(ग) ए.बी.वी.पी. (घ) वनवासी कल्याण आश्रम

प्र. 421 : बजरंग दल की स्थापना किस वर्ष हुई थी?

(क) सन् 1964 में (ख) सन् 1966 में

(ग) सन् 1972 में (घ) सन् 1984 में

प्र. 422 : बजरंग दल का सूत्र वाक्य क्या है?

(क) सर्वे भवन्तु सुखिनः

(ख) सेवा, सुरक्षा और संस्कृति

(ग) ज्ञान-शील-एकता

(घ) धर्मो रक्षति रक्षितः

प्र. 423 : संस्कार भारती, जो राष्ट्रीय स्वयंसेवक संघ की एक सहयोगी संस्था है, की स्थापना किस उद्देश्य को ध्यान में रखकर की गई थी?

(क) समाज के सभी घटकों में समरसता का भाव जगाने के उद्देश्य से।

(ख) ग्रामीण तथा राष्ट्रीय अर्थव्यवस्था को सुदृढ़ करने के उद्देश्य से।

(ग) ललित कला के क्षेत्र में राष्ट्रीय चेतना लाने के उद्देश्य से।

(घ) भारतीय जीवन-मूल्यों में आस्था रखनेवाले विभिन्न भाषाओं के साहित्यकारों को प्रोत्साहन देने के उद्देश्य से।

प्र. 424 : संस्कार भारती की विधिवत् स्थापना किस वर्ष हुई थी?

(क) सन् 1961 में (ख) सन् 1971 में

(ग) सन् 1981 में (घ) सन् 1991 में

उत्तर के लिए कृपया पृष्ठ सं. 227 देखें।

प्र. 425 : संस्कार भारती की स्थापना में किसका अमूल्य योगदान रहा है?
(क) भाऊराव देवरस एवं योगेंद्रजी
(ख) हरियाऊ वाकणकर एवं माधवराव देवले
(ग) नानाजी देशमुख
(घ) उपर्युक्त सभी

प्र. 426 : वर्तमान में देश भर में लगभग कितनी इकाइयाँ संस्कार भारती का कार्य कर रही हैं?
(क) 400 (ख) 600
(ग) 800 (घ) 1,200

प्र. 427 : संस्कार भारती की स्थापना (वर्ष 1981 में) कहाँ हुई थी?
(क) दिल्ली में (ख) लखनऊ में
(ग) नागपुर में (घ) अहमदाबाद में

प्र. 428 : किस वर्ष से संस्कार भारती के वार्षिक अधिवेशन कला-साधक संगम के रूप में आयोजित किए जाते रहे हैं, जिसमें संगीत नाटक, चित्रकला, काव्य, साहित्य एवं नृत्य विधाओं से जुड़े देश भर के स्थापित व नवोदित कलाकार अपनी कला का प्रदर्शन करते हैं?
(क) सन् 1960 से (ख) सन् 1970 से
(ग) सन् 1990 से (घ) सन् 2000 से

प्र. 429 : संस्कार भारती के संबंध में इनमें से कौन सा कथन सही है?
(क) संस्कार भारती प्रतिवर्ष संघ द्वारा मनाए जानेवाले छह उत्सवों को मनाती है।
(ख) समाज के विभिन्न वर्गों में कला के द्वारा देशभक्ति एवं योग्य संस्कार जगाने, विभिन्न कलाओं का प्रशिक्षण एवं नवोदित कलाकारों को प्रोत्साहन देकर उनके माध्यम से सांस्कृतिक प्रदूषण रोकने के उद्देश्य से संस्कार भारती कार्य कर रही है।
(ग) भारतीय संस्कृति के उत्कृष्ट मूल्यों की प्रतिष्ठा करने की दृष्टि से राष्ट्रीय गीत प्रतियोगिता, नुक्कड़ नाटक, चित्रकला, कवि-सम्मेलन आदि कार्यक्रमों का आयोजन संस्कार भारती द्वारा किया जाता है।
(घ) उपर्युक्त सभी।

उत्तर के लिए कृपया पृष्ठ सं. 227 व 228 देखें।

प्र. 430 : 'सहकार भारती', जो राष्ट्रीय स्वयंसेवक संघ का एक आनुषंगिक संगठन है, की स्थापना किस वर्ष हुई थी?

(क) सन् 1969 में (ख) सन् 1973 में

(ग) सन् 1979 में (घ) सन् 1987 में

प्र. 431 : इनमें से कौन 'सहकार भारती' के संस्थापक थे?

(क) बिंदु माधव जोशी (ख) अनंत राव

(ग) माधवराव गोडबोले (घ) एकनाथजी रानाडे

प्र. 432 : सहकार भारती का प्रमुख उद्देश्य क्या है?

(क) ग्रामीण तथा राष्ट्रीय अर्थव्यवस्था को सुदृढ़ करना।

(ख) जनता की आर्थिक सेवा द्वारा समाज का आर्थिक उत्थान करनेवाली सहकारिता को शुद्ध करना एवं मजबूत बनाना।

(ग) सहकारिता का जन-साधारण में प्रचार-प्रसार करना तथा सहकारिता को समाजोपयोगी बनाना।

(घ) उपर्युक्त सभी।

प्र. 433 : सहकार भारती का मूलमंत्र क्या है?

(क) बिना संस्कार नहीं सहकार

(ख) वसुधैव कुटुम्बकम्

(ग) बहुजन हिताय, बहुजन सुखाय

(घ) सर्वे भवन्तु सुखिनः

प्र. 434 : इनमें से कौन सी पत्रिका सहकार भारती की प्रमुख मासिक पत्रिका नहीं है?

(क) सहकार चेतना (अहमदाबाद से प्रकाशित)

(ख) सहकार सुगंध (मुंबई से प्रकाशित)

(ग) सहकार श्री (ग्वालियर से प्रकाशित)

(घ) सहकार भारत (दिल्ली से प्रकाशित)

प्र. 435 : 'विज्ञान भारती', जो भारत में स्वदेशी विज्ञान के विकास हेतु एक जीवंत आंदोलन के रूप में परिकल्पित है, का प्रमुख उद्देश्य क्या है?

(क) विज्ञान के क्षेत्र में अनुसंधान को बढ़ावा देना।

(ख) विज्ञान के क्षेत्र में स्वदेशी दृष्टि तथा विचारों को स्थापित करना।

(ग) प्रतिवर्ष जनवरी मास में भारतीय विज्ञान कांग्रेस का आयोजन करना।

(घ) उपर्युक्त सभी।

उत्तर के लिए कृपया पृष्ठ सं. 228 देखें।

प्र. 436 : 'विज्ञान भारती' की स्थापना किस वर्ष हुई थी?

(क) सन् 1961 में (ख) सन् 1972 में

(ग) सन् 1984 में (घ) सन् 1991 में

प्र. 437 : 'विज्ञान भारती' का ध्येय वाक्य क्या है?

(क) संपर्क, सहयोग, संस्कार, सेवा व समर्पण

(ख) अविद्यया मृत्युं तीर्वा विद्यया मृतमश्नुते

(ग) तमसो मा ज्योतिर्गमय

(घ) ज्ञान-शील-एकता

प्र. 438 : 'सेवा भारती' के संबंध में इनमें से कौन सा कथन सही है?

(क) सेवा भारती राष्ट्रीय स्वयंसेवक संघ द्वारा चालित एक प्रकल्प है।

(ख) यह मुख्यतः वनवासी क्षेत्रों में कार्य करता है।

(ग) सेवा भारती के प्रमुख कार्य हैं—शिक्षा, संस्कार, सामाजिक जागरूकता, स्वास्थ्य, स्वावलंबन, धर्म-परिवर्तन से वनवासियों की रक्षा आदि।

(घ) उपर्युक्त सभी।

प्र. 439 : 'सेवा भारती' की स्थापना किस वर्ष हुई थी?

(क) सन् 1962 में (ख) सन् 1971 में

(ग) सन् 1980 में (घ) सन् 1992 में

□

उत्तर के लिए कृपया पृष्ठ सं. 228 देखें।

# संघ परिवार-2

प्र. 440 : सन् 1952 में प्रथम शिशु मंदिर (गोरखपुर) से प्रारंभ होकर वर्तमान में 'विद्या भारती' के अंतर्गत पूरे देश में विभिन्न स्तर के लगभग कितने विद्यालय चल रहे हैं ?

(क) 5,000 (ख) 12,000

(ग) 18,000 (घ) 34,000

प्र. 441 : विद्या भारती, जो संघ परिवार का अंग है, की स्थापना किस वर्ष हुई थी ?

(क) सन् 1957 में (ख) सन् 1962 में

(ग) सन् 1969 में (घ) सन् 1977 में

प्र. 442 : विद्या भारती किस स्तर पर कार्य कर रही है ?

(क) प्राथमिक स्तर पर (ख) माध्यमिक स्तर पर

(ग) उच्च स्तर पर (घ) उपर्युक्त स्तर पर

प्र. 443 : वर्तमान में (वर्ष 2015 के प्रारंभ तक) भारत में कितनी प्रांतीय/क्षेत्रीय समितियाँ विद्या भारती में संलग्न हैं ?

(क) 34 (ख) 51

(ग) 67 (घ) 86

प्र. 444 : इनमें से किस राज्य/संघ-शासित प्रदेश की प्रांतीय/क्षेत्रीय समितियाँ अभी विद्या भारती में संलग्न नहीं हुई हैं ?

(क) पंजाब एवं चंडीगढ़ (ख) मिजोरम एवं लक्षद्वीप

(ग) कर्नाटक एवं पांडिचेरी (घ) गोवा

उत्तर के लिए कृपया पृष्ठ सं. 228 देखें।

प्र. 445 : इनमें से कौन सा संगठन वर्तमान में भारत का सबसे बड़ा गैर-सरकारी शिक्षा संगठन बन चुका है ?

(क) नवोदय विद्यालय समिति (ख) केंद्रीय विद्यालय समिति

(ग) विद्या भारती (घ) डी.ए.वी. प्रबंधन समिति

प्र. 446 : विद्या भारती के अंतर्गत संपूर्ण भारत में विभिन्न स्तर पर चल रहे हजारों विद्यालयों में लगभग कितने छात्र/छात्राएँ अध्ययनरत हैं ?

(क) 6 लाख से अधिक (ख) 13 लाख से अधिक

(ग) 26 लाख से अधिक (घ) 34 लाख से अधिक

प्र. 447 : विद्या भारती के संबंध में कौन सा कथन सही है ?

(क) विद्या भारती शिक्षा के विभिन्न स्तरों जैसे प्राथमिक, माध्यमिक एवं उच्च स्तर पर कार्य कर रही है। इसके अतिरिक्त यह शिक्षा के क्षेत्र में अनुसंधान भी करती है।

(ख) वर्तमान में विद्या भारती के नगरों और ग्रामों में, वनवासी और पर्वतीय क्षेत्रों में, झुग्गी-झोंपड़ियों में, शिशु मंदिर, विद्या मंदिर, सरस्वती विद्यालय, उच्चतर शिक्षा संस्थान एवं कई शोध संस्थान भी हैं।

(ग) विद्या भारती का अपना प्रकाशन विभाग भी है, जो बहुमूल्य पुस्तकें, पत्रिकाएँ एवं शोध-पत्र आदि प्रकाशित करता है।

(घ) उपर्युक्त सभी।

प्र. 448 : शिशु शिक्षा प्रबंध से संबंधित सभी प्रदेश समितियों को किस वर्ष विद्या भारती से संबद्ध कर दिया गया ?

(क) सन् 1957 (ख) सन् 1964

(ग) सन् 1977 (घ) सन् 1986

प्र. 449 : स्वदेशी जागरण मंच के संबंध में कौन सा कथन सही है ?

(क) स्वदेशी जागरण मंच भारत का एक राजनीतिक-आर्थिक संगठन है, जो स्वदेशी उद्योगों एवं संस्कृति के विकास के लिए जनता में जागरूकता पैदा करता है।

(ख) स्वदेशी जागरण मंच की पहचान राष्ट्रीय स्वयंसेवक संघ परिवार के घटक के रूप में है।

(ग) स्वदेशी केवल वस्तुओं तक सीमित नहीं, बल्कि यह राष्ट्र की अस्मिता का प्रकटीकरण करनेवाला एक भाव है।

(घ) उपर्युक्त सभी।

उत्तर के लिए कृपया पृष्ठ सं. 228 देखें।

प्र. 450 : स्वदेशी जागरण मंच की स्थापना कब हुई थी?

(क) 16 जून, 1981 को (ख) 7 मार्च, 1984 को

(ग) 22 नवंबर, 1991 को (घ) 13 दिसंबर, 1998 को

प्र. 451 : स्वदेशी जागरण मंच कहाँ अस्तित्व में आया?

(क) नागपुर में (ख) अहमदाबाद में

(ग) कोलकाता में (घ) भोपाल में

प्र. 452 : राष्ट्रीय स्तर की जिन पाँच संस्थाओं ने सम्मिलित रूप से 'स्वदेशी जागरण मंच' की नींव रखी, उनमें से कौन सी (दो) संस्थाएँ सम्मिलित नहीं हैं?

(क) भारतीय मजदूर संघ एवं भारतीय किसान संघ

(ख) अखिल भारतीय ग्राहक पंचायत एवं सहकार भारती

(ग) अखिल भारतीय विद्यार्थी परिषद्

(घ) सामाजिक समरसता मंच एवं हिंदू जागरण मंच

प्र. 453 : राष्ट्रीय स्तर की पाँच संस्थाओं ने किसकी उपस्थिति में सम्मिलित रूप से स्वदेशी जागरण मंच की नींव रखी थी?

(क) पं. दीनदयाल उपाध्याय (ख) एकनाथजी रानाडे

(ग) दत्तोपंत ठेंगड़ी (घ) बाबा साहब आप्टे

प्र. 454 : स्वदेशी जागरण मंच का लक्ष्य एवं उद्‌देश्य क्या है?

(क) भारत की सुरक्षा व एकता को सुनिश्चित करना।

(ख) भारतीय सांस्कृतिक मूल्यों को बढ़ावा देना एवं एक आत्मनिर्भर राष्ट्र का निर्माण करना।

(ग) प्राकृतिक संपदा का संरक्षण एवं सभी क्षेत्रों व सभी समाजों का संतुलित विकास करना।

(घ) उपर्युक्त सभी।

प्र. 455 : संघ परिवार के स्वदेशी जागरण मंच के कर्ता-धर्ता माने जानेवाले एवं संघ के विचारक वे कौन हैं, जो नरेंद्र मोदी के सबसे बड़े प्रशंसक एवं समर्थक हैं?

(क) बाबा रामदेव (ख) श्री श्री रविशंकर

(ग) जगद्‌गुरु शंकराचार्य (घ) एन. गुरुमूर्ति

उत्तर के लिए कृपया पृष्ठ सं. 228 देखें।

प्र. 456 : दीनदयाल शोध संस्थान की स्थापना किस वर्ष हुई थी?

(क) सन् 1951 में (ख) सन् 1962 में

(ग) सन् 1972 में (घ) सन् 1982 में

प्र. 457 : दीनदयाल शोध संस्थान के संस्थापक कौन थे?

(क) दत्तोपंत ठेंगड़ी (ख) श्यामा प्रसाद मुकर्जी

(ग) एकनाथ रानाडे (घ) नानाजी देशमुख

प्र. 458 : दीनदयाल शोध संस्थान का मुख्यालय कहाँ स्थित है?

(क) मुंबई (ख) कोलकाता

(ग) दिल्ली (घ) रायपुर

प्र. 459 : दीनदयाल शोध संस्थान के संबंध में इनमें से कौन सा कथन सही है?

(क) इस संस्थान द्वारा सबसे पहले उत्तर प्रदेश के गोंडा जिले के जयप्रभा ग्राम में सन् 1978 में कार्य प्रारंभ किया गया।

(ख) गोंडा में कार्य की सफलता के बाद अन्य राज्यों—बिहार, मध्य प्रदेश (के चित्रकूट), महाराष्ट्र आदि में इसका प्रसार किया गया।

(ग) यह संस्थान ग्रामीण विकास के प्रारूप को लागू करनेवाला अनुपम संस्थान है। यह संस्थान विवाद-मुक्त समाज की स्थापना में मदद करता है।

(घ) उपर्युक्त सभी।

प्र. 460 : भारतीय जन संघ की स्थापना कब हुई थी?

(क) 1 जुलाई, 1948 को (ख) 21 अक्तूबर, 1951 को

(ग) 9 सितंबर, 1967 को (घ) 22 मार्च, 1977 को

प्र. 461 : भारतीय जन संघ की स्थापना किसके द्वारा हुई थी?

(क) डॉ. केशव बलिराम हेडगेवार द्वारा

(ख) डॉ. श्यामा प्रसाद मुकर्जी द्वारा

(ग) मोरारजी देसाई द्वारा

(घ) अटल बिहारी वाजपेयी द्वारा

प्र. 462 : भारतीय जन संघ की स्थापना कहाँ हुई थी?

(क) बंबई में (ख) कलकत्ता में

(ग) दिल्ली में (घ) पटना में

उत्तर के लिए कृपया पृष्ठ सं. 229 देखें।

प्र. 463 : 'जन संघ' की स्थापना के अवसर पर किसने कहा था कि "मैं सर्वप्रथम यह स्पष्ट कर देना चाहता हूँ कि भारतीय जन संघ की स्थापना केवल आनेवाले चुनावों को लड़ने के लिए ही नहीं की जा रही है। चुनावों का परिणाम चाहे जो कुछ भी हो, हमारा संगठन उसके उपरांत भी निरंतर कार्यशील रहेगा तथा समाज के सभी वर्गों में आशा एवं सद्भावना का संदेश पहुँचाएगा?"

(क) दीनदयाल उपाध्याय (ख) अटल बिहारी वाजपेयी

(ग) श्यामा प्रसाद मुकर्जी (घ) लालकृष्ण आडवाणी

प्र. 464 : भारतीय जन संघ की स्थापना क्यों की गई थी?

(क) कांग्रेस पार्टी की धर्मनिरपेक्ष राजनीति के प्रत्युत्तर तथा राष्ट्रवाद के समर्थन में इसकी स्थापना की गई।

(ख) हिंदू राष्ट्र के निर्माण के लिए इसकी स्थापना की गई।

(ग) अयोध्या में राम मंदिर के निर्माण हेतु इसकी स्थापना की गई।

(घ) कांग्रेस पार्टी के (भारतीय राजनीति पर से) एकाधिकार को तोड़ने हेतु जन संघ की स्थापना की गई।

प्र. 465 : भारतीय जन संघ के संबंध में इनमें से कौन सा कथन सही है?

(क) जन संघ का जन्म उन लोगों के सहयोग से हुआ, जो राष्ट्रीय स्वयंसेवक संघ की परंपराओं में पले थे।

(ख) वास्तविकता है कि संघ ने ही जनसंघ की नींव रखी, बल्कि उसकी स्थापना डॉ. श्यामा प्रसाद मुकर्जी ने की थी।

(ग) डॉ. मुकर्जी ने संघ के कार्यकर्ताओं को जन संघ के संगठन के लिए चुना था। डॉ. मुकर्जी के निधन के बाद संघ के बहुत से कार्यकर्ता जन संघ में प्रमुख पदों पर आ गए।

(घ) उपर्युक्त सभी।

प्र. 466 : जन संघ के निर्माण के दौरान राष्ट्रीय स्वयंसेवक संघ के तत्कालीन सर संचालक कौन थे?

(क) डॉ. केशव बलिराम हेडगेवार

(ख) माधवराव सदाशिवराव गोलवलकर (गुरुजी)

(ग) बाला साहब देवरस

(घ) उपर्युक्त में से कोई नहीं

उत्तर के लिए कृपया पृष्ठ सं. 229 देखें।

प्र. 467 : भारतीय जन संघ का (श्यामा प्रसाद मुकर्जी के अलावा) इनमें से कौन संस्थापक सदस्य था?

(क) नानाजी देशमुख (ख) सुब्रह्मण्यम स्वामी

(ग) एकनाथजी रानाडे (घ) मोरारजी देसाई

प्र. 468 : भारतीय जन संघ ने डॉ. श्यामा प्रसाद मुकर्जी के नेतृत्व में कौन सा आंदोलन छेड़ा था?

(क) गोरखालैंड के निर्माण के लिए आंदोलन

(ख) पूर्वांचल के निर्माण के लिए आंदोलन

(ग) कश्मीर के भारत में पूर्ण विलय के लिए आंदोलन

(घ) राम मंदिर के निर्माण के लिए आंदोलन

प्र. 469 : जन संघ का प्रथम अधिवेशन कब और कहाँ हुआ था?

(क) 11 सितंबर, 1948 को बंबई में

(ख) 21 अक्तूबर, 1951 को दिल्ली में

(ग) 6 जून, 1955 को दिल्ली में

(घ) 16 सितंबर, 1961 को कलकत्ता में

प्र. 470 : जन संघ का ऐतिहासिक कालीकट (केरल) का अधिवेशन किस वर्ष हुआ था?

(क) सन् 1957 में (ख) सन् 1961 में

(ग) सन् 1967 में (घ) सन् 1975 में

प्र. 471 : सन् 1967 में गैर-कांग्रेस की लहर के बाद केरल के कालीकट में जन संघ के ऐतिहासिक सम्मेलन में पार्टी के विचारक पं. दीनदयाल उपाध्याय ने कौन सा ऐतिहासिक कदम उठाया था?

(क) एकात्म मानववाद के साथ-साथ गांधीवाद को पार्टी के विचार के साथ जोड़ा।

(ख) अल्पसंख्यक समुदायों से दूरी कम करने हेतु पहली बार पं. दीनदयाल ने एक नारा दिया कि 'मुसलमान का खून हमारा ही खून है'।

(ग) उपर्युक्त 'क' और 'ख' दोनों।

(घ) उपर्युक्त में से कोई नहीं।

उत्तर के लिए कृपया पृष्ठ सं. 229 देखें।

प्र. 472 : जन संघ/भाजपा के किस राष्ट्रीय नेता ने अपनी जीवनी में लिखा है कि "जन संघ के इतिहास में कालीकट का सम्मेलन एक न भूलनेवाली युगांतरकारी घटना है?"

(क) अटल बिहारी वाजपेयी (ख) श्यामा प्रसाद मुकर्जी
(ग) लालकृष्ण आडवाणी (घ) दीनदयाल उपाध्याय

प्र. 473 : जन संघ के 20वें अखिल भारतीय अधिवेशन में किसने कहा था कि यदि संघ फासीवादी है तो मैं भी एक फासीवादी हूँ?

(क) नानाजी देशमुख (ख) जयप्रकाश नारायण
(ग) दीनदयाल उपाध्याय (घ) अटल बिहारी वाजपेयी

प्र. 474 : भारतीय जन संघ के प्रथम अध्यक्ष डॉ. श्यामा प्रसाद मुकर्जी थे। उनके निधन के उपरांत जन संघ का दूसरा अध्यक्ष कौन बना था?

(क) दीनदयाल उपाध्याय (ख) मौलिचंद्र शर्मा
(ग) बलराज मधोक (घ) अटल बिहारी वाजपेयी

प्र. 475 : इनमें से कौन जन संघ के (राष्ट्रीय) अध्यक्ष रहे थे?

(क) आचार्य देवप्रसाद घोष (ख) बलराज मधोक
(ग) बलराज व्यास (घ) उपर्युक्त सभी

प्र. 476 : इनमें से कौन भारतीय जन संघ का एक भी बार अध्यक्ष नहीं बना था?

(क) अटल बिहारी वाजपेयी (ख) लालकृष्ण आडवाणी
(ग) नानाजी देशमुख (घ) दीनदयाल उपाध्याय

प्र. 477 : प्रेमनाथ डोगरा किस वर्ष जन संघ के अध्यक्ष बने थे?

(क) सन् 1955 में (ख) सन् 1963 में
(ग) सन् 1967 में (घ) सन् 1973 में

प्र. 478 : जन संघ के अध्यक्ष रहे आचार्य देवा प्रसाद घोष के संबंध में इनमें से कौन सा कथन गलत है?

(क) आचार्य देव घोष जन संघ के दो बार अध्यक्ष बने थे।
(ख) वह जन संघ के प्रथम बार अध्यक्ष सन् 1956 से 59 तक रहे।
(ग) वह जन संघ के दूसरी बार अध्यक्ष सन् 1964 में बने।
(घ) वह जनता पार्टी के गठन के दौरान जन संघ के अध्यक्ष रहे।

प्र. 479 : बलराज मधोक किस वर्ष जन संघ के अध्यक्ष बने थे?

(क) सन् 1956 में (ख) सन् 1966 में
(ग) सन् 1973 में (घ) सन् 1977 में

उत्तर के लिए कृपया पृष्ठ सं. 229 देखें।

प्र. 480 : बलराज मधोक के बाद जन संघ का अध्यक्ष कौन बना था?

(क) दीनदयाल उपाध्याय (ख) प्रेमनाथ डोगरा

(ग) पीतांबर दास (घ) डॉ. रघुवीर

प्र. 481 : पं. दीनदयाल उपाध्याय किस वर्ष जन संघ के अध्यक्ष बने थे?

(क) सन् 1967 में (ख) सन् 1969 में

(ग) सन् 1973 में (घ) सन् 1977 में

प्र. 482 : अटल बिहारी वाजपेयी जन संघ के अध्यक्ष कब से कब तक रहे थे?

(क) सन् 1963 से 67 तक (ख) सन् 1969 से 72 तक

(ग) सन् 1973 से 77 तक (घ) सन् 1977 से 80 तक

प्र. 483 : लालकृष्ण आडवाणी किस वर्ष जन संघ के अध्यक्ष बने?

(क) सन् 1968 में (ख) सन् 1973 में

(ग) सन् 1980 में (घ) सन् 1984 में

प्र. 484 : आपातकाल के दौरान (1975-77) जन संघ के अध्यक्ष कौन थे?

(क) अटल बिहारी वाजपेयी (ख) दीनदयाल उपाध्याय

(ग) नानाजी देशमुख (घ) लालकृष्ण आडवाणी

प्र. 485 : भारतीय जन संघ की स्थापना सन् 1951 में हुई। अपनी स्थापना के अगले ही वर्ष (1952 में) हुए प्रथम लोकसभा चुनाव में जन संघ ने कितने स्थान प्राप्त किए?

(क) मात्र एक (ख) तीन

(ग) चौदह (घ) बीस

प्र. 486 : सन् 1962 के (तीसरे) लोकसभा चुनावों में जन संघ को कितनी सीटें प्राप्त हुईं?

(क) चौदह (ख) इक्कीस

(ग) तीस (घ) चालीस

प्र. 487 : सन् 1967 के लोकसभा चुनावों तक पहुँचते-पहुँचते जन संघ की लोकप्रियता काफी बढ़ गई थी। सन् 1967 के लोकसभा चुनावों में उसने कितनी सीटें प्राप्त कीं?

(क) पैंतीस (ख) पचास

(ग) साठ (घ) पचहत्तर

उत्तर के लिए कृपया पृष्ठ सं. 229 व 230 देखें।

प्र. 488 : पाँचवीं लोकसभा के चुनावों में जन संघ ने (सन् 1971 में) कितनी सीटों पर विजय प्राप्त की ?

(क) पंद्रह (ख) बाईस

(ग) तीस (घ) पैंतीस

प्र. 489 : जन संघ ने लोकसभा चुनावों में कौन सा नारा दिया ?

(क) जब तक भूखा इनसान रहेगा, धरती पर तूफान रहेगा।

(ख) पूरे देश से नाता है, सरकार चलाना आता है।

(ग) लालटेन जलाना है, अंधकार भगाना है।

(घ) हर हाथ को काम, हर खेत को पानी, हर घर में दीपक।

प्र. 490 : कांग्रेस ने दूसरी से पाँचवीं लोकसभा के चुनावों में 'इस दीपक में तेल नहीं, सरकार चलाना खेल नहीं' का नारा किस दल के विरोध में दिया था ?

(क) कृषक मजदूर प्रजा पार्टी (ख) भारतीय साम्यवादी पार्टी

(ग) भारतीय लोक दल (घ) भारतीय जन संघ

प्र. 491 : जन संघ के विस्तार का मूलमंत्र क्या था ?

(क) कार्यकर्ता का एक पाँव रेल में और दूसरा जेल में।

(ख) स्थिर सरकार, कुशल कर्णधार।

(ग) लालटेन जलाना है, अंधकार भगाना है।

(घ) तख्त बदल दो ताज बदल दो, बेईमानों का राज बदल दो।

प्र. 492 : जन संघ के संबंध में इनमें से कौन सा कथन सही है ?

(क) सन् 1974 के जे.पी. आंदोलन में जन संघ ने बढ़-चढ़कर हिस्सा लिया।

(ख) आपातकाल के दौरान जन संघ मुख्य विपक्षी दल था।

(ग) आपातकाल के दौरान जन संघ के नेताओं को 'मीसा' के तहत गिरफ्तार किया गया।

(घ) उपर्युक्त सभी।

प्र. 493 : 1 मई, 1977 को भारतीय जन संघ (करीब 5,000 प्रतिनिधियों के अधिवेशन में) ने अपना विलय किसमें किया ?

(क) लोकतांत्रिक कांग्रेस में (ख) जनता पार्टी में

(ग) कृषक प्रजा पार्टी में (घ) भारतीय साम्यवादी दल में

उत्तर के लिए कृपया पृष्ठ सं. 230 देखें।

प्र. 494 : सन् 1977 में जन संघ का (कुछ अन्य दलों के साथ) जनता पार्टी में विलय हुआ। लगभग 26 वर्षों तक (1951 से 77 तक) भारतीय राजनीति की मुख्यधारा में रहे जन संघ का चुनाव-चिह्न क्या था?

(क) उगता सूरज (ख) मेज छड़ी

(ग) दीपक (घ) जोड़ा बैल

प्र. 495 : भारतीय जन संघ से जनता पार्टी (1977) में आए जन संघ को अलग-थलग करने के लिए गैर-जन संघ के नेताओं ने कौन सा मामला उठाया था?

(क) धर्मनिरपेक्षता का

(ख) दोहरी सदस्यता का

(ग) भ्रष्टाचार का

(घ) राजनीतिक अस्थिरता का

प्र. 496 : जनता पार्टी के विघटन (वर्ष 1980 में) के पश्चात् जन संघ का नाम बदलकर क्या कर दिया गया?

(क) भारतीय प्रजा पार्टी

(ख) लोक जन पार्टी

(ग) भारतीय जनता पार्टी

(घ) राष्ट्रीय जनता पार्टी

प्र. 497 : महान् शिक्षाविद्, चिंतक एवं भारतीय जन संघ के संस्थापक डॉ. श्यामा प्रसाद मुकर्जी के संबंध में इनमें से कौन सा कथन गलत है?

(क) डॉ. मुकर्जी का जन्म 6 जुलाई, 1901 को कलकत्ता (ब्रिटिश भारत) में हुआ।

(ख) वे मात्र 33 वर्ष की उम्र में कलकत्ता विश्वविद्यालय के कुलपति बने।

(ग) वे मात्र 40 वर्ष की उम्र में (नेहरू मंत्रिमंडल में) केंद्रीय मंत्री बने रहे।

(घ) वे हिंदू महासभा के सदस्य भी रहे।

प्र. 498 : डॉ. श्यामा प्रसाद मुकर्जी केंद्रीय मंत्रिमंडल में कौन से मंत्री रहे थे?

(क) कानून मंत्री (ख) विदेश मंत्री

(ग) वित्त मंत्री (घ) उद्योग मंत्री

उत्तर के लिए कृपया पृष्ठ सं. 230 देखें।

प्र. 499 : डॉ. श्यामा प्रसाद मुकर्जी ने किस कारण पं. नेहरू के मंत्रिमंडल से (सन् 1951 में) त्यागपत्र दे दिया था?

(क) नेहरूवाद तथा पाकिस्तान एवं पूर्वी पाकिस्तान में हिंदू अल्पसंख्यकों पर हो रहे अत्याचार पर भारत के चुप रहने से क्षुब्ध होकर।

(ख) महात्मा गांधी की हत्या के बाद राष्ट्रीय स्वयंसेवक संघ पर झूठे आरोप एवं प्रतिबंध लगाए जाने के कारण।

(ग) भारतीय संविधान में जम्मू व कश्मीर के लिए कोई विशेषाधिकार न दिए जाने के कारण।

(घ) भारतीय संविधान में भारत को धर्मनिरपेक्ष के स्थान पर 'हिंदू राष्ट्र' न घोषित किए जाने के कारण।

प्र. 500 : डॉ. श्यामा प्रसाद मुकर्जी प्रारंभ में हिंदू महासभा के सदस्य थे, परंतु बाद में हिंदू महासभा से मतभेद हो जाने के कारण उन्होंने एक नए दल का गठन किया। इस संबंध में कौन सा कथन गलत है?

(क) डॉ. मुकर्जी हिंदू महासभा में रहते हुए केंद्रीय मंत्रिमंडल के सदस्य बने थे।

(ख) डॉ. मुकर्जी सन् 1948 से 1950 तक हिंदू महासभा के राष्ट्रीय अध्यक्ष रहे।

(ग) डॉ. मुकर्जी ने जब हिंदू महासभा के सामने यह प्रस्ताव रखा कि उसे सभी धर्मों के माननेवाले नागरिकों को अपना सदस्य बनाना चाहिए, तो उनका यह प्रस्ताव हिंदू सभा ने ठुकरा दिया।

(घ) डॉ. मुकर्जी का उक्त प्रस्ताव जब हिंदू महासभा ने नहीं माना, तब डॉ. मुकर्जी ने हिंदू महासभा से संबंध-विच्छेद कर लिया और एक नए दल 'जन संघ' का गठन किया।

प्र. 501 : डॉ. श्यामा प्रसाद मुकर्जी के संबंध में इनमें से कौन सा कथन/वाक्य सही है?

(क) भारतीय जन संघ ने डॉ. मुकर्जी के नेतृत्व में कश्मीर एवं राष्ट्रीय अखंडता के मुद्दे पर आंदोलन छेड़ा।

(ख) डॉ. मुकर्जी ने कश्मीर को किसी भी प्रकार का विशेषाधिकार देने का विरोध किया। वह संविधान की धारा 370 के भी विरुद्ध थे।

(ग) डॉ. मुकर्जी जम्मू व कश्मीर को भारत का पूर्ण अभिन्न अंग बनाना चाहते थे।

(घ) उपर्युक्त सभी।

**उत्तर के लिए कृपया पृष्ठ सं. 230 व 231 देखें।**

प्र. 502 : डॉ. श्यामा प्रसाद मुकर्जी जम्मू व कश्मीर को भारत का पूर्ण अभिन्न अंग बनाना चाहते थे, इसके लिए उन्होंने कौन सा नारा बुलंद किया था?

(क) पूरे देश से नाता है, सरकार चलाना आता है।

(ख) यह हाथ निशान है चोरों का, दलालों-रिश्वतखोरों का।

(ग) इस दीपक में तेल नहीं, सरकार चलाना खेल नहीं।

(घ) एक देश में दो निशान, दो प्रधान, दो विधान—नहीं चलेंगे, नहीं चलेंगे।

प्र. 503 : "कश्मीर भारत का अभिन्न अंग है और यहाँ हमें आने-जाने से कोई नहीं रोक सकता। जब वे बिना परमिट के कश्मीर गए तो उन्हें पकड़कर तत्कालीन सरकार ने जेल में बंद कर दिया और वहीं उनकी मौत हो गई।" यह कथन किसके संबंध में कहा गया है?

(क) पं. दीनदयाल उपाध्याय (ख) सरदार पटेल

(ग) डॉ. श्यामा प्रसाद मुकर्जी (घ) उपर्युक्त में से कोई नहीं

प्र. 504 : कब और कहाँ रहस्यमय परिस्थितियों में डॉ. श्यामा प्रसाद मुकर्जी की मृत्यु हो गई थी?

(क) 3 जून, 1951 को दिल्ली की जेल में

(ख) 23 जून, 1953 को श्रीनगर की जेल में

(ग) 6 सितंबर, 1957 को कानपुर में

(घ) 12 फरवरी, 1967 को मुगलसराय में

प्र. 505 : डॉ. श्यामा प्रसाद मुकर्जी की मृत्यु के बाद जन संघ का नेतृत्व किसके हाथों में आया?

(क) दीनदयाल उपाध्याय (ख) नानाजी देशमुख

(ग) अटल बिहारी वाजपेयी (घ) लालकृष्ण आडवाणी

प्र. 506 : पं. दीनदयाल उपाध्याय के संबंध में इनमें से कौन सा कथन सही है?

(क) उनका जन्म 25 सितंबर, 1916 को (जनपद मथुरा के एक छोटे से गाँव) में हुआ था।

(ख) उन्होंने सिविल सेवा परीक्षा उत्तीर्ण की, परंतु जॉइन नहीं की थी।

(ग) उन्होंने 'राष्ट्रधर्म', 'पाञ्चजन्य' एवं 'स्वदेश' जैसी प्रतिष्ठित पत्रिकाएँ प्रारंभ कीं।

(घ) उपर्युक्त सभी।

उत्तर के लिए कृपया पृष्ठ सं. 231 देखें।

प्र. 507 : पं. दीनदयाल उपाध्याय के संबंध में इनमें से कौन सा कथन गलत है ?

(क) जन संघ के ऐतिहासिक कालीकट अधिवेशन (वर्ष 1967) में पं. दीनदयाल उपाध्याय को पार्टी का अध्यक्ष निर्वाचित किया गया।

(ख) पहली बार वर्ष 1967 में जन संघ के पं. दीनदयाल के नेतृत्व में भारतीय राजनीति पर से कांग्रेस का एकाधिकार टूटा, जिसमें कई राज्यों में कांग्रेस की पराजय हुई।

(ग) पं. दीनदयाल उपाध्याय वर्ष 1977 में बनी जनता पार्टी की सरकार में वित्त मंत्री थे।

(घ) उपर्युक्त में से कोई नहीं।

प्र. 508 : इनमें से किसने पं. दीनदयाल उपाध्याय के संबंध में कहा था कि ''यदि मुझे एक और दीनदयाल मिल जाएँ तो मैं भारतीय राजनीति का ही नक्शा बदल दूँ।''

(क) अटल बिहारी वाजपेयी

(ख) मोरारजी देसाई

(ग) श्यामा प्रसाद मुकर्जी

(घ) श्री गुरुजी

प्र. 509 : इनमें से किसने पं. दीनदयाल उपाध्याय के बारे में कहा था कि ''वह स्वयं तो संसद् सदस्य नहीं थे, परंतु वह जन संघ के सभी संसद् सदस्यों के निर्माता थे ?''

(क) लालकृष्ण आडवाणी

(ख) अटल बिहारी वाजपेयी

(ग) श्यामा प्रसाद मुकर्जी

(घ) नानाजी देशमुख

प्र. 510 : पं. दीनदयाल उपाध्याय छात्र जीवन से ही राष्ट्रीय स्वयंसेवक संघ से जुड़ गए थे। वे संघ के स्वयंसेवक किस वर्ष बने थे ?

(क) सन् 1926 में

(ख) सन् 1930 में

(ग) सन् 1937 में

(घ) सन् 1951 में

उत्तर के लिए कृपया पृष्ठ सं. 231 व 232 देखें।

प्र. 511 : पं. दीनदयालजी ने राष्ट्रीय जागृति एवं राष्ट्रीय एकता के राष्ट्रीय स्वयंसेवक संघ के कार्य के लिए अपना जीवन अर्पित कर देने का निश्चय किया था। इस संबंध में पं. दीनदयालजी के संबंध में कौन सा कथन सही है?

(क) पं. दीनदयालजी ने सन् 1942 से पूरी तरह संघ के लिए काम करना शुरू किया तथा उत्तर प्रदेश जैसे सबसे विस्तृत राज्य में संघ को समर्थ शक्ति बनाने के कार्य में जुट गए।

(ख) सन् 1942 में उत्तर प्रदेश के अंतर्गत लखीमपुर के जिला प्रचारक के रूप में कार्य प्रारंभ कर मात्र पाँच वर्ष के अंदर ही वह सह-प्रांत प्रचारक बन गए। इस प्रकार श्री भाऊराव देवरस के बाद उनका ही स्थान था।

(ग) वह सन् 1951 में जन संघ की स्थापना तक इसी पद पर कार्य करते रहे।

(घ) उपर्युक्त सभी।

प्र. 512 : सन् 1951 में जब डॉ. श्यामा प्रसाद मुकर्जी ने जन संघ की स्थापना की, तब पं. दीनदयाल उपाध्याय को पार्टी में क्या जिम्मेदारी दी गई थी?

(क) उत्तर प्रदेश भारतीय जन संघ का मंत्री/महासचिव।

(ख) उत्तर प्रदेश भारतीय जन संघ का प्रदेश अध्यक्ष।

(ग) दिल्ली भारतीय जन संघ का उपाध्यक्ष।

(घ) मध्य प्रदेश भारतीय जन संघ का महामंत्री।

प्र. 513 : एकात्म मानववाद, जो मानव जीवन एवं संपूर्ण सृष्टि के एकमात्र संबंध का दर्शन है, का वैज्ञानिक विवेचन इनमें से किसने किया है?

(क) एकनाथजी रानाडे (ख) डॉ. श्यामा प्रसाद मुकर्जी

(ग) नानाजी देशमुख (घ) पं. दीनदयाल उपाध्याय

प्र. 514 : इनमें कौन सी पुस्तक पं. दीनदयाल उपाध्याय ने नहीं लिखी थी?

(क) भारतीय अर्थनीति का अवमूल्यन

(ख) एकात्म मानववाद

(ग) दो योजनाएँ

(घ) मेरा देश, मेरा जीवन

**उत्तर के लिए कृपया पृष्ठ सं. 232 देखें।**

प्र. 515 : इनमें से कौन सी पुस्तक पं. दीनदयाल उपाध्याय द्वारा लिखे लेखों/स्तंभों पर आधारित है ?

(क) पॉलिटिकल डायरी (ख) इकोनॉमिक डायरी

(ग) डेमोक्रेटिक राइट्स (घ) उपर्युक्त में से कोई नहीं

प्र. 516 : पं. दीनदयाल उपाध्याय की रहस्यमय ढंग से मृत्यु (हत्या) कब हुई थी ?

(क) 11 फरवरी, 1968 को (ख) 3 सितंबर, 1971 को

(ग) 22 जून, 1975 को (घ) 6 सितंबर, 1977 को

प्र. 517 : पं. दीनदयाल उपाध्याय की रहस्यमय परिस्थितियों में हुई हत्या के बाद जन संघ का अध्यक्ष किसे बनाया गया ?

(क) नानाजी देशमुख (ख) अटल बिहारी वाजपेयी

(ग) लालकृष्ण आडवाणी (घ) बलराज मधोक

प्र. 518 : भारतीय जनता पार्टी की स्थापना कब हुई थी ?

(क) 22 मार्च, 1977 (ख) 6 अप्रैल, 1980

(ग) 16 अप्रैल, 1984 (घ) 6 जून, 1987

प्र. 519 : भारतीय जनता पार्टी ने पाँच सिद्धांतों के प्रति अपनी निष्ठा व्यक्त की है, जिसे पंचनिष्ठा कहते हैं। इसमें से कौन सा प्रमुख सिद्धांत तत्त्व सम्मिलित है ?

(क) लोकतंत्र एवं राष्ट्रवाद तथा राष्ट्रीय अखंडता

(ख) सकारात्मक पंथनिरपेक्षता

(ग) गांधीवादी समाजवाद एवं मूल्य-आधारित राजनीति

(घ) उपर्युक्त सभी

प्र. 520 : भारतीय जनता पार्टी ने पं. दीनदयाल उपाध्याय द्वारा प्रतिपादित किस दर्शन को अपने वैचारिक दर्शन के रूप में अपनाया है ?

(क) धर्मनिरपेक्षता (ख) एकात्म मानववाद

(ग) जाति-विहीन समाज (घ) शांति एवं अहिंसा

प्र. 521 : भाजपा का वैचारिक एवं सांगठनिक ढाँचा किस हिंदू राष्ट्रवादी संगठन से जुड़ा हुआ है ?

(क) हिंदू महासभा (ख) राष्ट्रीय स्वयंसेवक संघ

(ग) रामकृष्ण मिशन (घ) उपर्युक्त सभी

उत्तर के लिए कृपया पृष्ठ सं. 232 देखें।

प्र. 522 : भाजपा एवं राष्ट्रीय स्वयंसेवक संघ के संबंध में इनमें से कौन सा कथन सही है ?

(क) संघ की राजनीतिक शाखा भाजपा है। संघ अपनी इस राजनीतिक शाखा के संगठन की पूरी जिम्मेदारी खुद लेता है।

(ख) संघ से किसी वरिष्ठ प्रचारक को पार्टी में प्रतिनियुक्ति पर भेजा जाता है, जिसे महासचिव संगठन का पद दिया जाता है।

(ग) के.एन. गोविंदाचार्य और संजय जोशी इसी पद पर रहते हुए भाजपा में काफी ताकतवर बन गए थे। वर्तमान में रामलाल इस पद पर हैं।

(घ) उपर्युक्त सभी।

प्र. 523 : भारतीय राष्ट्रीय कांग्रेस के एकाधिकारवाली एकदलीय लोकतांत्रिक व्यवस्था के रूप में जानी जानेवाली भारतीय राजनीति को किस राजनीतिक दल ने दो ध्रुवीय गठबंधन युग के सूत्रपात में अग्रणी भूमिका निभाई ?

(क) भारतीय साम्यवादी दल (ख) भारतीय जनता पार्टी

(ग) जनता पार्टी (यूनाइटेड) (घ) भारतीय लोक दल

प्र. 524 : जनसंघ का घोषणापत्र निर्माण करने में प्रमुख भूमिका किसकी रही ?

(क) दीनदयाल उपाध्याय (ख) बलराज मधोक

(ग) अटल बिहारी वाजपेयी (घ) लालकृष्ण आडवाणी

प्र. 525 : इनमें से कौन सी राजनीतिक पार्टी वर्तमान में (भारत ही नहीं, बल्कि विश्व में सबसे बड़ी सदस्यता की दृष्टि से) सबसे बड़ी पार्टी है ?

(क) भारतीय राष्ट्रीय कांग्रेस

(ख) भारतीय जनता पार्टी

(ग) भारतीय साम्यवादी पार्टी

(घ) भारतीय साम्यवादी पार्टी (मार्क्सवादी)

प्र. 526 : मार्च 2015 के अंत में भारतीय जनता पार्टी की कुल सदस्य संख्या लगभग कितनी थी ?

(क) 1 करोड़ (ख) 2 करोड़

(ग) 5 करोड़ (घ) 10 करोड़

उत्तर के लिए कृपया पृष्ठ सं. 233 देखें।

प्र. 527 : ''मैं संघ के चिंतन को भी जानता था और डॉ. मुखर्जी के चिंतन को भी। वह चिंतन मूलत: एक था और उसकी जड़ें भारत की धरती और उसके इतिहास, संस्कृति और परंपरा में थीं। इसलिए मैंने भारत को एक देश, उसके लोगों को एक जन और उसकी संस्कृति को एक सांस्कृतिक धारा के रूप में निरूपित किया तथा उसे हिंदू राष्ट्र की संज्ञा दी। दल का उद्देश्य भारतीय हिंदू संस्कृति और मर्यादा के आधार पर देश का नवनिर्माण करना एवं वैदिक परंपरा पर आधारित धर्मराज्य स्थापित करना लिखा।'' यह कथन जनसंघ के किस विचारक का है?

(क) नानाजी देशमुख

(ख) सुंदर सिंह भंडारी

(ग) पंडित दीनदयाल उपाध्याय

(घ) बलराज मधोक

प्र. 528 :जनसंघ का पहला अध्यक्ष सर्वसम्मति से किसे निर्वाचित किया गया?

(क) डॉ. श्यामाप्रसाद मुखर्जी

(ख) सुंदर सिंह भंडारी

(ग) पंडित दीनदयाल उपाध्याय

(घ) अटल बिहारी वाजपेयी

प्र. 529 : स्वतंत्र भारत का पहला आम चुनाव फरवरी 1952 में हुआ। जनसंघ ने 489 सीटों के लोकसभा चुनाव में कितने प्रत्याशी खड़े किए?

(क) 34 (ख) 54

(ग) 84 (घ) 94

प्र. 530 : स्वतंत्र भारत के पहले आम चुनाव फरवरी 1952 में विधानसभाओं के 3283 सीटों में से जनसंघ ने कितनी सीटों पर प्रत्याशी खड़े किए?

(क) 834 (ख) 742

(ग) 684 (घ) 294

प्र. 531 : स्वतंत्र भारत के पहले आम चुनाव फरवरी 1952 के दौरान किसने कहा, बल्कि जनसंघ को सार्वजनिक रूप से धमकी दी, ''मैं तुम्हारे जनसंघ को कुचल दूँगा।''

(क) जवाहरलाल नेहरू (ख) सरदार पटेल

(ग) मौलाना आजाद (घ) जे.बी. कृपलानी

उत्तर के लिए कृपया पृष्ठ सं. 233 देखें।

प्र. 532 : स्वतंत्र भारत के पहले आम चुनाव में जनसंघ को लोकसभा की कितनी सीटों पर जीत हासिल हुई ?

(क) 489 में से 13 (ख) 489 में से 3

(ग) 489 में से 101 (घ) 489 में से 9

प्र. 533 : स्वतंत्र भारत के पहले आम चुनाव में जनसंघ को विधानसभा की कितनी सीटों पर जीत हासिल हुई ?

(क) 3283 में से 55

(ख) 3283 में से 1008

(ग) 3283 में से 1300

(घ) 3283 में से 35

प्र. 534 : कश्मीर की जोखिमपूर्ण यात्रा (बिना परमिट कश्मीर जाना) डॉ. मुकर्जी की त्रासद मौत के साथ समाप्त हुई। क्या इस यात्रा के बारे में डॉ. मुकर्जी ने गुरु गोलवलकर से सलाह ली थी ?

(क) हाँ (ख) नहीं

(ग) पता नहीं (घ) सभी गलत

प्र. 535 : संघ को अवैध घोषित (गांधी हत्या के बाद) करने के बाद सरकार और पुलिस का रवैया संघ के स्वयंसेवकों के प्रति बड़ा क्रूर और दमनकारी था। उनके लिए कोई बोलनेवाला नहीं था। समाचार-पत्र संघ के स्वयंसेवकों पर होनेवाले दमन का कोई समाचार नहीं छापते थे। कांग्रेस-कम्युनिस्ट विचारधारा पर आधारित समाचार-पत्रों के झूठ और संघ के स्वयंसेवकों के प्रताड़ना तक के समाचार को दबानेवाले ऐसे पत्र समूह के विरुद्ध किसके जरिए मोर्चा खोला गया ?

(क) भाषण के जरिए (ख) जनता के जरिए

(ग) चुनाव के जरिए (घ) प्रकाशन के जरिए

प्र. 536 :गुरु गोलवलकर के मार्गदर्शन में पंडित दीनदयाल उपाध्याय ने किस मासिक पत्र की शुरुआत की, जिसने संघ के विचारों को अक्षरों में जनता तक पहुँचाने का कार्य किया ?

(क) राष्ट्रधर्म (ख) राष्ट्ररक्षा

(ग) राष्ट्रप्रेम (घ) राष्ट्रगौरव

उत्तर के लिए कृपया पृष्ठ सं. 233 देखें।

प्र. 537 : गुरु गोलवलकर के मार्गदर्शन में पंडित दीनदयाल उपाध्याय ने किस साप्ताहिक पत्र की शुरुआत की, जिसने संघ के विचारों को अक्षरों में जनता तक पहुँचाने का कार्य किया?

(क) धर्मयुद्ध (ख) राष्ट्ररक्षण

(ग) पाञ्चजन्य (घ) राष्ट्रजन्य

प्र. 538 : गुरु गोलवलकर के मार्गदर्शन में पंडित दीनदयाल उपाध्याय ने किस दैनिक पत्र की शुरुआत की, जिसने संघ के विचारों को अक्षरों में जनता तक पहुँचाने का कार्य किया?

(क) देशभक्त (ख) स्वदेश

(ग) स्वदेशप्रेम (घ) देशबंधु

प्र. 539 : गुरु गोलवलकर के मार्गदर्शन में पंडित दीनदयाल उपाध्याय ने 'भारत प्रकाशन' नामक संस्था का गठन कर किस अंग्रेजी साप्ताहिक अखबार की शुरुआत की, जिसने संघ के विचारों को अक्षरों में जनता तक पहुँचाने का कार्य किया?

(क) पैट्रियॉट (ख) अवर नेशन

(ग) ऑर्गेनाइजर (घ) नेशनलिस्ट

प्र. 540 : गुरु गोलवलकर ने केवल प्रकाशन-क्षेत्र में ही नहीं, समाचार वितरण के क्षेत्र में भी संघ को सक्रिय किया और स्वतंत्रता प्राप्ति के तुरंत बाद सहकारिता के सिद्धांत पर पहली देवनागरी समाचार संस्था की स्थापना की। एक समय आकाशवाणी ने भी उस समाचार संस्था की सेवा खरीदना आरंभ किया। कुछ अंग्रेजी समाचारों ने भी इसकी सेवा ली। चीन द्वारा भारत पर आक्रमण का समाचार देश में सबसे पहले इसी समाचार संस्था ने दिया। उस वक्त के रक्षामंत्री कृष्ण मेनन ने इस समाचार के फ्लैश होते ही उस समाचार संस्था को यह समाचार तत्काल वापस लेने की चेतावनी दे डाली, लेकिन उसने वह समाचार वापस नहीं लिया। उस समाचार संस्था का नाम क्या था?

(क) भाषा

(ख) हिंदू समाचार

(ग) समाचार भारती

(घ) हिंदुस्तान समाचार

उत्तर के लिए कृपया पृष्ठ सं. 233 देखें।

प्र. 541 : गुरु गोलवलकर के मार्गदर्शन में संघ ने छात्र-शक्ति को संगठित करने के लिए किस अखिल भारतीय संस्था का गठन किया गया?

(क) भारतीय विद्यार्थी परिषद् (ख) अखिल भारतीय विद्यार्थी परिषद्
(ग) भारत विद्यार्थी परिषद् (घ) भारतीय शिक्षा परिषद्

प्र. 542 : मजदूरों को संगठित करने तथा उनका शोषण रोकने के लिए गुरु गोलवलकर के मार्गदर्शन में संघ ने किस संस्था का गठन किया?

(क) भारतीय कामगार संघ (ख) भारतीय कामगार परिषद्
(ग) भारत मजदूर संघ (घ) भारतीय मजदूर संघ

प्र. 543 : दुनिया भर में बिखरे हिंदुओं को संगठित करने के प्रयत्न के क्रम में गुरुजी ने किस संस्था की स्थापना कराने में पहल की?

(क) विश्व हिंदू परिषद् (ख) अखिल भारत हिंदू परिषद्
(ग) विश्व हिंदू परिषद् (घ) भारतीय हिंदू परिषद्

प्र. 544 : गो-वध पर पाबंदी के प्रति पूरे देश में जन जागरूकता लाने के लिए गुरु गोलवलकर द्वारा संघ के तत्त्वावधान में कौन सा अभियान चलाया गया?

(क) जेल भरो (ख) जुलूस
(ग) हस्ताक्षर अभियान (घ) चक्का जाम

प्र. 545 : गुरु गोलवलकर के मार्गदर्शन में संघ ने किस स्थान पर विवेकानंद स्मारक शिला का निर्माण कराया? यह वही शिला थी, जिस पर बैठकर स्वामी विवेकानंद ने सन् 1892 में तीन दिनों तक चिंतन किया था।

(क) कन्याकुमारी (ख) रामेश्वरम्
(ग) पोरबंदर (घ) रत्नागिरि

प्र. 546 : क्या गुरु गोलवलकर राज्यों को भाषा के आधार पर तोड़ने के समर्थक थे?

(क) हाँ (ख) नहीं
(ग) पता नहीं (घ) सभी गलत

प्र. 547 : पुर्तगाल के कब्जे से गोवा को मुक्त कराने के लिए गुरु गोलवलकर के मार्गदर्शन में संघ के स्वयंसेवकों ने किस समिति की स्थापना की?

(क) गोवा आजाद समिति (ख) गोवा मोचन समिति
(ग) गोवा मुक्ति समिति (घ) गोवा विमोचन समिति

**उत्तर के लिए कृपया पृष्ठ सं. 233 व 234 देखें।**

प्र. 548 : गुरु गोलवलकर के मार्गदर्शन में दादर नगर हवेली को पुर्तगालियों के कब्जे से राष्ट्रीय स्वयंसेवक संघ के सैकड़ों स्वयंसेवकों द्वारा कब मुक्त कराया गया ?

(क) 2 अगस्त, 1954 को (ख) 12 अगस्त, 1954 को

(ग) 22 अगस्त, 1954 को (घ) 9 अगस्त, 1954 को

प्र. 549 : पूरी जिंदगी 'संघ को हम कुचल देंगे' की घोषणा करनेवाले तत्कालीन प्रधानमंत्री पंडित नेहरू की सरकार ने संघ को गणतंत्र दिवस में परेड के लिए पहली बार कब आमंत्रित किया ?

(क) 26 जनवरी, 1962

(ख) 26 जनवरी, 1964

(ग) 26 जनवरी, 1963

(घ) 26 जनवरी, 1961

प्र. 550 : निम्न में से गुरुजी ने अपनी किस पुस्तक में हिंदू राष्ट्र की अवधारणा को बहुत सशक्त तरीके से पेश किया है ?

(क) बंच ऑफ थॉट्स (ख) माई लाइफ थॉट्स

(ग) नेशन थॉट्स (घ) नेशनलिस्ट थॉट्स

प्र. 551 : "कोई भी दल समग्र देश का विचार नहीं करता। मैं समग्र देश का विचार करता हूँ, इसलिए मैं हिंदुओं के लिए कार्य करता हूँ; परंतु कल यदि हिंदू भी देश के हितों के विरुद्ध जाने लगें, तो उनमें मेरी कौन सी रुचि रह जाएगी।" यह किसका वक्तव्य है ?

(क) पं. नेहरू (ख) डॉ. मुकर्जी

(ग) गुरु गोलवलकर (घ) पं. दीनदयाल उपाध्याय

प्र. 552 : संघ में भगवा ध्वज को गुरु का स्थान दिया गया है और प्रतिवर्ष व्यास-पूर्णिमा के दिन उसकी पूजा की जाती है। उस दिन स्वयंसेवक श्रद्धापूर्वक अपनी भेंट ध्वज के आगे अर्पित करते हैं। इसे क्या कहा जाता है ?

(क) दक्षिणा (ख) गुरु-दक्षिणा

(ग) संघ-दक्षिणा (घ) राष्ट्र-दक्षिणा

प्र. 553 : वैचारिक स्तर पर आज संघ जहाँ खड़ा है, उसे निर्मित करने में सर्वाधिक योगदान किसे दिया जाता है ?

(क) डॉ. हेडगेवार (ख) माधव सदाशिव गोलवलकर

(ग) बालासाहब देवरस (घ) मोहन भागवत

उत्तर के लिए कृपया पृष्ठ सं. 234 देखें।

प्र. 554 : हिंदुओं के अधिकारों की रक्षार्थ 'हिंदू सभा' की स्थापना किस दिन हुई?

(क) 11 नवंबर, 1923 (ख) 13 नवंबर, 1923

(ग) 21 नवंबर, 1923 (घ) 30 नवंबर, 1923

प्र. 555 : हिंदू सभा का अध्यक्ष किसे बनाया गया?

(क) राजा लक्ष्मण राव भोंसले (ख) मो.ग. तपस्वी

(ग) पंडित बच्छराज व्यास (घ) बापूराव मोघे

प्र. 556 : हिंदू सभा का उपाध्यक्ष किसे बनाया गया?

(क) भाऊ राव देवरस (ख) डॉ. मुंजे

(ग) बालासाहब देवरस (घ) लाला हंसराज

प्र. 557 : हिंदू सभा का मंत्री किसे बनाया गया?

(क) 13 नवंबर, 1923 (ख) 21 नवंबर, 1923

(ग) 30 नवंबर, 1923 (घ) डॉ. हेडगेवार

प्र. 558 : 'हिंदुत्व' नामक ग्रंथ की रचना किसने की, जिसके डॉक्टरजी न केवल प्रशंसक रहे, बल्कि प्रचारक भी बन गए?

(क) वीर सावरकर

(ख) डॉ. सैफुद्दीन जिलानी

(ग) सरदार पटेल

(घ) पं. दीनदयाल उपाध्याय

प्र. 559 : संघ स्थापना के कितने महीने बाद उसका नामकरण हुआ?

(क) छह महीने (ख) पाँच महीने

(ग) दो वर्ष (घ) साढ़े छह महीने

प्र. 560 : राष्ट्रीय स्वयंसेवक संघ द्वारा लालकृष्ण आडवाणी से किस मामले पर (सन् 2009 में) इस्तीफा माँगा गया था?

(क) सन् 2009 के लोकसभा चुनाव में भाजपा की हार के कारण।

(ख) आडवाणी द्वारा जिन्ना को धर्मनिरपेक्ष बताए जाने के कारण।

(ग) आडवाणी द्वारा आपातकाल के लगाए जाने को सही ठहराए जाने के कारण।

(घ) आडवाणी द्वारा 'विश्व हिंदू परिषद्' की आलोचना किए जाने के कारण।

उत्तर के लिए कृपया पृष्ठ सं. 234 देखें।

प्र. 561 : भाजपा के वरिष्ठ राजनेता अटल बिहारी वाजपेयी के संबंध में इनमें से कौन सा वाक्य गलत है ?

(क) उनका जन्म 25 दिसंबर, 1934 को लखनऊ में हुआ।

(ख) उन्होंने छात्र जीवन से ही आर.एस.एस. का प्रचारक बनकर आजीवन अविवाहित रहने का संकल्प लिया था।

(ग) उन्होंने अपना जीवन संघ के प्रचारक के रूप में आजीवन अविवाहित रहने का संकल्प लेकर प्रारंभ किया।

(घ) अटलजी ने जन संघ के संस्थापक डॉ. श्यामा प्रसाद तथा पं. दीनदयाल के निर्देशन में राजनीति का पाठ पढ़ा।

प्र. 562 : अटल बिहारी वाजपेयी के संबंध में इनमें से कौन सा कथन सही है ?

(क) वह सन् 1968 से 1973 तक 'जन संघ' के अध्यक्ष रहे।

(ख) वह 1977 में मोरारजी देसाई के नेतृत्ववाली पहली गैर-कांग्रेसी सरकार में विदेश मंत्री रहे तथा भारत के ऐसे विदेश मंत्री हुए, जिन्होंने संयुक्त राष्ट्र संघ में हिंदी में भाषण दिया।

(ग) वह सन् 1980 में (जन संघ से बनी) भारतीय जनता पार्टी के संस्थापक अध्यक्ष बने। वह इस पद पर सन् 1986 तक रहे।

(घ) उपर्युक्त सभी।

प्र. 563 : 1942 के 'भारत छोड़ो आंदोलन' से संघ दूर क्यों रहा ?

(क) गुरुजी की रणनीति के तहत

(ख) प्रतिबंध के कारण

(ग) डर के कारण

(घ) गांधीजी की उपेक्षा के कारण

प्र. 564 : संघकार्य की वृद्धि में संघ की रीढ़ किसे कहा गया है ?

(क) स्वयंसेवकों को

(ख) प्रचारकों को

(ग) सरसंघचालक को

(घ) सरकार्यवाह को

प्र. 565 : संघ किस प्रकार का संगठन है ?

(क) राजनीतिक (ख) सांस्कृतिक

(ग) आर्थिक (घ) धार्मिक

उत्तर के लिए कृपया पृष्ठ सं. 234 देखें।

प्र. 566 : गुरुजी द्वारा जब 9 दिसंबर, 1948 को स्वयंसेवकों के राष्ट्रव्यापी सत्याग्रह का आह्वान किया गया, तो नेहरू सरकार को दी गई चुनौती के रूप में सत्याग्रहियों का मुख्य नारा क्या था?

(क) करो या मरो

(ख) वंदे मातरम्

(ग) संघ शक्ति राष्ट्रभक्ति

(घ) संघ के खिलाफ आरोप सिद्ध करो या प्रतिबंध हटाओ

प्र. 567 : नेहरू सरकार ने संघ से प्रतिबंध हटाने की क्या शर्त लगाई?

(क) संघ का लिखित संविधान दें

(ख) संघ को भंग कर दें

(ग) संघ का नाम बदलें

(घ) संघ का कांग्रेस में विलय करें

प्र. 568 : संघ का लिखित संविधान तैयार कराने में किसने मदद की?

(क) भारत सरकार ने (ख) महाराष्ट्र सरकार ने

(ग) वकीलों के समूह ने (घ) टी.आर. व्यंकटराम शास्त्री ने

प्र. 569 : गुरुजी के नेतृत्व में संघ की बढ़ती लोकप्रियता पं. नेहरू सहित पूरी कांग्रेस को खाए जा रही थी। उन्हें किस बात का डर था?

(क) संघ कांग्रेस का बहिष्कार न कर दे

(ख) संघ कांग्रेस से ज्यादा लोकप्रिय न हो जाए

(ग) संघ राजनीतिक दल न बन जाए

(घ) सभी गलत

प्र. 570 : "चरण स्पर्श के लिए हाथ बढ़ाए। सदैव की भाँति पाँव पीछे खींच लिये। पूजनीय श्रीगुरुजी का पार्थिव शरीर दर्शन के लिए कार्यालय के कमरे में रखा था। आज उन्होंने मुझे चरण स्पर्श करने से नहीं रोका। अपने पाँव पीछे नहीं हटाए। हार पहनने में विरोध नहीं किया। सिर पर प्रेम से हाथ नहीं फेरा। प्यार भरी मुसकान से नहीं देखा। हाल-चाल नहीं पूछा। वे अनंत निद्रा में निमग्न थे। हंस उड़ चुका था, काया के पिंजड़े को तोड़कर पूर्ण में विलीन हो चुका था। गुरुजी नहीं रहे। उनका विराट् व्यक्तित्व छोटी सी काया में कब तक कैद रहता? जीवन भर तिल-तिल जलकर लाखों जीवनों को आलोकित-प्रकाशित करनेवाला तेजपुंज मुट्ठी भर

उत्तर के लिए कृपया पृष्ठ सं. 234 देखें।

हाड़-मांस के शरीर में कब तक सीमित रहता? लेकिन गुरुजी हमेशा रहेंगे, हमारे जीवन में, हृदयों में, कार्यों में। अग्नि उनके शरीर को निगल सकती है, हृदय-हृदय में उनके द्वारा प्रदीप्त प्रखर राष्ट्रप्रेम तथा निस्स्वार्थ समाजसेवा की चिनगारी को कोई नहीं बुझा सकता।'' गुरुजी के निधन के बाद ये मार्मिक उद्गार किसने व्यक्त किए?

(क) अटल बिहारी वाजपेयी (ख) डॉ. पांडुरंगराव खानखोजे
(ग) बाबाराव भिड़े (घ) भाऊराव देवरस

प्र. 571 : मध्य प्रांत की सरकार किन पर अप्रत्यक्ष रीति से दबाव डालती रही कि वे संघ की सहायता करना बंद कर दें, किंतु वे अडिग रहे?

(क) बाबा साहब खापर्डे (ख) राजा लक्ष्मण राव भोंसले
(ग) उम्मेदसिंह ठाकुर (घ) सी.बी. पारख

प्र. 572 : संघ के वर्धा (सेवाग्राम) शीत-शिविर उद्घाटन कार्यक्रमों को दूर से ही देखकर किस महानुभाव ने शिविर को निकट से देखने की इच्छा व्यक्त की?

(क) पं. जवाहरलाल नेहरू (ख) महात्मा गांधी
(ग) वल्लभभाई पटेल (घ) अबुल कलाम आजाद

प्र. 573 : महात्मा गांधी संघ के वर्धा (सेवाग्राम) शीत-शिविर के अवलोकनार्थ शिविर में किस दिन पहुँचे थे?

(क) 25 दिसंबर, 1934 (ख) 27 दिसंबर, 1934
(ग) 26 दिसंबर, 1934 (घ) 29 दिसंबर, 1934

प्र. 574 : महात्मा गांधी के साथ संघ के वर्धा (सेवाग्राम) शीत-शिविर के अवलोकनार्थ और कौन-कौन आए थे?

(क) महादेव भाई देसाई
(ख) कुमारी मीरा बेन
(ग) महादेव भाई देसाई एवं कुमारी मीरा बेन
(घ) कोई नहीं

प्र. 575 : जब महात्मा गांधी संघ के वर्धा (सेवाग्राम) शीत-शिविर के अवलोकनार्थ आए तो शिविर के प्रमुख कौन थे?

(क) आप्पाजी जोशी (ख) उम्मेदसिंह ठाकुर
(ग) बाबा साहब केदार (घ) बाबा साहब खापर्डे

उत्तर के लिए कृपया पृष्ठ सं. 234 व 235 देखें।

प्र. 576 : शिविर का दृश्य देखकर किसने किसके कंधे पर हाथ रखकर कहा, "मैं सचमुच प्रसन्न हो गया हूँ। संपूर्ण दृश्य में इतना प्रभावी दृश्य मैंने अभी तक कहीं नहीं देखा।"

(क) महात्मा गांधी ने महादेव भाई देसाई के

(ख) महादेव भाई देसाई ने आप्पाजी जोशी के

(ग) महात्मा गांधी ने कुमारी मीरा बेन के

(घ) महात्मा गांधी ने आप्पाजी जोशी के

प्र. 577 : संघ के वर्धा (सेवाग्राम) शीत-शिविर (दिसंबर 1934) में महात्मा गांधी की सरसंघचालक डॉ. हेडगेवार से कब भेंट हुई ?

(क) 26 दिसंबर, 1934 (ख) 27 दिसंबर, 1934

(ग) 28 दिसंबर, 1934 (घ) 29 दिसंबर, 1934

प्र. 578 : संघ के वर्धा (सेवाग्राम) शीत-शिविर में 26 दिसंबर, 1934 को हुई भेंट में सरसंघचालक डॉ. हेडगेवार से संघ की कार्य-पद्धति के बारे में सुनकर महात्मा गांधी ने क्या प्रतिक्रिया प्रकट की ?

(क) संघ की प्रशंसा की (ख) अप्रसन्नता प्रकट की

(ग) क्रोध प्रकट किया (घ) चुप रहे

प्र. 579 : वर्ष 1934 में किस महत्त्वपूर्ण व्यक्ति को तुलसी बाग शाखा का कार्यवाह नियुक्त किया गया ?

(क) बाबा साहब चितले (ख) गोपालराव येरकुंटकर

(ग) माधवराव गोलवलकर (घ) पाचलेगाँवकर महाराज

प्र. 580 : वर्ष 1934 में अकोला नगर में लगे संघ के अधिकारी शिक्षण-वर्ग में डॉ. हेडगेवारजी ने किसे सर्वाधिकार का दायित्व दिया, जिसे उन्होंने प्रशंसनीय ढंग से निभाया ?

(क) माधवराव गोलवलकर (ख) गोपालराव येरकुंटकर

(ग) बाबा साहब खापर्डे (घ) बाबा साहब केदार

प्र. 581 : वर्ष 1910 के कलकत्ता के मुसलिम दंगों के दौरान केशव ने किस प्रकार से सेवा-कार्य किया ?

(क) हिंदू दल बनाकर (ख) मुसलिम दल बनाकर

(ग) सहायता दल बनाकर (घ) चिकित्सक दल बनाकर

उत्तर के लिए कृपया पृष्ठ सं. 235 देखें।

प्र. 582 : सन् 2014 के लोकसभा चुनावों के संदर्भ में भाजपा और संघ के संबंध में इनमें से कौन सा कथन सही है ?

(क) सन् 2014 के लोकसभा चुनावों में भाजपा को विजयी बनाने के लिए राष्ट्रीय स्वयंसेवक संघ ने अपनी पूरी ताकत झोंक दी थी।

(ख) सन् 2014 के चुनावों के दौरान संघ ने एक लाख से अधिक कार्यकर्ताओं की फौज भाजपा के तथा उसके प्रधानमंत्री पद के उम्मीदवार मोदी के पक्ष में माहौल बनाने के लिए उतारी।

(ग) इस चुनाव में दूसरी बार संघ (सन् 1977 के बाद) भाजपा को सहारा देने उतरा।

(घ) उपर्युक्त सभी।

प्र. 583 : गणवेष पर आनेवाला खर्च कौन वहन करता है ?

(क) स्वयंसेवक (ख) संघ

(ग) सरकार (घ) निजी संस्थान

प्र. 584 : संघ में कब से लाठी-शिक्षा नियमित रूप से दी जाने लगी ?

(क) 30 मई, 1926 (ख) 2 मई, 1926

(ग) 28 अप्रैल, 1926 (घ) 28 मई, 1926

□

उत्तर के लिए कृपया पृष्ठ सं. 235 देखें।

# संघ से जुड़ी संस्थाएँ

प्र. 585 : राष्ट्रीय सिख संगत, जो एक सामाजिक व सांस्कृतिक संस्था है, की स्थापना कब हुई थी?

(क) 3 जून, 1977 को (ख) 14 नवंबर, 1984 को

(ग) 23 नवंबर, 1986 को (घ) 3 जुलाई, 1991 को

प्र. 586 : राष्ट्रीय सिख संगत की स्थापना की पृष्ठभूमि में क्या प्रमुख रहा है?

(क) सिखों को केंद्र में अल्पसंख्यक का दर्जा दिलाना।

(ख) सिखों के लिए एक अलग खालिस्तान नामक राज्य का निर्माण करना।

(ग) सन् 1984 में सिखों का नर संहार।

(घ) उपर्युक्त सभी।

प्र. 587 : राष्ट्रीय सिख संगत के प्रथम राष्ट्रीय अध्यक्ष एवं अंतरराष्ट्रीय समन्वयक कौन थे?

(क) सरदार सुरजीत सिंह

(ख) सरदार शमशेर सिंह

(ग) सरदार चिरंजीव सिंह

(घ) सरदार तारा सिंह

प्र. 588 : राष्ट्रीय स्वयंसेवक संघ के किस प्रमुख व्यक्ति के मार्गदर्शन में राष्ट्रीय सिख संगत की स्थापना सरदार शमशेर सिंह द्वारा की गई थी?

(क) बाबा साहब आप्टे (ख) रज्जू भैया

(ग) एकनाथजी रानाडे (घ) के.एस. सुदर्शन

उत्तर के लिए कृपया पृष्ठ सं. 235 देखें।

प्र. 589 : इनमें से किस मूल मंत्र को लेकर राष्ट्रीय सिख संगत की स्थापना की गई?

(क) हिंदुस्तान की रक्षा करो और उसे विजयी बनाओ।

(ख) सिखों को संसद् में उचित प्रतिनिधित्व दिलवाना।

(ग) सिखों के लिए खालिस्तान का निर्माण हो।

(घ) पंजाब एवं हरियाणा का पुनः एकीकरण हो।

प्र. 590 : राष्ट्रीय सिख संगत की स्थापना (सन् 1986 में) कहाँ पर की गई थी?

(क) अमृतसर में (ख) पठानकोट में

(ग) राँची में (घ) पटियाला में

प्र. 591 : राष्ट्रीय सिख संगत के संस्थापक सरदार शमशेर सिंह कौन थे?

(क) अमृतसर के चावल व्यापारी

(ख) लखनऊ के प्रसिद्ध सिख विद्वान्

(ग) पटियाला रियासत के अंतिम नरेश के पुत्र

(घ) अकाली दल के वरिष्ठ नेता

प्र. 592 : सरदार शमशेर सिंह के बाद कौन राष्ट्रीय सिख संगत का राष्ट्रीय अध्यक्ष बना था?

(क) बेअंत सिंह (ख) सरदार चिरंजीव सिंह

(ग) सरदार तारासिंह (घ) प्रकाश सिंह बादल

प्र. 593 : राष्ट्रीय सिख संगत के कार्यों का आधार क्या है?

(क) त्रिपिटक (ख) श्रीमद्भगवद्गीता

(ग) श्री गुरुग्रंथ साहिब (घ) उपर्युक्त में से सभी

प्र. 594 : इनमें से कौन सी पत्रिका राष्ट्रीय सिख संगत की है?

(क) पंजाबी संसार (ख) संगत संसार

(ग) पंजाबी सिख (घ) विश्व पंजाबी

प्र. 595 : इनमें से कौन वर्तमान में राष्ट्रीय सिख संगत के राष्ट्रीय अध्यक्ष हैं?

(क) सरदार अमरिंदर सिंह (ख) सरदार गुरुचरण सिंह गिल

(ग) सरदार एम.एस. सिंह (घ) नवजोत सिंह सिद्धू

प्र. 596 : 'क्रीड़ा भारती' की स्थापना कब हुई थी?

(क) 16 दिसंबर, 1982 को (ख) 6 जून, 1986 को

(ग) 3 दिसंबर, 1992 को (घ) 3 मार्च, 1998 को

उत्तर के लिए कृपया पृष्ठ सं. 235 देखें।

प्र. 597 : 'क्रीड़ा भारती' की स्थापना कहाँ हुई थी?

(क) कानपुर में (ख) पुणे में

(ग) नागपुर में (घ) राँची में

प्र. 598 : इनमें से कौन 'क्रीड़ा भारती' के संस्थापक अध्यक्ष थे?

(क) अनंत रावजी भिड़े

(ख) बिंदु माधव जोशी

(ग) रमाकांत देशपांडे

(घ) उपर्युक्त में से कोई नहीं

प्र. 599 : 'क्रीड़ा भारती' का प्रमुख उद्देश्य इनमें से क्या है?

(क) खेल संस्कृति का विकास करना।

(ख) भारतीय व्यायाम-पद्धति को प्रोत्साहन देना।

(ग) खिलाड़ियों में राष्ट्रीय चेतना जगाना।

(घ) उपर्युक्त सभी।

प्र. 600 : 'विवेकानंद शिला स्मारक समिति' का गठन किस वर्ष किया गया था?

(क) सन् 1951 में (ख) सन् 1963 में

(ग) सन् 1974 में (घ) सन् 1987 में

प्र. 601 : इनमें से किस अवसर पर यह निर्णय लिया गया था कि भारत की महान् विभूति स्वामी विवेकानंद का एक बड़ा भव्य स्मारक खड़ा किया जाए, जो देश की युवा पीढ़ी को सदैव प्रेरणा देता रहे?

(क) स्वामी विवेकानंद के द्वारा 'रामकृष्ण मिशन' की स्थापना की शताब्दी के अवसर पर।

(ख) विवेकानंद के 'विश्व धर्म सम्मेलन' में भाग लेने के शताब्दी के अवसर पर।

(ग) विवेकानंदजी की जन्म-शताब्दी के अवसर पर।

(घ) उपर्युक्त में से कोई नहीं।

प्र. 602 : विवेकानंद शिला स्मारक के निर्माण का दायित्व किसे सौंपा गया था?

(क) संघ के तत्कालीन सरसंघचालक बालासाहब देवरस को।

(ख) संघ के तत्कालीन सरकार्यवाह एकनाथजी रानाडे को।

(ग) संघ के बाबा साहब आप्टे को।

(घ) पं. दीनदयाल उपाध्याय को।

उत्तर के लिए कृपया पृष्ठ सं. 235 व 236 देखें।

प्र. 603 : विवेकानंद शिला कहाँ स्थित है ?

(क) मुंबई में (ख) पुणे में

(ग) अहमदाबाद में (घ) कन्याकुमारी में

प्र. 604 : नागपुर से बाहर संघ की सबसे पहली संघ-शाखा कहाँ पर आरंभ हुई ?

(क) वर्धा (ख) पुणे

(ग) यवतमाल (घ) नासिक

प्र. 605 : गुरुजी द्वारा सैनिक प्रशिक्षण बंद करने का निर्णय लेने के बाद अंग्रेजी में प्रचलित शब्द 'कंपनी' के स्थान पर कौन सा शब्द लाया गया ?

(क) संगठन (ख) टोली

(ग) वाहिनी (घ) मंडली

प्र. 606 : गुरुजी द्वारा सैनिक प्रशिक्षण बंद करने का निर्णय लेने के बाद अंग्रेजी में प्रचलित शब्द 'बैंड' के स्थान पर कौन सा शब्द लाया गया ?

(क) बाजा (ख) वादन

(ग) ढोल (घ) घोष

प्र. 607 : स्वामी विवेकानंद ने शिकागो (अमेरिका) के 'विश्व धर्म सम्मेलन' में किस वर्ष भाग लिया तथा भारत की प्रतिष्ठा को विश्व मंच पर प्रतिष्ठित किया ?

(क) सन् 1873 में (ख) सन् 1883 में

(ग) सन् 1893 में (घ) सन् 1903 में

प्र. 608 : भारत में 'राष्ट्रीय युवा दिवस' प्रतिवर्ष 12 जनवरी को क्यों मनाया जाता है ?

(क) इसी दिन स्वामी विवेकानंद का जन्म हुआ था।

(ख) इसी दिन बाबा साहब डॉ. भीमराव अंबेडकर का जन्म हुआ था।

(ग) इसी दिन डॉ. भीमराव अंबेडकर द्वारा निर्मित भारत का संविधान लागू हुआ था।

(घ) इसी दिन भगत सिंह, सुखदेव एवं राजगुरु का बलिदान हुआ था।

प्र. 609 : "मेरी प्रार्थना है कि मैं भारत भूमि की गोद में बार-बार जन्म लूँ, जब तक कि मैं उसे जगद्गुरु के सिंहासन पर पुनः प्रतिष्ठित होते न देख लूँ।"—यह कथन किसका है ?

(क) डॉ. केशव बलिराम हेडगेवार (ख) भगत सिंह

(ग) स्वामी विवेकानंद (घ) रवींद्रनाथ टैगोर

उत्तर के लिए कृपया पृष्ठ सं. 236 देखें।

प्र. 610 : अखिल भारतीय ग्राहक पंचायत की स्थापना किस वर्ष हुई थी ?

(क) सन् 1974 में (ख) सन् 1986 में

(ग) सन् 1993 में (घ) सन् 1996 में

प्र. 611 : अखिल भारतीय ग्राहक पंचायत की स्थापना कहाँ हुई थी ?

(क) अहमदाबाद में (ख) भोपाल में

(ग) पुणे में (घ) कोलकाता में

प्र. 612 : अखिल भारतीय ग्राहक पंचायत के संबंध में इनमें से कौन सा कथन गलत है ?

(क) इस संगठन का मूल उद्देश्य ग्राहक को अपने अधिकारों के प्रति जागरूक करना और उसे उचित मूल्य पर अच्छी गुणवत्ता, सही माप, विक्रय उपरांत सेवा तथा अच्छा व्यवहार दिलवाना है।

(ख) इस संगठन की सबसे बड़ी उपलब्धि उपभोक्ता संरक्षण अधिनियम 1986 को लागू करवाना है।

(ग) इस संगठन के प्रारंभिक अध्यक्ष के.एन. गोविंदाचार्य थे।

(घ) उपर्युक्त सभी।

प्र. 613 : देश में कार्यरत लघु उद्योगों की वृहद् संरचना के द्वारा देश को पूर्ण स्वावलंबी स्वामियों, श्रमिकों, आपूर्तिकर्ताओं तथा ग्राहकों में एक पारिवारिक भाव स्थापित करने हेतु कब 'लघु उद्योग भारती' की स्थापना की गई थी ?

(क) 13 मई, 1974 को (ख) 16 अक्तूबर, 1983 को

(ग) 11 मार्च, 1990 को (घ) 26 मई, 1994 को

प्र. 614 : लघु उद्योग भारती की स्थापना कहाँ पर हुई थी ?

(क) नागपुर में (ख) जयपुर में

(ग) मद्रास में (घ) अहमदाबाद में

प्र. 615 : लघु उद्योग भारती के संस्थापक अध्यक्ष कौन थे ?

(क) अनंत रावजी भिड़े

(ख) एकनाथजी रानाडे

(ग) मदनदासजी

(घ) दत्तोपंत ठेंगड़ी

उत्तर के लिए कृपया पृष्ठ सं. 236 देखें।

प्र. 616 : 'सक्षम' का पूरा विस्तार क्या है ?

(क) सामाजिक समरसता मंच

(ख) समदृष्टि क्षमता विकास एवं अनुसंधान मंडल

(ग) स्वदेशी जागरण मंच

(घ) सक्षम भारत का निर्माण

प्र. 617 : 'सक्षम' की प्रमुख मान्यता क्या है ?

(क) 'विकलांग परिवार का अंग है, वह समाज पर बोझ नहीं।'

(ख) 'सीमांत के निवासियों में राष्ट्र की सुरक्षा हेतु जन-जागरण करना।'

(ग) 'हिंदुस्तान की रक्षा करो और उसे विजयी बनाओ।'

(घ) 'ग्रामीण एवं राष्ट्रीय अर्थव्यवस्था को सुदृढ़ करना।'

प्र. 618 : 'सक्षम' की स्थापना (नागपुर में) कब हुई थी ?

(क) 10 मई, 1997 को

(ख) 13 मार्च, 2001 को

(ग) 12 जून, 2003 को

(घ) 20 जून, 2008 को

प्र. 619 : 'सक्षम' का पूर्व नाम क्या था ?

(क) अखिल भारतीय दृष्टिहीन कल्याण संघ।

(ख) अखिल भारतीय अनुसूचित/जाति/जनजाति संघ।

(ग) अखिल भारतीय ग्राहक पंचायत।

(घ) अखिल भारतीय किसान/मजदूर संघ।

प्र. 620 : इनमें से किसके द्वारा अखिल भारतीय दृष्टिहीन कल्याण संघ की स्थापना (1997 में) कलकत्ता में की गई थी ?

(क) बाबा साहब आप्टे

(ख) एकनाथजी रानाडे

(ग) मदनदासजी

(घ) दत्तोपंत ठेंगड़ी

प्र. 621 : भारत विकास परिषद् की स्थापना कब हुई थी ?

(क) 12 जून, 1949 को (ख) 7 नवंबर, 1956 को

(ग) 12 जनवरी, 1963 को (घ) 2 अक्तूबर, 1968 को

उत्तर के लिए कृपया पृष्ठ सं. 236 देखें।

प्र. 622 : भारत विकास परिषद् किस प्रकार की संस्था है?

(क) भारत विकास परिषद् शिक्षकों में सभी प्रकार के उन्नयन हेतु एक कार्यरत संस्था है।

(ख) भारत विकास परिषद् एक सेवा एवं संस्कार उन्मुख अराजनीतिक, सामाजिक-सांस्कृतिक स्वयंसेवी संस्था है।

(ग) यह उपभोक्ताओं के हितों का चिंतन करनेवाली एक संस्था है।

(घ) यह भारतीय जीवन-मूल्यों में आस्था रखनेवाले विभिन्न भाषाओं के साहित्यकारों को प्रोत्साहन देनेवाली संस्था है।

प्र. 623 : भारत विकास परिषद् का प्रमुख लक्ष्य वाक्य क्या है?

(क) स्वस्थ, समर्थ, संस्कृत भारत,

(ख) दरिद्र नारायण की सेवा,

(ग) बिना संस्कार—नहीं सहकार,

(घ) उपर्युक्त में से कोई नहीं,

प्र. 624 : भारत विकास परिषद् का प्रमुख कार्य क्या है?

(क) भारत विकास परिषद् संस्कार, सेवा, संपर्क, परियोजना के द्वारा समाज की सेवा करती है।

(ख) संस्कार योजना के द्वारा बच्चों, युवाओं, परिवार एवं वरिष्ठ नागरिकों हेतु विकास कार्यक्रम चलाती है।

(ग) सेवा योजना के द्वारा विकलांगों का कल्याण व पुनर्वास, आदिवासी विकास, गाँव व शहरी विकास तथा महिलाओं व बच्चों को कानूनी सलाह देती है।

(घ) उपर्युक्त सभी।

प्र. 625 : भारत में कौन सी एकमात्र ऐसी संस्था/संगठन है, जो संस्कृत भाषा में देशभक्ति गीत प्रतियोगिता आयोजित कराती है?

(क) विद्या भारती (ख) भारत विकास परिषद्

(ग) सहकार भारती (घ) संस्कार भारती

प्र. 626 : इसमें से किस वर्ष से भारत विकास परिषद् देशभक्तिपूर्ण गीतों का राष्ट्रीय समूह गान प्रतियोगिता कराती रही है, जिसमें स्कूली बच्चे भाग लेते हैं?

(क) सन् 1963 से (ख) सन् 1967 से

(ग) सन् 1977 से (घ) सन् 1984 से

उत्तर के लिए कृपया पृष्ठ सं. 236 देखें।

प्र. 627 : भारत विकास परिषद् के संबंध में कौन सा कथन सही है ?

(क) यह परिषद् स्वामी विवेकानंद के आदर्शों एवं शिक्षाओं पर चलती है।

(ख) यह परिषद् गुरु वंदना छात्र अभिनंदन कार्यक्रम प्रत्येक साल करती है, जिसमें 30 लाख से ज्यादा छात्र भाग लेते हैं।

(ग) यह परिषद् साल-दर-साल अपने 13 केंद्रों के द्वारा विकलांग लोगों को मुफ्त में कृत्रिम पैर उपलब्ध कराती है।

(घ) उपर्युक्त सभी

प्र. 628 : समाज के सभी घटकों में समरसता का भाव जगाने हेतु किस वर्ष 'सामाजिक समरसता वर्ष' की स्थापना की गई ?

(क) सन् 1963 में (ख) सन् 1973 में

(ग) सन् 1983 में (घ) सन् 1993 में

प्र. 629 : 'समरसता' का अर्थ इनमें से क्या होता है ?

(क) विकास प्रक्रिया में समान अवसरों की उपलब्धता के साथ-साथ बंधु-भाव का विकास करना।

(ख) समाज में परिवर्तन लाने के लिए कोई नया सामाजिक आंदोलन प्रारंभ करना।

(ग) गांधीजी के 'रामराज्य' का निर्माण करना।

(घ) समाज के विकास के लिए आरक्षण व्यवस्था को पूरी तरह समाप्त करना।

प्र. 630 : इनमें से किसकी स्मृति में प्रतिवर्ष (20 मार्च को) 'सामाजिक अधिकारिता स्मृति दिवस' मनाया जाता है।

(क) नेताजी सुभाषचंद्र बोस की

(ख) बाबू जगजीवन राम की

(ग) डॉ. भीमराव अंबेडकर की

(घ) स्वामी विवेकानंद की

प्र. 631 : ''हिंदुओं की एकता आवश्यक है और उस एकता का आधार सामाजिक समता ही हो सकता है।'' यह किसने कहा था ?

(क) बालासाहब देवरस ने (ख) एकनाथजी रानाडे ने

(ग) नानाजी देशमुख ने (घ) भीमराव अंबेडकर ने

उत्तर के लिए कृपया पृष्ठ सं. 237 देखें।

प्र. 632 : 'सामाजिक समरसता' नामक पुस्तक किसने लिखी थी ?

(क) लालकृष्ण आडवाणी (ख) नानाजी देशमुख

(ग) नरेंद्र मोदी (घ) दीनदयाल उपाध्याय

☐

उत्तर के लिए कृपया पृष्ठ सं. 237 देखें।

# हिंदू स्वयंसेवक संघ

प्र. 633 : राष्ट्रीय स्वयंसेवक संघ से प्रेरित और उसी की कार्य-पद्धति का अवलंबन करनेवाला इनमें से कौन सा संगठन विदेशों में कार्यरत है?

(क) इंडियन स्वयंसेवक संघ

(ख) विश्व स्वयंसेवक संघ

(ग) हिंदू स्वयंसेवक संघ

(घ) विश्व हिंदू स्वयंसेवक संघ

प्र. 634 : इनमें से किस देश में सन् 1947 में हिंदू स्वयंसेवक संघ का शुभारंभ (सर्वप्रथम) हुआ और तत्पश्चात् उसका विस्तार विश्व के अन्य देशों में हुआ?

(क) संयुक्त राज्य अमेरिका

(ख) चीन

(ग) केन्या (अफ्रीका)

(घ) सूरीनाम (दक्षिण अमेरिका)

प्र. 635 : वर्तमान में विश्व के लगभग कितने देशों में हिंदू स्वयंसेवक संघ कार्यरत है?

(क) 25 देशों में (ख) 30 देशों में

(ग) 35 देशों में (घ) 90 देशों में

प्र. 636 : हिंदू स्वयंसेवक संघ की लगभग कितनी शाखाएँ विदेशों में हैं, जो अधिकांश साप्ताहिक हैं?

(क) 250 शाखाएँ (ख) 300 शाखाएँ

(ग) 400 शाखाएँ (घ) 550 शाखाएँ

उत्तर के लिए कृपया पृष्ठ सं. 237 देखें।

प्र. 637 : विदेशों में कार्यरत हिंदू स्वयंसेवक संघ के संबंध में इनमें से कौन सा कथन सही है?

(क) विदेशों में हिंदुओं को संगठित करने के उद्‌देश्य से पिछले लगभग 68 वर्षों से हिंदू स्वयंसेवक संघ विश्व के अनेक देशों में कार्यरत है।

(ख) विदेशी कार्यकर्ताओं के निमंत्रण पर भारत के संघ के कई अधिकारियों का समय-समय पर कई देशों में प्रवास होता है और वहाँ के स्वयंसेवकों एवं अन्य हिंदू बंधुओं को उनका मार्गदर्शन प्राप्त होता है।

(ग) भारत की पद्धति के अनुसार ही वहाँ शाखाओं के अतिरिक्त प्रमुख हिंदू उत्सव मनाए जाते हैं तथा अभ्यास वर्ग और वार्षिक शिक्षा वर्ग, शिविर आदि भी संपन्न होते हैं।

(घ) उपर्युक्त सभी।

प्र. 638 : इनमें से कौन सी हिंदू स्वयंसेवक संघ की प्रमुख विशेषता है?

(क) प्रगत शिक्षा के लिए हर चार वर्ष में होनेवाला विश्व संघ शिक्षा वर्ग।

(ख) पारिवारिक मिलन के रूप में हर पाँच वर्ष में होनेवाला विश्व संघ शिविर।

(ग) उपर्युक्त (क) और (ख) दोनों।

(घ) उपर्युक्त में से कोई नहीं।

प्र. 639 : इनमें से किस संघ अधिकारी का हिंदू स्वयंसेवक संघ के साथ अत्यंत निकट का संबंध था और उनके कार्यक्रमों के निमित्त वे अधिकतर भारत के बाहर अनेक देशों में गए थे?

(क) डॉ. हेडगेवार (ख) श्री गुरुजी

(ग) बालासाहब देवरस (घ) के.एस. सुदर्शन

प्र. 640 : इनमें से कौन पहले सरसंघचालक हुए, जिन्होंने विदेश में जाकर वहाँ के हिंदू स्वयंसेवक संघ के कार्य का निरीक्षण किया था?

(क) श्रीगुरुजी (ख) बालासाहब देवरस

(ग) प्रो. राजेंद्र सिंह (घ) मोहनराव भागवत

उत्तर के लिए कृपया पृष्ठ सं. 237 देखें।

प्र. 641 : पू. डॉक्टरजी की जन्म-शताब्दी वर्ष में (सन् 1989 में) ब्रिटेन के किस स्थान पर एक विराट् हिंदू सम्मेलन आयोजित हुआ था?

(क) इंग्लैंड में मिल्टन केंस नामक स्थान पर

(ख) एडिनबर्ग नामक स्थान पर

(ग) उत्तरी आयरलैंड स्थित बेलफास्ट नामक स्थान पर

(घ) बर्मिंघम नामक स्थान पर

प्र. 642 : ब्रिटेन में किस वर्ष हिंदू कौंसिल की स्थापना हुई?

(क) सन् 1972 में (ख) सन् 1987 में

(ग) सन् 1994 में (घ) सन् 2007 में

□

उत्तर के लिए कृपया पृष्ठ सं. 237 देखें।

# डॉ. केशव बलिराम हेडगेवार
# (सरसंघचालक)

प्र. 643 : संघ निर्माता डॉ. केशव बलिराम हेडगेवार का जन्म कब और कहाँ हुआ था?

(क) 1 जून, 1881 को नागपुर में

(ख) 1 अप्रैल, 1889 को नागपुर में

(ग) 3 जून, 1896 को बंबई में

(घ) 13 अप्रैल, 1901 को कलकत्ता में

प्र. 644 : डॉ. हेडगेवार, जो जन्मजात देशभक्त थे तथा मातृभूमि को स्वतंत्र देखना ही उनका एकमात्र जीवन-व्रत था, के संबंध में इनमें से कौन सा कथन सही है?

(क) बाल केशव ने मात्र 8 वर्ष की उम्र में इंग्लैंड की महारानी विक्टोरिया के राज्यारोहण के 60 वर्ष पूर्ण होने के अवसर पर मिली मिठाई को कूड़ेदान में फेंक दिया था।

(ख) केशव ने 12 वर्ष की उम्र में सम्राट् एडवर्ड सप्तम के राज्यारोहण की खुशी में मनाए जा रहे समारोह में हिस्सा नहीं लेते हुए कहा था, 'एक विदेशी राजा के राज्यारोहण समारोह में भाग लेना शर्म की बात है।'

(ग) केशव ने 18 वर्ष की उम्र में विद्यालय निरीक्षक का स्वागत 'वंदे मातरम्' के उद्घोष से (कुछ विद्यार्थियों के साथ मिलकर) किया, परिणामस्वरूप उन्हें स्कूल से निकाल दिया गया।

(घ) उपर्युक्त सभी।

उत्तर के लिए कृपया पृष्ठ सं. 238 देखें।

प्र. 645 : डॉ. केशव बलिराम हेडगेवार किस वर्ष कलकत्ता के मेडिकल कॉलेज में डॉक्टरी की पढ़ाई करने के लिए गए?

(क) सन् 1906 में (ख) सन् 1908 में

(ग) सन् 1910 में (घ) सन् 1917 में

प्र. 646 : डॉक्टरजी (हेडगेवारजी) कुल कितने वर्ष तक कलकत्ता में रहे?

(क) तीन वर्ष (ख) चार वर्ष

(ग) छह वर्ष (घ) ग्यारह वर्ष

प्र. 647 : डॉ. हेडगेवार कलकत्ता के नेशनल मेडिकल कॉलेज में पढ़ाई के दौरान बंगाल के क्रांतिकारी आंदोलन से जुड़े। वे बंगाल की किस प्रसिद्ध क्रांतिकारी संस्था के सदस्य बने थे?

(क) अभिनव भारत (ख) गदर पार्टी

(ग) अनुशीलन समिति (घ) इंडियन रिवॉल्यूशनरी कमेटी

प्र. 648 : डॉक्टरजी बंगाल की क्रांतिकारी संस्था के सदस्य बनने के बाद क्रांतिकारियों के बीच किस छद्म नाम से जाने जाते थे?

(क) दीपक (ख) अभिनव

(ग) राजगुरु (घ) कोकेन

प्र. 649 : डॉ. हेडगेवार किस वर्ष कलकत्ता से वापस नागपुर लौटे थे?

(क) सन् 1912 में (ख) सन् 1914 में

(ग) सन् 1916 में (घ) सन् 1920 में

प्र. 650 : किस क्रांतिकारी ने अपनी पुस्तक 'जेल में 30 वर्ष' में लिखा है कि डॉ. हेडगेवार को बंगाल की प्रमुख क्रांतिकारी संस्था अनुशीलन समिति की सदस्यता प्रदान की गई थी?

(क) श्यामसुंदर चक्रवर्ती (ख) त्रैलोक्यनाथ चक्रवर्ती

(ग) नलिन किशोर गुहा (घ) पुलिन बिहारी दास

प्र. 651 : डॉक्टरजी ने (संघ की स्थापना से पूर्व) उग्रपंथी विचारों को बढ़ावा देते हुए अपने कुछ मित्रों के साथ कौन सी एक स्वतंत्र संस्था स्थापित की थी?

(क) महाराष्ट्र नवनिर्माण यूनियन

(ख) नागपुर नेशनल यूनियन

(ग) मराठी जन मोर्चा

(घ) वर्धा संघर्ष मंच

उत्तर के लिए कृपया पृष्ठ सं. 238 देखें।

प्र. 652 : प्रारंभ में डॉक्टरजी किसके (पार्टी) सदस्य बने थे?
(क) भारतीय साम्यवादी दल (ख) कांग्रेस सोशलिस्ट पार्टी
(ग) कांग्रेस (घ) भारतीय जन संघ

प्र. 653 : कांग्रेस का वार्षिक अधिवेशन सन् 1920 में नागपुर में हुआ। अधिवेशन के लिए बनाए गए स्वयंसेवक दल का नेतृत्व किसने किया था?
(क) डॉ. हेडगेवार ने (ख) लोकमान्य तिलक ने
(ग) डॉ. श्यामा प्रसाद मुकर्जी ने (घ) जवाहरलाल नेहरू ने

प्र. 654 : सन् 1921 के कांग्रेस के किस आंदोलन में (मध्य प्रांत में) डॉ. हेडगेवार ने बढ़-चढ़कर हिस्सा लिया था?
(क) नील सत्याग्रह आंदोलन
(ख) असहयोग आंदोलन
(ग) सविनय अवज्ञा आंदोलन
(घ) भारत छोड़ो आंदोलन

प्र. 655 : डॉ. हेडगेवार ने संघ की स्थापना के तीन वर्ष बाद सन् 1928 में मध्य प्रांत की कांग्रेस कार्यकारिणी के सदस्य के रूप में कांग्रेस के किस अधिवेशन में हिस्सा लिया था?
(क) नागपुर अधिवेशन (ख) कलकत्ता अधिवेशन
(ग) बंबई अधिवेशन (घ) लाहौर अधिवेशन

प्र. 656 : राष्ट्रीय स्वयंसेवक संघ की स्थापना डॉ. केशव बलिराम हेडगेवार द्वारा (विजयादशमी के दिन) किस वर्ष में हुई थी?
(क) सन् 1906 में (ख) सन् 1916 में
(ग) सन् 1925 में (घ) सन् 1935 में

प्र. 657 : सभी मान. संघचालकों ने मिलकर डॉ. हेडगेवार को औपचारिक रूप से संघ का प्रमुख कब चुना था?
(क) 1 जनवरी, 1926 (ख) 19 दिसंबर, 1926
(ग) 13 जुलाई, 1928 (घ) 7 अगस्त, 1929

प्र. 658 : डॉ. केशव बलिराम हेडगेवार ने जब संघ की स्थापना की, तब उनकी उम्र कितनी थी?
(क) 25 वर्ष (ख) 30 वर्ष
(ग) 36 वर्ष (घ) 42 वर्ष

उत्तर के लिए कृपया पृष्ठ सं. 238 देखें।

प्र. 659 : प्रारंभ में केवल संघ का ही कार्य करनेवाले एवं डॉक्टरजी के आदेश के अनुसार कहीं भी जानेवाले दो ही कार्यकर्ता थे। वे कार्यकर्ता कौन थे?

(क) विश्वनाथ केलकर एवं बापूराव भेदी

(ख) बाबा साहब आप्टे एवं दादाराव परमार्थ

(ग) भाऊजी कावरे एवं अन्ना सोनी

(घ) मार्तंड राव एवं अप्पाजी जोशी

प्र. 660 : डॉ. हेडगेवार, जिन्हें कार्यकर्ताओं का शिल्पी कहा जा सकता है, इनमें से किसके विशेषज्ञ थे?

(क) संगठन शास्त्र के विशेषज्ञ

(ख) अपराध-शास्त्र के विशेषज्ञ

(ग) अर्थशास्त्र के विशेषज्ञ

(घ) राजनीति-शास्त्र के विशेषज्ञ

प्र. 661 : डॉ. हेडगेवार नागपुर की सेंट्रल जेल में किस अवधि तक रहे थे?

(क) 19 जून, 1920 से 18 अगस्त, 1921 तक

(ख) 19 अगस्त, 1921 से 12 जुलाई, 1922 तक

(ग) 1 मार्च, 1923 से 17 सितंबर, 1923 तक

(घ) 1 दिसंबर, 1923 से 4 अप्रैल, 1925 तक

प्र. 662 : डॉक्टरजी के नेतृत्व में कब एक जत्था (यवतमाल में) जंगल सत्याग्रह करने निकला था?

(क) 21 जुलाई, 1930 (ख) 4 मार्च, 1931

(ग) 3 जून, 1932 (घ) 16 नवंबर, 1932

प्र. 663 : जंगल सत्याग्रह के (कारावास) दौरान संघ-कार्य सुचारु रूप से चलता रहे, इस हेतु डॉ. हेडगेवार ने सरसंघचालक पद का कार्यभार अपने किस पुराने साथी को सौंपा था?

(क) श्री भैयाजी दाणी (ख) डॉ. ल.वा. परांजपे

(ग) बालासाहब आप्टे (घ) अप्पाजी जोशी

प्र. 664 : गुरुजी द्वारा सैनिक प्रशिक्षण बंद करने का निर्णय लेने के बाद अंग्रेजी में प्रचलित शब्द 'प्लाटून' के स्थान पर कौन सा शब्द लाया गया?

(क) दल (ख) गण

(ग) पलटन (घ) दस्ता

उत्तर के लिए कृपया पृष्ठ सं. 238 व 239 देखें।

प्र. 665 : सन् 1939 के संघ शिक्षा वर्ग के समाप्त होने के बाद डॉक्टरजी ने किस नागपुर संघचालक के आग्रह पर नाशिक के निकट देवलाली में कुछ दिन विश्राम किया था?

(क) दादाराव परमार्थ (ख) बाबा साहब आप्टे
(ग) अप्पाजी जोशी (घ) रामभाई जामगढ़े

प्र. 666 : संघ स्थान (नागपुर) पर डॉक्टरजी को प्रथम बार सरसंघचालक प्रणाम कब दिया गया था?

(क) 19 नवंबर, 1929 को (ख) 21 जुलाई, 1930 को
(ग) 3 दिसंबर, 1931 को (घ) 4 जून, 1932 को

प्र. 667 : डॉ. हेडगेवार को नागपुर के मोहिते संघ स्थान पर किसने ('सरसंघचालक' शब्द का प्रथम प्रयोग) सरसंघचालक प्रणाम की आज्ञा देकर किया था?

(क) मोरोपंत पिंगले (ख) भाऊराव देवरस
(ग) दादाराव परमार्थ (घ) अप्पाजी जोशी

प्र. 668 : डॉ. हेडगेवार के किस विश्वस्त मित्र ने उनके बारे में लिखा है— "गांधीजी के सन् 1920-21 के असहयोग आंदोलन में भाग लेने के कारण जब डॉक्टरजी जेल में बंद थे तो वहाँ उनकी चर्चा का एक ही विषय रहा करता था कि प्रथम विश्व युद्ध में पराजित जर्मनी अपनी पराजय का बदला लेने के लिए द्वितीय विश्व युद्ध की स्थिति अवश्य उत्पन्न करेगा और यह स्थिति 20 वर्ष में अर्थात् 1940 के आसपास आ सकती है। इस अवसर का लाभ उठाने के लिए अभी से ऐसे देशव्यापी अभेद्य संगठन की रचना की जानी चाहिए, जो ऐसा अनुकूल अवसर आने पर ब्रिटिश शासन-तंत्र पर बिजली की तरह झपटकर उसे एक ही प्रहार में धराशायी कर सके?"

(क) एकनाथजी रानाडे (ख) अप्पाजी जोशी
(ग) मा.स. गोलवलकर (घ) यादवराव जोशी

प्र. 669 : डॉक्टरजी ने कब पूना में डेंजर कॉल यानी खतरे का संकेत देकर मात्र दो घंटे के अंदर सभी (900) स्वयंसेवकों को एकत्र करने का प्रयोग करके देखा था?

(क) 3 जून, 1936 को (ख) 12 दिसंबर, 1937 को
(ग) 20 जून, 1939 को (घ) 3 मार्च, 1940 को

उत्तर के लिए कृपया पृष्ठ सं. 239 देखें।

प्र. 670 : द्वितीय विश्व युद्ध के शुरू हो जाने के पश्चात् (सन् 1939 में) डॉक्टरजी की अंतर्व्यथा का साक्ष्य देते हुए संघ के किस पूर्व सरकार्यवाह ने अपना प्रत्यक्ष अनुभव इन शब्दों में प्रस्तुत किया है, "एक दिन रात्रि को डॉक्टरजी ने मुझे अपने घर पर बुलाया और मुझसे कहा कि 'मुझे भय है कि कहीं इस महायुद्ध का सुवर्ण अवसर हम हाथ से न खो बैठें। इस युद्ध की मुझे पूर्व से ही कल्पना थी; परंतु इस खंडप्राय देश के प्रत्येक ग्राम में यदि एक-एक डॉ. हेडगेवार का निर्माण होता तो इस जीवन में मैं हिंदू राष्ट्र को स्वतंत्र देख पाता। किंतु ईश्वर की इच्छा और ही प्रतीत होती है।' यह कहकर डॉक्टरजी की आँखों से आँसू बहने लगे।"

(क) दादाराव परमार्थ (ख) बाबा साहब आप्टे

(ग) श्री ह.व्यं. कुलकर्णी (घ) अप्पाजी जोशी

प्र. 671 : डॉ. हेडगेवार की मृत्यु के एक दिन पूर्व किस प्रसिद्ध नेता ने नागपुर में जाकर उनसे भेंट करने की कोशिश की; किंतु उनके स्वास्थ्य की स्थिति खराब होने के कारण वे न तो उनसे मिल पाए और न ही कोई बात कर सके?

(क) जवाहरलाल नेहरू

(ख) सुभाषचंद्र बोस

(ग) बालासाहब देवरस

(घ) श्यामा प्रसाद मुकर्जी

प्र. 672 : डॉक्टरजी ने अपने देहावसान (मृत्यु) से एक दिन पूर्व 20 जून, 1940 को किसे संघ का सरसंघचालक मनोनीत किया था?

(क) बाला साहब देवरस

(ख) अप्पाजी जोशी

(ग) श्रीगुरुजी

(घ) बाबा साहब आप्टे

प्र. 673 : डॉ. हेडगेवार की नूतन समाधि का उद्घाटन किस वर्ष हुआ था?

(क) सन् 1952 में

(ख) सन् 1962 में

(ग) सन् 1968 में

(घ) सन् 1972 में

उत्तर के लिए कृपया पृष्ठ सं. 239 देखें।

प्र. 674 : इनमें से किस वर्ष में 'डॉ. हेडगेवार जन्म-शताब्दी' का वृहद् आयोजन हुआ?

(क) सन् 1988-89 (ख) सन् 1994-95

(ग) सन् 1999-00 (घ) सन् 2006-07

प्र. 675 : डॉ. हेडगेवार को किसने 'श्वेत वस्त्रवाला संन्यासी' कहा था?

(क) स्वामी सत्यमित्रानंद ने (ख) स्वामी आत्मस्थानंद ने

(ग) विनोबा भावे ने (घ) स्वामी अखंडानंद ने

□

उत्तर के लिए कृपया पृष्ठ सं. 239 देखें।

# माधवराव सदाशिवराव गोलवलकर

प्र. 676 : रा.स्व. संघ के सरसंघचालक रहे माधवराव सदाशिवराव गोलवलकर के संबंध में इनमें से कौन सा कथन सही है ?

(क) उनका जन्म 19 फरवरी, 1906 को नागपुर में हुआ।

(ख) वह अपने पिताजी को 'भाऊजी' और माताजी को 'ताईजी' कहते थे। उन्हें घर में सभी 'मधु' कहकर पुकारते थे।

(ग) उन्होंने सन् 1928 में एम.एस-सी. (प्राणि-शास्त्र से) प्रथम श्रेणी में उत्तीर्ण की तथा बाद में (1935 में) एल-एल.बी. की परीक्षा उत्तीर्ण की।

(घ) उपर्युक्त सभी।

प्र. 677 : माधवराव सदाशिवराव गोलवलकर को जनसाधारण प्राय: किस उपनाम से अधिक जानता है ?

(क) वकील साहब (ख) डॉक्टर साहब

(ग) बाबा साहब (घ) श्रीगुरुजी

प्र. 678 : मा.स. गोलवलकर (गुरुजी) किस विश्वविद्यालय में (सन् 1930-33) प्राध्यापक थे ?

(क) नागपुर विश्वविद्यालय

(ख) बंबई विश्वविद्यालय

(ग) बनारस हिंदू विश्वविद्यालय

(घ) लखनऊ विश्वविद्यालय

प्र. 679 : श्रीगुरुजी का संघ से प्रथम परिचय किस वर्ष हुआ था ?

(क) सन् 1926 में (ख) सन् 1927 में

(ग) सन् 1931 में (घ) सन् 1935 में

उत्तर के लिए कृपया पृष्ठ सं. 239 देखें।

प्र. 680 : सर्वप्रथम किस वर्ष डॉ. हेडगेवार ने गुरुजी को संघ की नागपुर शाखा का विजयादशमी उत्सव देखने के लिए संघ की काशी शाखा में उत्साही कार्यकर्ता के रूप में आमंत्रित किया था?

(क) सन् 1930 में (ख) सन् 1931 में

(ग) सन् 1932 में (घ) सन् 1935 में

प्र. 681 : गुरुजी काशी छोड़कर नागपुर में ही रहने किस वर्ष आए?

(क) सन् 1930 में (ख) सन् 1933 में

(ग) सन् 1936 में (घ) सन् 1938 में

प्र. 682 : श्रीगुरुजी से एक बार जब किसी ने पूछा कि 'राष्ट्रीय स्वयंसेवक संघ का मुख्य आधार क्या है' तब उन्होंने (गुरुजी ने) तुरंत क्या उत्तर दिया था?

(क) संघ की शाखाएँ (ख) संघ का ध्वज

(ग) संघ की प्रार्थना (घ) डॉ. हेडगेवार

प्र. 683 : गोलवलकरजी ने (सन् 1938 में) इनमें से कौन सी बहुचर्चित पुस्तक लिखी थी?

(क) वी एंड द नेशन डिफाइंड (ख) हिंदुत्व

(ग) हिंदू नेशनलिज्म (घ) उपर्युक्त सभी

प्र. 684 : श्री गोलवलकरजी ने 13 जनवरी, 1937 को सारगाछी में किस स्वामी से दीक्षा ली थी?

(क) स्वामी आत्मीयानंद (ख) स्वामी अखंडानंद

(ग) स्वामी आत्मस्थानंद (घ) स्वामी कूटस्थानंद

प्र. 685 : श्रीगुरुजी सरकार्यवाह के पद पर कब नियुक्त हुए थे?

(क) 13 जून, 1938 को (ख) 13 अगस्त, 1939 को

(ग) 6 अप्रैल, 1940 को (घ) उपर्युक्त में से कोई नहीं को

प्र. 686 : गुरुजी संघ के सरसंघचालक कब नियुक्त हुए?

(क) 3 जुलाई, 1940 को (ख) 1 फरवरी, 1941 को

(ग) 17 सितंबर, 1942 को (घ) 3 मार्च, 1944 को

प्र. 687 : राष्ट्रीय स्वयंसेवक संघ के द्वितीय सरसंघचालक कौन थे?

(क) श्रीगुरुजी (ख) बालासाहब देवरस

(ग) रज्जू भैया (घ) उपर्युक्त में से कोई नहीं

**उत्तर के लिए कृपया पृष्ठ सं. 239 व 240 देखें।**

प्र. 688 : गुरुजी कुल कितने वर्षों तक संघ के सरसंघचालक रहे ?

(क) 21 वर्षों तक (ख) 26 वर्षों तक

(ग) 31 वर्षों तक (घ) 33 वर्षों तक

प्र. 689 : गुरुजी जब संघ के सरसंघचालक बने, उस समय उनकी आयु कितने वर्ष थी ?

(क) 30 वर्ष (ख) 34 वर्ष

(ग) 41 वर्ष (घ) 49 वर्ष

प्र. 690 : इनमें से किसने 4 अप्रैल, 1962 को रेशिमबाग, नागपुर स्थित (डॉ. हेडगेवारजी के) स्मृति मंदिर का उद्घाटन किया था ?

(क) बालासाहब देवरस (ख) श्रीगुरुजी

(ग) हो.वे. शेषाद्रि (घ) अप्पाजी जोशी

प्र. 691 : इनमें से कब गुरुजी द्वारा तीन पत्र लिख गए थे, जिनमें से पहले पत्र में उन्होंने (गुरुजी ने) संघ कार्य की धुरी श्री बालासाहब देवरस के सशक्त कंधों पर सौंपने की सूचना दी थी ?

(क) 13 अप्रैल, 1969 को (ख) 12 जून, 1970 को

(ग) 17 सितंबर, 1971 को (घ) 2 अप्रैल, 1973 को

प्र. 692 : श्रीगुरुजी के संबंध में यह किसका कथन था कि 'श्रीगुरुजी का व्यक्तित्व कोहिनूर हीरे जैसा शतमुखी प्रकाश बिखेरनेवाला था ?'

(क) हो.वे. शेषाद्रि (ख) नानाजी देशमुख

(ग) लक्ष्मणराव इनामदार (घ) एकनाथजी रानाडे

प्र. 693 : श्रीगुरुजी को श्रद्धांजलि देते हुए किसने कहा था, 'वे संसद् के सदस्य नहीं थे, ऐसे एक प्रतिष्ठित सज्जन श्री गोलवलकर आज हमारे बीच नहीं हैं। वे विद्वान् थे, आस्थावान् थे। अपने प्रभावशाली व्यक्तित्व और अपने विचारों के प्रति निष्ठा के कारण राष्ट्र-जीवन में उनका महत्त्वपूर्ण स्थान था ?'

(क) अटल बिहारी वाजपेयी

(ख) तत्कालीन प्रधानमंत्री इंदिरा गांधी

(ग) पं. दीनदयाल उपाध्याय

(घ) तत्कालीन राष्ट्रपति वी.वी. गिरि

उत्तर के लिए कृपया पृष्ठ सं. 240 देखें।

प्र. 694 : "श्रीगुरुजी का दृष्टिकोण व्यापक, उदार और राष्ट्रीय था। वे हर एक बात पर राष्ट्रीय दृष्टि से विचार करते थे। उनका अध्यात्म में अटूट विश्वास था। वे हर धर्म के लिए आदर-भाव रखते थे। वे हमेशा उच्च राष्ट्रीय विचारों से ही कार्य करते थे।" यह कथन श्रीगुरुजी के बारे में किसने कहा था?

(क) नानाजी देशमुख (ख) विनोबा भावे

(ग) बालासाहब देवरस (घ) एकनाथजी रानाडे

प्र. 695 : इनमें से किस अवधि में श्रीगुरुजी की जन्म-शताब्दी वर्ष का आयोजन हुआ था?

(क) सन् 2001-02 (ख) सन् 2003-04

(ग) सन् 2006-07 (घ) सन् 2009-10

□

उत्तर के लिए कृपया पृष्ठ सं. 240 देखें।

# बालासाहब देवरस (सरसंघचालक)

प्र. 696 : राष्ट्रीय स्वयंसेवक संघ के सरसंघचालक रहे मधुकर दत्तात्रेय देवरसजी इनमें से किस नाम से अधिक प्रसिद्ध हुए हैं?

(क) भाऊराव देवरस (ख) बालासाहब देवरस

(ग) वकील साहब (घ) बाबा साहब आप्टे

प्र. 697 : बालासाहब देवरसजी के संबंध में इनमें से कौन सा कथन सही नहीं है?

(क) उनका जन्म 1 दिसंबर, 1925 को नागपुर में हुआ था।

(ख) वह बचपन से ही संघ की शाखा में जाया करते थे।

(ग) उन्होंने संस्कृत एवं दर्शन-शास्त्र विषय लेकर मॉरिस कॉलेज (वर्तमान में नागपुर महाविद्यालय) से बी.ए. किया था।

(घ) संघ की कार्य-पद्धति तथा कार्यक्रमों के क्रमिक विकास में उनका अत्यधिक योगदान रहा है।

प्र. 698 : बालासाहब देवरस के संबंध में इनमें से कौन सा कथन सही है?

(क) वह सन् 1946 में संघ के सह-सरकार्यवाह चुने गए।

(ख) सन् 1965 में संघ के सरकार्यवाह बने।

(ग) सन् 1973 तक संघ के सरकार्यवाह रहे।

(घ) उपर्युक्त सभी।

प्र. 699 : राष्ट्रीय स्वयंसेवक संघ के तीसरे सरसंघचालक कौन थे?

(क) श्रीगुरुजी (ख) बालासाहब देवरस

(ग) के.एस. सुदर्शन (घ) रज्जू भैया

उत्तर के लिए कृपया पृष्ठ सं. 240 देखें।

प्र. 700 : बालासाहब देवरस संघ के सरसंघचालक किस वर्ष बने थे?

(क) सन् 1967 में

(ख) सन् 1969 में

(ग) सन् 1973 में

(घ) सन् 1981 में

प्र. 701 : बालासाहब देवरस जब सरसंघचालक बने, उस दौरान उनकी उम्र कितने वर्ष की थी?

(क) 33 वर्ष (ख) 43 वर्ष

(ग) 50 वर्ष (घ) 58 वर्ष

प्र. 702 : राष्ट्रीय स्वयंसेवक संघ जिस तरीके से देश-दुनिया तक पहुँचा, उसमें बालासाहब देवरस की भूमिका स्वयंसिद्ध है। वे लगभग कितने वर्षों तक सरसंघचालक रहे?

(क) 9 वर्षों तक (ख) 14 वर्षों तक

(ग) 22 वर्षों तक (घ) 33 वर्षों तक

प्र. 703 : बालासाहब देवरस ने कब और कहाँ आयोजित एक वसंत व्याख्यान माला में 'सामाजिक समरसता एवं हिंदू संगठन' विषय पर दिए अपने भाषण में कहा था, ''यदि अस्पृश्यता गलत नहीं है तो संसार में कुछ भी गलत नहीं है।''

(क) सन् 1974 में पुणे में आयोजित

(ख) सन् 1980 में नागपुर में आयोजित

(ग) सन् 1984 में दिल्ली में आयोजित

(घ) सन् 1993 में भोपाल में आयोजित

प्र. 704 : श्रीमती इंदिरा गांधी द्वारा जब (सन् 1975 में) लोकतंत्र की हत्या कर देश में आपातकाल घोषित किया गया और संघ पर प्रतिबंध लगाया गया, उस दौरान संघ के सरसंघचालक कौन थे?

(क) गुरुजी

(ख) रज्जू भैया

(ग) बालासाहब देवरस

(घ) उपर्युक्त में से कोई नहीं

**उत्तर के लिए कृपया पृष्ठ सं. 240 व 241 देखें।**

प्र. 705 : आपातकाल के दौरान बालासाहब देवरस ने जेल में रहकर देश के चार विभाग कर उसकी जिम्मेदारी चार प्रचारकों को सौंप दी थी, जिनमें दो प्रचारक यादवराव जोशी तथा भाऊराव देवरस थे। अन्य दो प्रचारक कौन थे?

(क) एकनाथ रानाडे तथा दत्तोपंत ठेंगड़ी

(ख) मोरोपंत पिंगले तथा रज्जू भैया

(ग) के.एस. सुदर्शन तथा बालासाहब आप्टे

(घ) बलराज मधोक तथा रमाकांत देशपांडे

प्र. 706 : सन् 1990–92 में राम मंदिर आंदोलन के दौरान संघ के सरसंघचालक कौन थे?

(क) गुरुजी (ख) बालासाहब देवरस

(ग) रज्जू भैया (घ) के.एस. सुदर्शन

प्र. 707 : इनमें से किसने 7 जून, 1977 को अखिल भारतीय प्रतिनिधि सभा की बैठक में कहा था, "संघ ने डॉ. हेडगेवारवाद या गोलवलकरवाद के रूप में प्रारंभ नहीं किया है?"

(क) बालासाहब देवरस (ख) के.एस. सुदर्शन

(ग) रज्जू भैया (घ) नानाजी देशमुख

प्र. 708 : बालासाहब देवरस को किसने 'डॉक्टरजी की प्रतिमूर्ति' कहा था?

(क) श्रीगुरुजी ने (ख) रज्जू भैया ने

(ग) नानाजी देशमुख ने (घ) के.एस. सुदर्शन ने

प्र. 709 : बालासाहब देवरसजी ने अपने जीवनकाल में ही किस वर्ष रज्जू भैया को सरसंघचालक पद का दायित्व सौंप दिया था?

(क) सन् 1992 में (ख) सन् 1994 में

(ग) सन् 1996 में (घ) सन् 2000 में

□

उत्तर के लिए कृपया पृष्ठ सं. 241 देखें।

# प्रो. राजेंद्र सिंह (सरसंघचालक)

प्र. 710 : राष्ट्रीय स्वयंसेवक संघ के सरसंघचालक प्रो. राजेंद्र सिंह को सर्वसाधारण से लेकर संघ परिवार तक सभी जगह किस नाम से जाना जाता है ?

(क) डॉक्टरजी (ख) पप्पाजी

(ग) रज्जू भैया (घ) मधु

प्र. 711 : प्रो. राजेंद्र सिंह के संबंध में इनमें से कौन सा कथन सही है ?

(क) उनका जन्म 29 जनवरी, 1922 को शाहजहाँपुर, उत्तर प्रदेश में हुआ था।

(ख) वह अपनी माता-पिता की कुल पाँच संतानों में तीसरे स्थान पर थे। वह अपनी माँ को 'जियासी' कहकर संबोधित किया करते थे।

(ग) उनके पिता भारतीय इंजीनियरिंग सेवा में चयनित होनेवाले प्रथम उत्तर भारतीय थे।

(घ) उपर्युक्त सभी।

प्र. 712 : राष्ट्रीय स्वयंसेवक संघ से प्रो. राजेंद्र सिंह का संबंध कब प्रारंभ हुआ था ?

(क) जून 1937 में (ख) सितंबर 1938 में

(ग) अक्तूबर 1942 में (घ) जून 1948 में

प्र. 713 : प्रो. राजेंद्र सिंह (रज्जू भैया) इनमें से किस विश्वविद्यालय में भौतिक शास्त्र के प्रोफेसर रहे थे ?

(क) इलाहाबाद विश्वविद्यालय

(ख) रायपुर विश्वविद्यालय

(ग) मुंबई विश्वविद्यालय

(घ) दिल्ली विश्वविद्यालय

**उत्तर के लिए कृपया पृष्ठ सं. 241 देखें।**

प्र. 714 : प्रो. राजेंद्र सिंह कब संघ के सरसंघचालक नियुक्त हुए थे?

(क) सन् 1991 में (ख) सन् 1994 में

(ग) सन् 1996 में (घ) सन् 2001 में

प्र. 715 : प्रो. राजेंद्र सिंह (रज्जू भैया) राष्ट्रीय स्वयंसेवक संघ के कौन से सरसंघचालक बने थे?

(क) दूसरे (ख) तीसरे

(ग) चौथे (घ) पाँचवें

प्र. 716 : आपातकाल के बाद जनता पार्टी की सरकार में जब नानाजी देशमुख को उद्योग मंत्री का पद देने का निश्चय हुआ तो किसने उनसे कहा था कि 'नानाजी आप, अटलजी और आडवाणीजी तीनों यदि सरकार में चले जाएँगे तो फिर बाहर रहकर संगठन कौन सँभालेगा।' तभी नानाजी ने मंत्री पद ठुकरा दिया था?

(क) बालासाहब देवरस (ख) रज्जू भैया

(ग) के.एस. सुदर्शन (घ) मोहनराव भागवत

प्र. 717 : संघ के सरसंघचालक पद पर रज्जू भैया कितनी अवधि तक रहे?

(क) 4 वर्ष तक (ख) 6 वर्ष तक

(ग) 10 वर्ष तक (घ) 12 वर्ष तक

प्र. 718 : रज्जू भैया ने के. एस. सुदर्शन को सरसंघचालक का दायित्व कब सौंपा था?

(क) 10 मार्च, 1998 को (ख) 10 मार्च, 2000 को

(ग) 6 सितंबर, 2002 को (घ) 7 जून, 2004 को

□

उत्तर के लिए कृपया पृष्ठ सं. 241 व 242 देखें।

# के.एस. सुदर्शन (सरसंघचालक)

प्र. 719 : संघ के सरसंघचालक रहे के.एस. सुदर्शनजी का जन्म कब और कहाँ हुआ था?

(क) 18 जून, 1931 को रायपुर (छत्तीसगढ़) में

(ख) 18 नवंबर, 1931 को मांड्या (कर्नाटक) में

(ग) 18 जून, 1941 को कोप्पल (कर्नाटक) में

(घ) 18 नवंबर, 1941 को मंडला (मध्य प्रदेश) में

प्र. 720 : के.एस. सुदर्शनजी का पूरा नाम क्या था?

(क) कमल शाम सुदर्शन (ख) कोप्पल स्वामी सुदर्शन

(ग) कृष्णा स्वामी सुदर्शन (घ) कुपहल्ली सीतारामय्या सुदर्शन

प्र. 721 : के.एस. सुदर्शनजी के संबंध में इनमें से कौन सा कथन सही नहीं है?

(क) सन् 1969 से 1979 तक वह संघ के अखिल भारतीय शारीरिक प्रमुख रहे।

(ख) सन् 1979 से 1989 तक वह संघ के अखिल भारतीय बौद्धिक प्रमुख रहे।

(ग) सन् 1964 से 1977 तक वह पूर्वांचल क्षेत्र के प्रचारक रहे थे।

(घ) सन् 1989 से 2000 तक वह संघ के सह-सरकार्यवाह रहे।

प्र. 722 : के.एस. सुदर्शनजी ने (सन् 1953 में) बी.ई. (टेलीकम्युनिकेशन) की शिक्षा किस विश्वविद्यालय से पूरी की थी?

(क) रायपुर विश्वविद्यालय

(ख) सागर विश्वविद्यालय

(ग) बेंगलुरु विश्वविद्यालय

(घ) राष्ट्रीय प्रौद्योगिकी संस्थान, सूरथकाल

उत्तर के लिए कृपया पृष्ठ सं. 242 देखें।

प्र. 723 : इनमें से कौन सा कथन सुदर्शनजी के संबंध में सही है ?

(क) सुदर्शनजी को भारतीय प्राचीन ज्ञान एवं परंपरा तथा वेद व उपनिषद् और भारतीय विज्ञान का गहरा ज्ञान था।

(ख) सुदर्शनजी ने सामाजिक समरसता व सद्भाव के लिए ईसाई व मुसलिम समाज के साथ सतत संवाद व वार्त्ताएँ कीं।

(ग) सुदर्शनजी को हिंदी व अंग्रेजी सहित संस्कृत, मराठी, कन्नड़, बँगला एवं असमिया आदि भाषाओं का अच्छा ज्ञान था।

(घ) उपर्युक्त सभी।

प्र. 724 : के.एस. सुदर्शन किस वर्ष सरसंघचालक बने थे ?

(क) सन् 1989 में

(ख) सन् 1994 में

(ग) सन् 2000 में

(घ) सन् 2009 में

प्र. 725 : सुदर्शनजी कुल कितने वर्ष तक सरसंघचालक रहे ?

(क) 6 वर्ष (ख) 9 वर्ष

(ग) 12 वर्ष (घ) 14 वर्ष

प्र. 726 : के.एस. सुदर्शन संघ के कौन से सरसंघचालक रहे हैं ?

(क) तीसरे (ख) चौथे

(ग) पाँचवें (घ) छठे

प्र. 727 : सुदर्शनजी के संबंध में इनमें से कौन सा कथन गलत है ?

(क) उनके पूर्वज मूलतः कर्नाटक के निवासी थे। उनके घर पर कन्नड़ भाषा में ही संवाद होता था।

(ख) उनका जन्म मांड्या (कर्नाटक) में हुआ था।

(ग) उनके पिताजी वन विभाग में सेवारत थे, जिनकी नौकरी मध्य प्रांत अर्थात् विदर्भ (छत्तीसगढ़, वर्तमान में मध्य प्रदेश के दक्षिण भाग) में थी।

(घ) महात्मा गांधी की हत्या के पश्चात् संघ पर प्रतिबंध हटाने हेतु स्वयंसेवक जब सत्याग्रह कर रहे थे, उस सत्याग्रह में सुदर्शनजी भी सम्मिलित थे, जिन्हें जेल भी जाना पड़ा।

उत्तर के लिए कृपया पृष्ठ सं. 242 देखें।

प्र. 728 : के.एस. सुदर्शनजी कब मोहनराव भागवत को संघ का (छठा) सरसंघचालक नियुक्त कर स्वेच्छा से पद-मुक्त हो गए?

(क) 13 मार्च, 2006 को

(ख) 4 जून, 2007 को

(ग) 11 जुलाई, 2008 को

(घ) 21 मार्च, 2009 को

☐

उत्तर के लिए कृपया पृष्ठ सं. 242 देखें।

# मोहनराव भागवत (सरसंघचालक)

प्र. 729 : मोहनराव भागवतजी का जन्म कब और कहाँ हुआ था?

(क) 9 जून, 1949 को नागपुर (महाराष्ट्र) में

(ख) 11 सितंबर, 1950 को चंद्रपुर (महाराष्ट्र) में

(ग) 3 मार्च, 1951 को मुंबई में

(घ) 3 सितंबर, 1954 को अहमदाबाद (गुजरात) में

प्र. 730 : मोहनराव भागवत के संबंध में इनमें से कौन सा कथन सही है?

(क) वह एक पशु चिकित्सक थे। उन्होंने पंजाबराव कृषि विद्यापीठ, अंकोला से पशु चिकित्सा एवं पशुपालन में स्नातक की उपाधि प्राप्त की।

(ख) सन् 1975 में आपातकाल के दौरान उन्होंने पशु चिकित्सा में अपना पोस्ट ग्रेजुएट कोर्स छोड़कर संघ के पूर्णकालिक स्वयंसेवक बन गए।

(ग) उन्हें एक व्यावसायिक नेता के रूप में भी देखा जाता है।

(घ) उपर्युक्त सभी।

प्र. 731 : मोहनराव भागवत आपातकाल के दौरान भूमिगत रूप से कार्य करने के बाद सन् 1977 में महाराष्ट्र के किस क्षेत्र में प्रचारक बने?

(क) अकोला के (ख) हिंगोली के

(ग) रायगढ़ के (घ) पुणे के

प्र. 732 : मोहनराव भागवत के पिता श्री मधुकरराव भागवत भी संघ के प्रचारक रहे। वे किस प्रांत के प्रचारक रहे थे?

(क) दिल्ली प्रांत के (ख) गुजरात प्रांत के

(ग) बंगाल प्रांत के (घ) कर्नाटक प्रांत के

उत्तर के लिए कृपया पृष्ठ सं. 242 देखें।

प्र. 733 : मोहनराव भागवत किस अवधि में संघ के अखिल भारतीय शारीरिक प्रमुख रहे ?

(क) सन् 1991 से 1999 तक (ख) सन् 1999 से 2001 तक

(ग) सन् 2001 से 2004 तक (घ) सन् 2004 से 2007 तक

प्र. 734 : मोहनराव भागवत संघ के सरकार्यवाह कब नियुक्त हुए ?

(क) सन् 1997 में (ख) सन् 2000 में

(ग) सन् 2004 में (घ) सन् 2008 में

प्र. 735 : वर्तमान में मोहनराव भागवत संघ के सरसंघचालक हैं। इस पद पर व वे कब नियुक्त हुए थे ?

(क) 21 जून, 2008 को (ख) 21 मार्च, 2009 को

(ग) 3 नवंबर, 2011 को (घ) 15 सितंबर, 2012 को

प्र. 736 : मोहनराव भागवतजी संघ के कौन से सरसंघचालक हैं ?

(क) चौथे (ख) पाँचवें

(ग) छठे (घ) आठवें

प्र. 737 : मोहनराव भागवत के संबंध में इनमें से कौन सा कथन सही है ?

(क) उनके कुल तीन भाई और एक बहन हैं, जिनमें वे सबसे बड़े हैं।

(ख) वह अविवाहित हैं।

(ग) वह व्यावसायिक एवं दलगत राजनीति से संघ को दूर रखने के एक स्पष्ट दृष्टिकोण के लिए जाने जाते हैं।

(घ) उपर्युक्त सभी।

□

उत्तर के लिए कृपया पृष्ठ सं. 242 व 243 देखें।

# संघ : प्रमुख व्यक्तित्व

प्र. 738 : हो.वे. शेषाद्रि, जिन्होंने अपना पूरा जीवन संघ की विचारधारा के संवर्धन हेतु समर्पित किया, का पूरा नाम क्या था?

(क) होंगासांद्रा वेंकटरमैया शेषाद्रि

(ख) हरगोविंद वेंकटरमन शेषाद्रि

(ग) होनसी विक्रमभाई शेषाद्रि

(घ) हो कुमार वोसैया शेषाद्रि

प्र. 739 : हो.वे. शेषाद्रिजी के संबंध में इनमें से कौन सा कथन सही नहीं है?

(क) वह संघ के वरिष्ठतम एवं सम्मानित व्यक्तियों में से एक थे, जिन्होंने हजारों स्वयंसेवकों को प्रेरित किया।

(ख) उन्होंने संघ की प्रतिष्ठित पत्रिकाओं, जैसे 'पाञ्चजन्य' एवं 'ऑर्गनाइजर' में कई लेख लिखे थे।

(ग) उन्हें सीताराम गोयल एवं के.आर मलकानी जैसे लेखकों की आलोचना के चलते 'ऑर्गेनाइजर' पत्रिका से बाहर किया गया था।

(घ) वे भारतीय मजदूर संघ के पंद्रह वर्षों तक अध्यक्ष रहे थे।

प्र. 740 : हो.वे. शेषाद्रि का जन्म कब और कहाँ हुआ था?

(क) सन् 1916 में मद्रास में (ख) सन् 1920 में नागपुर में

(ग) सन् 1925 में बंगलौर में (घ) सन् 1931 में विशाखापत्तनम में

प्र. 741 : शेषाद्रिजी ने सन् 1946 में एक प्रचारक के रूप में संघ का कार्य कहाँ/किस राज्य से प्रारंभ किया था?

(क) कर्नाटक से (ख) महाराष्ट्र से

(ग) तमिलनाडु से (घ) आंध्र प्रदेश से

उत्तर के लिए कृपया पृष्ठ सं. 243 देखें।

प्र. 742 : संघ के विस्तार में महत्त्वपूर्ण भूमिका निभाते हुए हो.वे. शेषाद्रिजी को किस वर्ष संघ का सरकार्यवाह बनाया गया?

(क) सन् 1973 में (ख) सन् 1979 में

(ग) सन् 1983 में (घ) सन् 1987 में

प्र. 743 : इनमें से कौन सी पुस्तक शेषाद्रिजी ने लिखी थी?

(क) द ट्रैजिक स्टोरी ऑफ पार्टिशन

(ख) कश्मीर टू पार्ट्स

(ग) हिंदुत्व

(घ) उपर्युक्त सभी

प्र. 744 : इनमें से कौन सी पुस्तक हो.वे. शेषाद्रि द्वारा नहीं लिखी गई?

(क) युगावतार (शिवाजी पर)

(ख) तारबेरालू

(ग) भुगीलू (आपातकाल पर)

(घ) खंडित कश्मीर

प्र. 745 : इनमें से किस पुस्तक के लिए शेषाद्रिजी को (सन् 1982 में) कर्नाटक साहित्य अकादमी ने सम्मानित किया था?

(क) तारबेरालू (ख) चिंतन मंगा

(ग) अम्म बगिलू तेगे (निबंध) (घ) युगावतार

प्र. 746 : योगेंद्रजी, जो संघ के आजीवनव्रती प्रचारक रहे हैं, के संबंध में इनमें से कौन सा कथन सही है?

(क) वह सन् 1941 से वह (मात्र 17 वर्ष की उम्र से ) ही संघ के संपर्क में आ गए थे।

(ख) सन् 1942 से ही संघ शिक्षा वर्गों में उनका जाना प्रारंभ हुआ।

(ग) वह सन् 1945 में संघ के पूर्णकालिक प्रचारक बन गए।

(घ) उपर्युक्त सभी।

प्र. 747 : योगेंद्रजी, जो अपने जीवन के 90 वसंत देख चुके हैं, को संघ परिवार में किस नाम से जाना जाता है?

(क) गुरुजी (ख) डॉक्टरजी

(ग) बाबा (घ) बालासाहब

उत्तर के लिए कृपया पृष्ठ सं. 243 देखें।

प्र. 748 : योगेंद्रजी ने सन् 1980 में संघ के आदेश से संपूर्ण भारत में कलाकारों को संगठित करने का बीड़ा उठाया और 1 जनवरी, 1981 को किस संस्था की नींवं डाली?

(क) विद्या भारती (ख) सेवा भारती

(ग) संस्कार भारती (घ) विज्ञान भारती

प्र. 749 : 21 मई, 2000 को योगेंद्रजी को सम्मानित करते हुए किसने कहा था कि "योगेंद्रजी से उनका संबंध बहुत पुराना है। हम दोनों साथ-साथ चले थे, लेकिन रास्ते अलग पकड़ लिये। फिर भी, हम दोनों के रास्ते एक ही बिंदु पर आकर मिलते हैं और वह बिंदु है राष्ट्र-हित।"

(क) रज्जू भैया

(ख) अटल बिहारी वाजपेयी

(ग) हो.वे. शेषाद्रि

(घ) के.एस. सुदर्शन

प्र. 750 : देश के कलाकारों को संगठित करने के साथ उनमें राष्ट्रीय चेतना को जाग्रत् करने हेतु (सन् 1999 में) योगेंद्रजी के अमृत महोत्सव (पुणे में) लगभग कितने कलाकार एकत्र हुए थे?

(क) 35 (ख) 45

(ग) 50 (घ) 75

प्र. 751 : योगेंद्रजी के अमृत महोत्सव की अध्यक्षता किसने की थी?

(क) यश चोपड़ा ने

(ख) सुधीर फड़के ने

(ग) ए.आर. रहमान ने

(घ) गीतकार गुलजार ने

प्र. 752 : योगेंद्रजी का अमृत महोत्सव संपूर्ण भारत में अलग-अलग लगभग कितने स्थानों पर मनाया गया था?

(क) 12 स्थानों पर

(ख) 29 स्थानों पर

(ग) 47 स्थानों पर

(घ) 71 स्थानों पर

उत्तर के लिए कृपया पृष्ठ सं. 243 देखें।

प्र. 753 : राष्ट्रीय स्वयंसेवक संघ के सिद्धांत एवं कार्य-पद्धति से तथा डॉ. हेडगेवार एवं श्रीगुरुजी के जीवन से सदैव प्रेरणा लेते रहे दत्तोपंत ठेंगड़ी के संबंध में इनमें से कौन सा कथन गलत है?

(क) उनका जन्म 10 नवंबर, 1920 को आर्वी, वर्धा (महाराष्ट्र) में हुआ।

(ख) उन्होंने भारतीय मजदूर संघ का प्रतिनिधित्व करते हुए अनेक बार विदेश यात्रा की और अंतरराष्ट्रीय श्रम संगठन में कई बार भारत का प्रतिनिधित्व किया।

(ग) उन्होंने वनवासियों को सक्षम एवं स्वावलंबी बनाने हेतु सन् 1955 में 'वनवासी कल्याण आश्रम' की स्थापना की।

(घ) उपर्युक्त में से कोई नहीं।

प्र. 754 : दत्तोपंत ठेंगड़ीजी ने सन् 1942 से 1945 तक संघ के किस प्रांत के प्रचारक के रूप में कार्य किया था?

(क) केरल (ख) काशी

(ग) बंगाल (घ) जम्मू-कश्मीर

प्र. 755 : दत्तोपंत ठेंगड़ीजी ने सन् 1945 से 1948 तक किस प्रांत में प्रचारक के रूप में कार्य किया था?

(क) दिल्ली (ख) बंगाल

(ग) गुजरात (घ) मालवा

प्र. 756 : संपूर्ण गुजरात में संघ परिवार पहुँचाने के लिए मधुकरराव भागवत कृत-संकल्प रहे। उनके संबंध में इनमें से कौन सा कथन सही है?

(क) महाराष्ट्र के नागपुर के निकट चंद्रपुर में जनमे मधुकरराव के पिताजी नारायणराव भागवत सुप्रसिद्ध वकील थे।

(ख) सन् 1929 में चंद्रपुर में ही वे संघ के स्वयंसेवक बने तथा 1941 में एकनाथ रानाडे के साथ महाकौशल, कटनी में प्रचारक के रूप में गए।

(ग) मधुकरराव स्वयं तो संघ के प्रचारक रहे; उनके पुत्र मोहनराव भागवत भी प्रचारक रहे।

(घ) उपर्युक्त सभी।

उत्तर के लिए कृपया पृष्ठ सं. 243 देखें।

प्र. 757 : मधुकरराव भागवत ने (सन् 1941-48 के) स्वतंत्रता आंदोलन की तीव्रता के बीच अपनी अद्भुत संगठन-कुशलता से गुजरात के लगभग कितने नगरों में संघ कार्य की मजबूत नींव रखी थी?

(क) 20 नगरों में (ख) 40 नगरों में

(ग) 75 नगरों में (घ) 115 नगरों में

प्र. 758 : संघ के राष्ट्रीय स्तर के अधिकारियों को मधुकरराव भागवतजी के संगठन-कौशल पर इतना विश्वास था कि जिसके चलते किस अवधि में संपूर्ण उत्तर भारत और सिंध प्रांत (वर्तमान पाकिस्तान) के सभी कार्यकर्ताओं के प्रशिक्षण वर्ग गुजरात में होने लगे थे?

(क) सन् 1936-37 (ख) सन् 1943-44

(ग) सन् 1947-48 (घ) सन् 1967-68

प्र. 759 : इनमें से किस राष्ट्रीय स्तर के नेता या प्रतिष्ठित स्वयंसेवक को मधुकरराव भागवत के पास शिक्षण लेने का सुअवसर मिला था?

(क) पं. दीनदयाल उपाध्याय (ख) नानाजी देशमुख

(ग) लालकृष्ण आडवाणी (घ) उपर्युक्त सभी

प्र. 760 : मधुकरराव भागवतजी के समय गुजरात में संघ अभी शैशवकाल में ही था, तभी वहाँ किस वर्ष संघ पर प्रतिबंध लाद दिया गया था?

(क) सन् 1932 में (ख) सन् 1948 में

(ग) सन् 1962 में (घ) सन् 1975 में

प्र. 761 : श्री केशवराव देशमुख ने सन् 1945 में संघ के किस प्रांत प्रचारक के रूप में कार्यभार सँभाला था?

(क) असम में संघ के प्रांत प्रचारक के रूप में

(ख) गुजरात में संघ के प्रांत प्रचारक के रूप में

(ग) जम्मू-कश्मीर में संघ के प्रांत प्रचारक के रूप में

(घ) केरल में संघ के प्रांत प्रचारक के रूप में

प्र. 762 : इनमें किसे संघ में 'राव साहब' के रूप में जाना जाता था?

(क) केशवराव देशमुख (ख) वसंतभाई गजेंद्रगडकर

(ग) काशीनाथ राव बागवड़े (घ) मधुकरराव भागवत

प्र. 763 : इनमें से कौन संघ में 'वकील साहब' के नाम से प्रसिद्ध थे?

(क) केशवराव देशमुख (ख) लक्ष्मणराव इनामदार

(ग) प्राणलाल दोशी (घ) मधुकरराव भागवत

उत्तर के लिए कृपया पृष्ठ सं. 243 व 244 देखें।

प्र. 764 : वकील साहब के संबंध में निम्न में से कौन सा कथन सही है?

(क) उनका जन्म 21 सितंबर, 1917 को महाराष्ट्र के सतारा जिले में खटाव नामक गाँव में हुआ था।

(ख) उनके पिता का नाम माधवराव था। उनके कुल सात भाई और दो बहनें थीं, भाइयों में उनका तीसरा नंबर था।

(ग) उनकी मूल अटक 'खटावकर' थी, जो बाद में 'इनामदार' हो गई।

(घ) उपर्युक्त सभी।

प्र. 765 : वकील साहब के हाथों में गुजरात के संघ कार्य की कमान किस वर्ष में आई थी?

(क) सन् 1943 में

(ख) सन् 1952 में

(ग) सन् 1967 में

(घ) सन् 1974 में

प्र. 766 : राष्ट्रीय स्वयंसेवक संघ में वकील साहब क्या दायित्व निभाते थे?

(क) गुजरात में प्रांत प्रचारक के रूप में

(ख) गुजरात में गण शिक्षक के रूप में

(ग) गुजरात में शाखा कार्यवाह के रूप में

(घ) मध्य प्रदेश में प्रांत प्रचारक के रूप में

प्र. 767 : वकील साहब की प्रेरणा से कौन अल्पायु में ही (सन् 1956 से) संघ की शाखा में जाने लगे थे?

(क) अटल बिहारी वाजपेयी

(ख) श्यामाप्रसाद मुकर्जी

(ग) नरेंद्र मोदी

(घ) दीनदयाल उपाध्याय

प्र. 768 : राष्ट्रीय स्वयंसेवक संघ में डॉ. पी.वी. दोशी को किस नाम से अधिक जाना जाता है?

(क) गुरुजी

(ख) बाबासाहब

(ग) पप्पाजी

(घ) बालासाहब

उत्तर के लिए कृपया पृष्ठ सं. 244 देखें।

प्र. 769 : इनमें से कौन सा कथन डॉ. प्राणलाल व्रजलाल दोशी (डॉ. पी.वी. दोशी) के संबंध में गलत है?

(क) वह कलकत्ता में दाँत के डॉक्टर बने तथा एक डॉक्टर के रूप में राजकोट वापस आकर व्यावसायिक जीवन प्रारंभ किया।

(ख) उन्होंने संघ के आधारभूत कार्य के विकास और विस्तार के लिए स्वयं को नित्य शाखा के साथ जोड़ा।

(ग) उन्हें सन् 1963 में स्वामी विवेकानंद शिला स्मारक के निर्माण का दायित्व सौंपा गया था।

(घ) उन्होंने वनवासी कल्याण के कार्य की तरह गुजरात में शिक्षण और संस्कार की सरिता बहे, उसका बीड़ा उठाया था।

प्र. 770 : राष्ट्रीय स्वयंसेवक संघ के प्रथम संघचालक के रूप में डॉ. पी.वी. दोशी ने किस प्रांत में संघ-कार्य के विस्तार और विकास के लिए सब कुछ किया?

(क) महाराष्ट्र (ख) पश्चिम बंगाल

(ग) गुजरात (घ) मध्य प्रदेश

प्र. 771 : डॉ. विश्वनाथराव वणीकर के संबंध में इनमें से कौन सा कथन सही है?

(क) डॉ. वणीकरजी बचपन से ही आर.एस.एस. के स्वयंसेवक थे। गुरुजी सहित अनेक महानुभावों से वह परिचित थे, क्योंकि उनके परिवार का संघ-प्रेमियों के साथ अटूट नाता था।

(ख) डॉ. वणीकर गुजरात के सर्वप्रथम पैथोलॉजिस्ट डॉक्टर थे।

(ग) गुजरात में एक वैचारिक मुखपत्र 'साधना' साप्ताहिक प्रकाशित करने में डॉ. वणीकर का बहुत महत्त्वपूर्ण योगदान रहा था।

(घ) उपर्युक्त सभी।

प्र. 772 : रा.स्व. संघ का आज जो गुजरात प्रांत कार्यालय 'हेडगेवार भवन' है, उसके निर्माण के पीछे किसकी दूरदृष्टि थी?

(क) वसंतभाई गजेंद्रगडकर

(ख) केशवराव देशमुख

(ग) मधुकरराव भागवत

(घ) विश्वनाथराव वणीकर

उत्तर के लिए कृपया पृष्ठ सं. 244 देखें।

प्र. 773 : रा.स्व. संघ के वरिष्ठ अधिकारियों में से एक प्रो. बलवंत परशुराम आप्टे के संबंध में कौन सा कथन सही है?

(क) आप्टेजी सन् 2000 से 2012 तक (दो अवधि तक लगातार) राज्यसभा के सदस्य रहे।

(ख) आप्टेजी सन् 2002 से 2010 तक भारतीय जनता पार्टी के राष्ट्रीय उपाध्यक्ष रहे।

(ग) आप्टेजी मुंबई उच्च न्यायालय के वरिष्ठ अधिवक्ता भी रहे।

(घ) उपर्युक्त सभी।

प्र. 774 : प्रो. बलवंत परशुराम आप्टे को किस उपनाम से जाना जाता है?

(क) बालासाहब आप्टे (ख) बाबा साहब आप्टे

(ग) बाल आप्टे (घ) गुरुजी

प्र. 775 : आप्टेजी निम्न में से किस संस्था के (सन् 1974 से 1979 तक) अध्यक्ष रहे?

(क) विद्या भारती (ख) संस्कृत भारती

(ग) दीनदयाल शोध संस्थान (घ) अखिल भारतीय विद्यार्थी परिषद्

प्र. 776 : इनमें से कौन सी पुस्तक प्रो. बलवंत आप्टे द्वारा लिखी गई?

(क) वी. एंड द नेशन डिफाइंड

(ख) नेशन फर्स्ट

(ग) आर.एस.एस. इंट्रोडक्शन

(घ) हिंदुत्व

प्र. 777 : राष्ट्रीय स्वयंसेवक संघ के वरिष्ठ अधिकारियों में से एक बाबा साहब आप्टे के संबंध में इनमं से कौन सा कथन सही है?

(क) वह सन् 1929 में डॉ. हेडगेवारजी के संपर्क में आए।

(ख) उन्हें सही अर्थों में संघ का प्रथम प्रचारक कह सकते हैं।

(ग) उन्होंने लगभग 42 वर्षों तक संघ के प्रचारक के रूप में कार्य किया।

(घ) उपर्युक्त सभी।

प्र. 778 : बाबा साहब आप्टे की पुण्य स्मृति में किस वर्ष 'बाबा साहब आप्टे स्मारक समिति' गठित की गई थी?

(क) सन् 1973 में (ख) सन् 1988 में

(ग) सन् 1993 में (घ) सन् 2003 में

**उत्तर के लिए कृपया पृष्ठ सं. 244 देखें।**

प्र. 779 : बाबा साहब आप्टे स्मारक समिति का मुख्य कार्य क्या है ?

(क) जात-पाँत एवं छुआछूत को समाप्त करना।

(ख) सही इतिहास का सही लेखन व संस्कृत भाषा का प्रचार करना।

(ग) समाज से अशिक्षा एवं गरीबी का उन्मूलन करना।

(घ) वनवासी क्षेत्रों में ईसाइयों द्वारा छल से किए जा रहे धर्मांतरण को रोकना।

प्र. 780 : राष्ट्रीय स्वयंसेवक संघ के प्रचारक रहे बलराज मधोक के संबंध में इनमें सेकौन सा कथन गलत है ?

(क) वह अपने छात्र जीवन में ही राष्ट्रीय स्वयंसेवक के संपर्क में आए थे।

(ख) सन् 1942 में भारतीय सेना में सेवा (कमीशन) का प्रस्ताव ठुकराते हुए संघ के प्रचारक के रूप में उन्होंने देश की सेवा करने का व्रत लिया।

(ग) वह सन् 1982 से 1983 तक भारतीय जनता पार्टी के अध्यक्ष रहे।

(घ) वह 'जन संघ' के जनता पार्टी में विलय के खिलाफ रहे थे।

प्र. 781 : बलराज मधोक भारतीय जन संघ के अध्यक्ष किस वर्ष बने थे ?

(क) सन् 1959 में (ख) सन् 1966 में

(ग) सन् 1973 में (घ) सन् 1982 में

प्र. 782 : इनमें से कौन सी पुस्तक बलराज मधोक ने लिखी थी ?

(क) कश्मीर : जीत में हार

(ख) खंडित कश्मीर

(ग) विभाजित भारत में मुसलिम समस्या का पुनरोदय

(घ) उपर्युक्त सभी।

प्र. 783 : संघ के प्रचारक रहे बलराज मधोक इनमें से किस राजनीतिक दल के संस्थापक भी थे ?

(क) कृषक मजदूर प्रजा पार्टी

(ख) जम्मू-कश्मीर प्रजा परिषद्

(ग) प्रजा समाजवादी दल

(घ) स्वतंत्र दल

उत्तर के लिए कृपया पृष्ठ सं. 244 व 245 देखें।

प्र. 784 : प्रजा परिषद्, जो भारत का एक राजनीतिक दल था, की स्थापना किस उद्देश्य को लेकर की गई थी?

(क) जम्मू-कश्मीर के पृथक् संविधान के निर्माण हेतु

(ख) जम्मू-कश्मीर को भारत के संविधान में विशेष दर्जा (अनुच्छेद 970) देने के विरुद्ध

(ग) जम्मू-कश्मीर के कृषक-मजदूर वर्ग के कल्याण हेतु

(घ) कश्मीरी पंडितों के हितों की रक्षा हेतु

प्र. 785 : इनमें से कौन सा नारा प्रजा परिषद् ने दिया था?

(क) इंदिरा हटाओ, देश बचाओ।

(ख) देश में दो प्रधान, दो विधान, दो निशान नहीं चलेंगे।

(ग) इस दीपक में तेल नहीं, सरकार चलाना खेल नहीं।

(घ) राजा नहीं यह रंक है, देश का कलंक है।

प्र. 786 : प्रेमनाथ डोगरा संघ के किस प्रांत के संघचालक रहे हैं?

(क) गुजरात

(ख) जम्मू

(ग) केरल

(घ) मणिपुर

प्र. 787 : संघ के संघचालक रहे प्रेमनाथ डोगरा के संबंध में इनमें से कौन सा कथन सही नहीं है?

(क) उन्होंने बलराज मधोक के साथ मिलकर 'प्रजा परिषद्' का गठन किया था।

(ख) उन्होंने जम्मू-कश्मीर के भारत के पूर्ण एकीकरण के लिए बहुत कार्य किया।

(ग) वह सन् 1966 में भारतीय जन संघ के अध्यक्ष बने।

(घ) वह राजा हरि सिंह के समय जम्मू के डी.सी. विकास आयुक्त थे।

प्र. 788 : प्रेमनाथ डोगराजी भारतीय जन संघ के अध्यक्ष कब बने थे?

(क) सन् 1955 में

(ख) सन् 1960 में

(ग) सन् 1963 में

(घ) सन् 1966 में

उत्तर के लिए कृपया पृष्ठ सं. 245 देखें।

प्र. 789 : के.एन. गोविंदाचार्य, जो अपने विद्यार्थी जीवन में आर.एस.एस. से जुड़े तथा शिक्षा उपरांत संघ के प्रचारक भी बन गए, के संबंध में इनमें से कौन सा कथन गलत है ?

(क) उनका जन्म (सन् 1943 में) आंध्र प्रदेश के तिरुपति नगर में हुआ था।

(ख) उनकी अधिकांश शिक्षा वाराणसी में हुई और उन्होंने बनारस हिंदू विश्वविद्यालय से सन् 1962 में (विज्ञान में) मास्टर डिग्री हासिल की।

(ग) वह सबसे लंबी अवधि तक (सन् 1962 से 1979 तक) संघ के सह-सरकार्यवाह रहे।

(घ) उपर्युक्त सभी।

प्र. 790 : इनमें से कौन सी संस्था के.एन. गोविंदाचार्य से जुड़ी नहीं है ?

(क) भारतीय विकास संगम

(ख) राष्ट्रीय स्वाभिमान आंदोलन

(ग) कौटिल्य शोध संस्थान

(घ) पं. दीनदयाल उपाध्याय शोध संस्थान

प्र. 791 : के.एन. गोविंदाचार्य किस राजनीतिक दल के महासचिव (सन् 2000 तक) रहे थे ?

(क) हिंदू महासभा (ख) किसान मजदूर प्रजा परिषद्

(ग) भारतीय जनता पार्टी (घ) समाजवादी पार्टी

□

उत्तर के लिए कृपया पृष्ठ सं. 245 देखें।

# नानाजी देशमुख

प्र. 792 : नाना देशमुख का पूरा नाम क्या था ?

(क) चंद्रशेखर सुधाकरराव देशमुख

(ख) चंडिकादास अमृतराव देशमुख

(ग) बाबा साहिब विलासराव देशमुख

(घ) नारायण शंकरराव देशमुख

प्र. 793 : प्रख्यात समाज सेवी व राजनेता नानाजी देशमुख के संबंध में इनमें से कौन सा कथन गलत है ?

(क) उनका जन्म सन् 1916 में हिंगोली (महाराष्ट्र) में हुआ।

(ख) वह सन् 1934 से संघ के माध्यम से समाज-सेवा में समर्पित रहे।

(ग) संघ के संस्थापक डॉ. हेडगेवारजी से उनके पारिवारिक संबंध थे।

(घ) वह सन् 1973 से 1989 तक संघ के सरकार्यवाह रहे।

प्र. 794 : पं. दीनदयाल उपाध्याय की संकल्पना 'एकात्म मानववाद' को मूर्त रूप देने के लिए (सन् 1972 में) नानाजी देशमुख ने किस संस्था की स्थापना की थी ?

(क) अखिल भारतीय साहित्य परिषद्

(ख) स्वदेशी जागरण मंच

(ग) दीनदयाल शोध संस्थान

(घ) भारत विकास परिषद्

प्र. 795 : नानाजी देशमुख ने किस वर्ष भारत के पहले ग्रामीण विश्वविद्यालय (महात्मा गांधी चित्रकूट ग्रामोदय विश्वविद्यालय) की स्थापना की थी ?

(क) सन् 1978 में      (ख) सन् 1989 में

(ग) सन् 1991 में      (घ) सन् 1998 में

**उत्तर के लिए कृपया पृष्ठ सं. 245 व 246 देखें।**

प्र. 796 : इनमें से किसने नानाजी देशमुख और उनके संगठन (डी.आर.आई.) की प्रशंसा करते हुए कहा कि ''संस्थान (D.R.I.) की मदद से सैकड़ों गाँवों को मुकदमा-मुक्त विवाद सुलझाने का आदर्श बनाया गया है। यह संस्थान ग्रामीण विकास के प्रारूप को लागू करनेवाला अनुपम संस्थान है ?''

(क) अटल बिहारी वाजपेयी

(ख) ए.पी.जे. अब्दुल कलाम

(ग) जयप्रकाश नारायण

(घ) बालासाहब देवरस

प्र. 797 : नानाजी देशमुख के संबंध में इनमें से कौन सा कथन सही है ?

(क) वह भारतीय जन संघ के संस्थापक सदस्य थे।

(ख) उत्तर प्रदेश में पहली बार गैर-कांग्रेसी सरकार (वर्ष 1967) के गठन में विभिन्न राजनीतिक दलों को एकजुट करने में उनका योगदान महत्त्वपूर्ण था।

(ग) वह सन् 1974 में जयप्रकाश नारायण के नेतृत्व में 'संपूर्ण क्रांति' के मुख्य संगठक थे।

(घ) उपर्युक्त सभी।

प्र. 798 : नानाजी देशमुख के संबंध में इनमें से कौन सा कथन गलत है ?

(क) वह जनता पार्टी के शिल्पकारों में से एक थे, जो सन् 1977 में केंद्र में सत्ता में आई।

(ख) वह बलरामपुर (उ.प्र.) लोकसभा सीट से सन् 1977 में चुनाव जीते।

(ग) सन् 1977 में बनी मोरारजी देसाई सरकार में उन्होंने (उद्योग) मंत्री का पद ठुकराया और राजनीति से स्वैच्छिक निवृत्ति लेकर ग्रामीण विकास के पुनर्निर्माण के कार्य में लगे।

(घ) सन् 1989 में राज्यसभा में मनोनीत हुए।

प्र. 799 : सन् 1974 में नानाजी ने पटना के गांधी मैदान पर विशाल रैली के दौरान पुलिस की लाठी को अपने हाथ पर झेलकर किसकी रक्षा की थी ?

(क) पं. दीनदयाल उपाध्याय की (ख) राममनोहर लोहिया की

(ग) अटल बिहारी वाजपेयी की (घ) जयप्रकाश नारायण की

उत्तर के लिए कृपया पृष्ठ सं. 246 देखें।

प्र. 800 : इंदिरा गांधी की तानाशाही के विरुद्ध सर्वदलीय 'लोक संघर्ष समिति' का प्रथम महासचिव किसे बनाया गया था?

(क) अटल बिहारी वाजपेयी को

(ख) चंद्रशेखर को

(ग) नानाजी देशमुख को

(घ) जयप्रकाश नारायण को

प्र. 801 : आपातकाल और नानाजी के संबंध में कौन सा कथन सही है?

(क) इंदिरा गांधी द्वारा 25 जून, 1975 को इमरजेंसी (आपातकाल) लागू की गई। जे.पी. सहित कई बड़े नेताओं को जेल में डाल दिया गया।

(ख) आपातकाल के प्रारंभ में नानाजी भूमिगत रहे तथा आपातकाल के विरुद्ध सशक्त जनांदोलन खड़ा करने में जुट गए। बाद में वह भी एक दिन गुप्त बैठक लेते हुए पकड़े गए और जेल भेज दिए गए।

(ग) 4 जुलाई, 1975 को संघ पर प्रतिबंध लगाने की घोषणा की गई। नानाजी ने जब यह घोषणा सुनी, उसी दौरान डॉ. सुब्रह्मण्यम स्वामी उनके ड्राइवर बने थे।

(घ) उपर्युक्त सभी।

प्र. 802 : सन् 1977 में जब नानाजी को (मोरारजी सरकार में) उद्योग मंत्री बनाने का निर्णय हुआ, तब संघ के किस वरिष्ठ अधिकारी ने कहा था, "नानाजी, आप भी मंत्री बन गए तो संगठन को कौन सँभालेगा?"

(क) बाला साहब देवरस (ख) रज्जू भैया

(ग) बाबा साहब आप्टे (घ) एकनाथ रानाडे

प्र. 803 : इनमें से किसका यह मानना था कि "राजनेता जब 60 वर्ष के हो जाएँ तो उन्हें राजनीति छोड़कर समाज के लिए रचनात्मक कार्य करने चाहिए?"

(क) दीनदयाल उपाध्याय (ख) नानाजी देशमुख

(ग) श्यामाप्रसाद मुकर्जी (घ) महात्मा गांधी

प्र. 804 : इनमें से किसके द्वारा सन् 1952 में प्रथम सरस्वती शिशु मंदिर, गोरखपुर (उत्तर प्रदेश) की आधारशिला रखी गई थी?

(क) बालासाहब देवरस (ख) बाबा साहब आप्टे

(ग) नानाजी देशमुख (घ) एकनाथ रानाडे

उत्तर के लिए कृपया पृष्ठ सं. 246 देखें।

प्र. 805 : नानाजी देशमुख, जिन्होंने ग्रामीण एवं सामाजिक क्षेत्र में उल्लेखनीय कार्य किए हैं, ने किस वर्ष गोंडा क्षेत्र में ग्रामीण समाज के पुनर्निर्माण हेतु 'ग्रामोदय प्रकल्प' की स्थापना की थी?

(क) सन् 1963 में (ख) सन् 1968 में

(ग) सन् 1978 में (घ) सन् 1986 में

प्र. 806 : नानाजी देशमुख ने किस वर्ष चित्रकूट (मध्य प्रदेश) के आसपास के 500 सौ गाँवों का जन-भागीदारी से सर्वांगीण विकास के स्वावलंबन अभियान की शुरुआत की थी?

(क) सन् 1978 में (ख) सन् 1988 में

(ग) सन् 1996 में (घ) सन् 2002 में

प्र. 807 : नानाजी देशमुख को भारतीय ग्रामीण एवं सामाजिक क्षेत्र में उल्लेखनीय कार्य हेतु किस सम्मान से सम्मानित किया जा चुका है?

(क) पद्‌म विभूषण (ख) पद्‌मश्री

(ग) ज्ञानपीठ पुरस्कार (घ) भारत रत्न

प्र. 808 : नानाजी देशमुख को राष्ट्रपति द्वारा राज्यसभा हेतु किस वर्ष मनोनीत किया गया था?

(क) सन् 1977 में (ख) सन् 1979 में

(ग) सन् 1989 में (घ) सन् 1999 में

प्र. 809 : नानाजी देशमुख ने चार प्रकार के समूहों की पहचान की है। इनमें से कौन सा उसमें समूह सम्मिलित नहीं है?

(क) साम्यवादी एवं राजनीतिक प्रतिद्वंद्वी

(ख) गैर-सरकारी संगठन

(ग) हिंदू-विरोधी अल्पसंख्यक

(घ) पश्चिम के रंग में रँगे बुद्धिजीवी

प्र. 810 : नानाजी देशमुख भारतीय राजनीति का मुख्य तत्त्व किसे मानते हैं?

(क) कुछ राजनीतिज्ञ को

(ख) कुछ थोथे नारों को

(ग) कुछ जातियों और संप्रदायों के परस्पर गठजोड़ को

(घ) उपर्युक्त सभी।

उत्तर के लिए कृपया पृष्ठ सं. 246 देखें।

प्र. 811 : "जब तक मजहब के आधार पर अल्पसंख्यक-बहुसंख्यक का वातावरण बना रहेगा, तब तक हिंदू-मुसलिम समस्या भारत का भविष्य बिगाड़ती रहेगी। कुटुंब में अल्पसंख्यक बहुसंख्यक कुछ नहीं होता। कुटुंब भावना ही राष्ट्रीय स्तर पर एक सुदृढ़ व स्वाभिमानी भारत का निर्माण कर सकती है।" यह उपरोक्त कथन किस महापुरुष का है ?

(क) श्रीगुरुजी (ख) एकनाथ रानाडे

(ग) नानाजी देशमुख (घ) विनोबा भावे

☐

उत्तर के लिए कृपया पृष्ठ सं. 246 देखें।

# संघ पर प्रतिबंध

प्र. 812 : आजादी से पूर्व सन् 1932 में किस प्रांत की सरकार ने सरकारी कर्मचारियों के संघ की शाखा में जाने पर प्रतिबंध लगाने का एक सर्कुलर निकाला था?

(क) बंबई प्रांत की सरकार ने

(ख) संयुक्त प्रांत की सरकार ने

(ग) मद्रास प्रांत की सरकार ने

(घ) मध्य प्रांत की सरकार ने

प्र. 813 : आजादी के बाद राष्ट्रीय स्वयंसेवक संघ पर अब तक कितनी बार प्रतिबंध लगाया जा चुका है?

(क) एक बार (ख) दो बार

(ग) तीन बार (घ) पाँच बार

प्र. 814 : संघ पर पहली बार प्रतिबंध कब लगाया गया था?

(क) 4 सितंबर, 1947 को (ख) 4 फरवरी, 1948 को

(ग) 13 जनवरी, 1949 को (घ) 13 जनवरी, 1962 को

प्र. 815 : संघ पर पहली बार प्रतिबंध किस (झूठे) आरोप में लगाया गया था?

(क) संघ द्वारा विदेशी संस्थाओं से धन लेने पर

(ख) गांधीजी की हत्या के आरोप में

(ग) अयोध्या में विवादित ढाँचा ढहाए जाने के आरोप में

(घ) संघ द्वारा कांग्रेस के बढ़ते एकाधिकार का विरोध करने के आरोप में

उत्तर के लिए कृपया पृष्ठ सं. 246 व 247 देखें।

प्र. 816 : संघ पर जब पहली बार प्रतिबंध (सन् 1948 में) लगाया गया, उस दौरान संघ के सरसंघचालक कौन थे?

(क) डॉ. केशव बलिराम हेडगेवार

(ख) माधवराव सदाशिवराव गोलवलकर

(ग) बालासाहब देवरस

(घ) उपर्युक्त में से कोई नहीं

प्र. 817 : जनवरी 1948 में गांधीजी की हत्या का समाचार रा.स्व. संघ के सरसंघचालक गुरुजी को सर्वप्रथम कहाँ मिला था?

(क) दिल्ली में (ख) मद्रास में

(ग) कलकत्ता में (घ) नागपुर में

प्र. 818 : संघ पर लगे प्रतिबंध को हटाने के लिए किसके द्वारा 9 दिसंबर, 1948 को दिल्ली में सत्याग्रह प्रारंभ किया गया?

(क) नानाजी देशमुख (ख) अप्पाजी जोशी

(ग) भैयाजी दाणी (घ) एकनाथ रानाडे

प्र. 819 : संघ के स्वयंसेवकों ने संघ पर लगे प्रतिबंध के विरुद्ध शांतिपूर्वक सत्याग्रह किया, जिसमें देश भर से लगभग कितने स्वयंसेवक जेल गए थे?

(क) 12,070 स्वयंसेवक (ख) 27,670 स्वयंसेवक

(ग) 34,760 स्वयंसेवक (घ) 77,090 स्वयंसेवक

प्र. 820 : संघ पर लगे प्रतिबंध तथा गुरुजी की गिरफ्तारी के संबंध में इनमें से कौन सा कथन सही है?

(क) संघ पर प्रतिबंध के दौरान श्रीगुरुजी को (कुख्यात बंगाल रेग्युलेशन एक्ट, 1818 के अंतर्गत) जेल में डाल दिया गया।

(ख) प्रतिबंध के दौरान संघ के तत्कालीन सरसंघचालक श्रीगुरुजी ने संघ को स्थापित करने की घोषणा की तथा संघ की सभी शाखाओं को शांत रहने का आदेश दिया।

(ग) गुरुजी प्रतिबोध के दौरान पूरे छह मास का बंदीवास पूरा करके 6 अगस्त, 1948 को जेल से बाहर आए।

(घ) उपर्युक्त सभी।

उत्तर के लिए कृपया पृष्ठ सं. 247 देखें।

प्र. 821 : सन् 1948 में संघ पर लगे प्रतिबंध का सामना करने के लिए संघ ने किस सार्वजनिक मंच का गठन किया था?

(क) जन संघर्ष समिति (ख) जनाधिकार समिति

(ग) जन कल्याण समिति (घ) जन मोर्चा समिति

प्र. 822 : संघ पर लगे (प्रथम) प्रतिबंध के दौरान संघ परिवार के किस आनुषंगिक संगठन का प्रारंभ किया गया?

(क) हिंदुस्तान समाचार (एक स्वदेशी समाचार समिति)

(ख) अखिल भारतीय विद्यार्थी परिषद्

(ग) उपर्युक्त (क) और (ख) दोनों

(घ) उपर्युक्त में से कोई नहीं

प्र. 823 : गांधीजी की हत्या की जाँच के लिए सरकार द्वारा गठित विशेष अदालतों एवं आयोगों (जिन्होंने संघ को निर्दोष माना) के संबंध में कौन सा कथन सही है?

(क) नेहरू सरकार द्वारा गठित विशेष अदालत के न्यायाधीश आत्माचरण ने 10 जनवरी, 1949 को निर्णय सुनाते हुए कहा कि गांधी-हत्या से संघ का कोई संबंध नहीं है।

(ख) पंजाब उच्च न्यायालय ने 2 मई, 1949 को न्यायाधीश जी.डी. खोसला के नेतृत्व में त्रि-सदस्यीय खंडपीठ ने निर्णय दिया कि संघ निर्दोष है।

(ग) गांधी-हत्या की नए सिरे से जाँच के लिए (सन् 1969 में) सर्वोच्च न्यायालय के न्यायाधीश टी.एल. कपूर की अध्यक्षता में कपूर आयोग बैठाया गया, जिसने संघ को निर्दोष माना।

(घ) उपर्युक्त सभी।

प्र. 824 : इनमें से किस प्रसिद्ध समाज-सेवी की मध्यस्थता ने संघ पर लगे प्रतिबंध को हटवाने में सहयोग किया था?

(क) टी.आर. व्यंकट शास्त्री (ख) एकनाथ रानाडे

(ग) नानाजी देशमुख (घ) विनायकराव आप्टे

प्र. 825 : सन् 1948 में संघ पर पहली बार प्रतिबंध लगा वह लगभग कितनी अवधि तक रहा?

(क) तीन महीने तक (ख) छह महीने तक

(ग) नौ महीने तक (घ) डेढ़ वर्ष तक

उत्तर के लिए कृपया पृष्ठ सं. 247 देखें।

प्र. 826 : सरकार ने विवश होकर कब बिना शर्त संघ पर से प्रतिबंध हटाया?

(क) 11 जुलाई, 1949 को (ख) 17 दिसंबर, 1949 को

(ग) 24 जनवरी, 1950 को (घ) 11 जून, 1950 को

प्र. 827 : संघ पर से प्रतिबंध हटाने के साथ ही संघ का क्या अस्तित्व में आया?

(क) संघ का ध्वज (ख) संघ का संविधान

(ग) संघ की प्रार्थना (घ) संघ का गणवेश

प्र. 828 : प्रारंभ में संघ का अपना कोई संविधान नहीं था। (सन् 1949 में) प्रतिबंध काल में संघ ने अपना संविधान बनाया। इनमें से किसके द्वारा संघ का लिखित संविधान तैयार किया गया था?

(क) एकनाथ रानाडे (ख) बालासाहब देवरस

(ग) पी.बी. धाती (घ) उपर्युक्त सभी

प्र. 829 : सन् 1949 में संघ पर से प्रतिबंध हटाने के बाद संघ की यात्रा का कौन सा चरण प्रारंभ हुआ?

(क) पहला चरण (ख) दूसरा चरण

(ग) तीसरा चरण (घ) सातवाँ चरण

प्र. 830 : राष्ट्रीय स्वयंसेवक संघ पर दूसरी बार कब प्रतिबंध लगा था?

(क) 17 अगस्त, 1962 को (ख) 3 जून, 1967 को

(ग) 4 जुलाई, 1975 को (घ) 23 मार्च, 1977 को

प्र. 831 : संघ पर दूसरी बार प्रतिबंध किस दौरान लगाया गया था?

(क) गांधीजी की हत्या के दौरान (ख) आपातकाल के दौरान

(ग) श्रीरामजन्म भूमि पर बाबरी ढाँचा दहाए जाने के दौरान

(घ) उपर्युक्त में से कोई नहीं

प्र. 832 : संघ पर जब दूसरी बार प्रतिबंध (सन् 1975 में) लगाया गया, उस दौरान संघ का सरसंघचालक कौन था?

(क) श्री गुरुजी (ख) बालासाहब देवरस

(ग) रज्जू भैया (घ) के.एस. सुदर्शन

प्र. 833 : नवंबर 1975 में संघ ने किस समिति के आह्वान पर आपातकाल के विरोध में सत्याग्रह किया था?

(क) जनाधिकार समिति (ख) जन मोर्चा समिति

(ग) लोक संघर्ष समिति (घ) उपर्युक्त में से कोई नहीं

उत्तर के लिए कृपया पृष्ठ सं. 247 व 248 देखें।

प्र. 834 : संघ पर जो दूसरी बार प्रतिबंध लगा, वह किस अवधि तक रहा?

(क) 3 जून, 1975 से 26 अक्तूबर, 1976 तक

(ख) 22 जून, 1975 से 10 दिसंबर, 1976 तक

(ग) 4 जुलाई, 1975 से 22 मार्च, 1977 तक

(घ) 25 जून, 1976 से 22 मार्च, 1978 तक

प्र. 835 : संघ सदा से झूठे आरोपों का शिकार रहा है। संघ के विरोधियों ने झूठी अफवाहें एवं घृणापूर्ण प्रचार के माध्यम से संघ को बदनाम करने की चेष्टा की है। कई बार विरोधियों को अपने प्रयत्नों में सफलता भी मिली है। इनमें से संघ पर प्राय: कौन से झूठे आरोप लगते रहे हैं?

(क) संघ धर्मनिरपेक्ष नहीं है, यह अल्पसंख्यकों का शत्रु है।

(ख) संघ रूढ़िवादी, उग्र राष्ट्रवादी, प्रतिक्रियावादी संगठन है।

(ग) संघ फासिस्टवादी, हिंसा में विश्वास रखनेवाला संगठन है।

(घ) उपर्युक्त सभी।

प्र. 836 : नानाजी देशमुख ने अपनी पुस्तक 'संघ के प्रथम अध्याय' संघ झूठे आरोपों के शिकार में संघ को बदनाम करने की चेष्टा करनेवाले किस विरोधी वर्ग का उल्लेख/विवेचन किया है।

(क) ऐसा संघ-विरोधियों का वर्ग, जो साम्यवादियों का है, जिनकी निष्ठा मातृभूमि के प्रति नहीं, बल्कि मार्क्सवादी सिद्धांत के अभिन्न अंग 'अंतरराष्ट्रवाद' के प्रति है।

(ख) संघ को बदनाम करनेवाला ऐसा वर्ग, जो भारत के अल्पसंख्यकों का है, जो मूल रूप से हिंदू-विरोधी है।

(ग) ऐसा वर्ग, जो अमेरिका जैसे देशों का दलाल है तथा ऐसा प्रभावशाली वर्ग, जो बुद्धिजीवियों का है, जिन पर पश्चिमी शिक्षा व संस्कृति का अत्यधिक प्रभाव है।

(घ) उपर्युक्त सभी।

प्र. 837 : सन् 1977 में आपातकाल के समाप्त होते ही संघ पर से प्रतिबंध हटा दिया गया। किस तारीख को संघ से प्रतिबंध हटा था?

(क) 1 जनवरी, 1977 को (ख) 22 मार्च, 1977 को

(ग) 25 जून, 1977 को (घ) 11 जुलाई, 1977 को

उत्तर के लिए कृपया पृष्ठ सं. 248 देखें।

प्र. 838 : राष्ट्रीय स्वयंसेवक संघ पर तीसरी बार प्रतिबंध कब लगाया गया?

(क) 2 दिसंबर, 1990 को (ख) 10 दिसंबर, 1992 को

(ग) 4 जुलाई, 1994 को (घ) 4 जून, 1996 को

प्र. 839 : संघ पर तीसरी बार प्रतिबंध क्यों लगाया गया था?

(क) सन् 1975 में संघ द्वारा आपातकाल का विरोध किए जाने के कारण।

(ख) सन् 1984 में इंदिरा गांधी की हत्या के आरोप में।

(ग) सन् 1992 में अयोध्या स्थित श्रीराम जन्मभूमि पर विवादित बाबरी ढाँचा गिराए जाने पर।

(घ) राम सेतु तोड़े जाने पर संघ द्वारा विरोध करने पर।

प्र. 840 : संघ पर जो तीसरी बार प्रतिबंध (सन् 1992 में) लगा, वह लगभग कितनी अवधि तक रहा?

(क) दो महीने (ख) छह महीने

(ग) ग्यारह महीने (घ) चौदह महीने

प्र. 841 : संघ पर जब तीसरी बार प्रतिबंध लगा, तब संघ के सरसंघचालक कौन थे?

(क) बालासाहब देवरस (ख) रज्जू भैया

(ग) के.एस. सुदर्शन (घ) मोहनराव भागवत

प्र. 842 : संघ पर तीसरी बार लगा प्रतिबंध कब हटा?

(क) 12 जुलाई, 1949 को (ख) 22 मार्च, 1977 को

(ग) 4 जून, 1993 को (घ) 4 जून, 1996 को

प्र. 843 : संघ पर प्रतिबंध हटने पर संघ ने संपूर्ण भारत में किस दिवस का आयोजन किया?

(क) हिंदू नवनिर्माण दिवस (ख) हिंदू चेतना दिवस

(ग) हिंदू कल्याण दिवस (घ) हिंदू स्वतंत्रता दिवस

प्र. 844 : संघ पर लगे किस प्रतिबंध की अवधि सबसे लंबी (लगभग 19 मास) रही?

(क) संघ पर लगा (सन् 1948 में) प्रथम प्रतिबंध

(ख) संघ पर लगा (सन् 1975 में) द्वितीय प्रतिबंध

(ग) संघ पर लगा (सन् 1992 में) तृतीय प्रतिबंध

(घ) उपर्युक्त में से कोई नहीं

उत्तर के लिए कृपया पृष्ठ सं. 248 देखें।

प्र. 845 : संघ पर लगे (तीनों) प्रतिबंध किस दल की सरकार के दौरान (अधिकांशत:) लगे थे ?

(क) समाजवादी पार्टी की (ख) कांग्रेस पार्टी की

(ग) साम्यवादी पार्टी की (घ) उपर्युक्त में से कोई नहीं

प्र. 846 : संघ की गैर-राजनीतिक गतिविधियों में अब छत्तीसगढ़ के राज्यकर्मी भाग ले सकेंगे। इसके लिए उन पर आरोपित प्रतिबंध को प्रदेश की (भाजपा शासित) सरकार ने कब हटा दिया है ?

(क) 1 नवंबर, 2001 से (ख) 1 नवंबर, 2004 से

(ग) 6 जून, 2009 से (घ) 1 फरवरी, 2015 से

□

उत्तर के लिए कृपया पृष्ठ सं. 249 देखें।

# संघ एवं आपातकाल

प्र. 847 : आपातकाल के दौरान संघ के सरसंघचालक कौन थे ?

(क) मा.स. गोलवलकर (ख) बालासाहब देवरस

(ग) नानाजी देशमुख (घ) प्रो. राजेंद्र सिंह

प्र. 848 : वर्ष 1975 में जब इंदिरा गांधी ने आपात स्थिति लागू कर दी, तब विपक्ष के किस महत्त्वपूर्ण नेता को गिरफ्तार किया गया था ?

(क) जयप्रकाश नारायण

(ख) अटल बिहारी वाजपेयी एवं लालकृष्ण आडवाणी

(ग) मोरारजी देसाई एवं चौ. चरण सिंह

(घ) उपर्युक्त सभी

प्र. 849 : आपातकाल के दौरान संघ के तत्कालीन सरसंघचालक श्रीगुरुजी को कब गिरफ्तार किया गया था ?

(क) 30 जून, 1975 को

(ख) 1 दिसंबर, 1975 को

(ग) 30 जून, 1976 को

(घ) 1 दिसंबर, 1977 को

प्र. 850 : संघ ने कब आपातकाल में अपनी पहली आपातकालीन बैठक बुलाई थी ?

(क) 1 जनवरी, 1975 को

(ख) 2 जुलाई, 1975 को

(ग) 1 जनवरी, 1976 को

(घ) 2 जुलाई, 1976 को

**उत्तर के लिए कृपया पृष्ठ सं. 249 देखें।**

प्र. 851 : आपातकाल के दौरान संघ के सैकड़ों नेताओं, जो जेल में बंद थे, को कब छोड़ा गया था?

(क) 22 मार्च, 1977 को

(ख) 3 जुलाई, 1978 को

(ग) वर्ष 1979 में चौ. चरण सिंह की सरकार के आने के बाद

(घ) वर्ष 1980 के लोकसभा चुनावों के बाद

प्र. 852 : आपातकाल लागू करने का उद्‌देश्य क्या था?

(क) 'इंदिरा विरोधी शक्तियों को विदेशी शक्तियों के साथ संबंध' की झूठी अफवाहों से जनता को भ्रमित करना तथा इस आधार पर उन्हें कारागार में डालना।

(ख) राष्ट्रीय स्वयंसेवक संघ को समाप्त कर संगठित विरोध को पूरी तरह समाप्त करने का षड्‌यंत्र।

(ग) प्रसार माध्यमों पर नियंत्रण रखना व लोक लुभावन नारे देकर जनमत को अपनी ओर खींचना।

(घ) सभी

प्र. 853 : इंदिरा गांधी द्वारा आपातकाल लागू किए जाने का प्रमुख कारण क्या था?

(क) जयप्रकाश नारायण के जन-आंदोलन (संपूर्ण क्रांति) को कमजोर करने हेतु।

(ख) संघ तथा जन-संघ के नेताओं की बढ़ती आक्रामक गतिविधियों को नियंत्रित करने हेतु।

(ग) समाजवादी नेता राजनारायण द्वारा इंदिरा गांधी के खिलाफ दायर की गई चुनाव याचिका पर दिए गए फैसले के कारण।

(घ) उपर्युक्त सभी।

प्र. 854 : आपातकाल की समाप्ति में संघ की भूमिका क्या रही?

(क) 'आपातकाल' के विरुद्ध देश में भूमिगत आंदोलन, सत्याग्रह और सत्याग्रहियों के निर्माण के लिए एक व्यापक योजना बनाना

(ख) अहिंसक भूमिगत आंदोलन का संचालन

(ग) जेलों में बंद व्यक्तियों के परिवारजन की सहायता

(घ) सभी

उत्तर के लिए कृपया पृष्ठ सं. 249 देखें।

प्र. 855 : आपातकाल के विरुद्ध सत्याग्रह किसने संचालित किया?

(क) राष्ट्रीय स्वयंसेवक संघ ने

(ख) कांग्रेस ने

(ग) कम्युनिस्ट पार्टी ने

(घ) समाजवादी पार्टी ने

प्र. 856 : 14 नवंबर, 1975 से 14 जनवरी, 1976 तक आपातकाल के विरुद्ध पूरे देश में कुल 5349 स्थानों पर सत्याग्रह हुए, जिसमें 1,54,860 सत्याग्रही शामिल हुए। इन सत्याग्रहियों में संघ के स्वयंसेवकों की संख्या कितनी थी?

(क) 20 हजार (ख) 80 हजार

(ग) 2 हजार (घ) 25 हजार

प्र. 857 : आपातकाल का मुकाबला करने के लिए जब संघ के पास कोई विकल्प नहीं बचा था तो इनमें से किस समिति का गठन किया गया था?

(क) भारत नवनिर्माण समिति (ख) लोक संघर्ष समिति

(ग) जन अधिकार संरक्षण समिति (घ) जनवाणी कल्याण समिति

प्र. 858 : अक्तूबर 1975 के अंत में लोक संघर्ष समिति की एक गुप्त बैठक की गई और 14 नवंबर को एक सत्याग्रह करने का निर्णय लिया गया। इसमें इस बात का पूरा ध्यान रखा गया कि सत्याग्रह की भनक सरकार को न लगने पाए। इसके लिए संकेत वाक्य क्या था?

(क) दीपक में तेल कौन डालेगा

(ख) विवाह की तारीख पक्की हो गई

(ग) घोड़े को घंटी कौन पहनाएगा

(घ) चक्र कौन चलाएगा

प्र. 859 : लोक संघर्ष समिति ने गुप्त रूप से एक छोटा सा समाचार-पत्र निकाला था, जिसमें आपात-स्थिति और लोकतंत्र के नियमों पर विस्तृत टिप्पणियाँ प्रकाशित की जाती थीं?

(क) संघ वाणी

(ख) मुक्त वाणी

(ग) साधना

(घ) नव-निर्माण

उत्तर के लिए कृपया पृष्ठ सं. 249 देखें।

प्र. 860 : आपातकाल में लोक संघर्ष समिति के उक्त गुप्त रूप से प्रकाशित छोटे से समाचार-पत्र में किस प्रकार के लेख छपते थे ?

(क) दो आपात-स्थिति की कहानी और आपात-स्थिति का एक्सरे

(ख) भारतीय प्रेस की स्वतंत्रता छिनी और बाईस सूत्रीय विश्वासघात

(ग) इंदिरा के झूठ और फासीवाद स्वरूप का

(घ) उपर्युक्त सभी

प्र. 861 : आपातकाल में संघ के संबंध में इनमें से कौन सा कथन सही है ?

(क) आपातकाल में संघ तथा जन-संघ के अधिकांश छोटे-बड़े नेताओं को जेल में डाल दिया गया था; किंतु कुछ नेता गिरफ्तारी से बचकर भूमिगत हो गए थे।

(ख) आपातकाल के दौरान संघ के भूमिगत कार्यकर्ताओं को सदैव सतर्क रहना पड़ता था।

(ग) आपातकाल के दौरान आमतौर पर धोती-कुरता पहननेवाले संघ प्रचारकों को आधुनिक पोशाकें पहननी पड़ी थीं, छद्म नाम धारण करने पड़े थे।

(घ) उपर्युक्त सभी।

प्र. 862 : आपात-स्थिति के दौरान बहुत से गैर-संघ कार्यकर्ता, जो आपात काल के खिलाफ थे, पुलिस के जाल से बचने के लिए कहाँ आए थे ?

(क) गुजरात (ख) पश्चिम बंगाल

(ग) केरल (घ) दिल्ली

प्र. 863 : आपातकाल के दौरान प्रमुख विपक्षी दल कौन था ?

(क) समाजवादी दल (ख) जनता पार्टी

(ग) जन संघ (घ) किसान-मजदूर प्रजा पार्टी

प्र. 864 : आपातकाल में जो वकील संघ के स्वयंसेवक थे, वे गिरफ्तार लोगों की सहायता करते थे। इस संदर्भ में सर्वोच्च न्यायालय के एक युवा एडवोकेट का नाम विशेष रूप से उल्लेखनीय है। वह युवा एडवोकेट कौन था ?

(क) अरुण जेटली (ख) सुब्रह्मण्यम स्वामी

(ग) एकनाथ रानाडे (घ) श्री न.मा. घटाटे

उत्तर के लिए कृपया पृष्ठ सं. 249 व 250 देखें।

प्र. 865 : इनमें से किसने आपातकाल से संबद्ध पुस्तक लिखी है ?

(क) नरेंद्र मोदी (ख) कुलदीप नैयर

(ग) लालकृष्ण आडवाणी (घ) उपर्युक्त सभी

प्र. 866 : आपातकाल के दौरान दिल्ली में रहनेवाले भूमिगत नेताओं के लिए परस्पर संपर्क स्थापित कर पाना संभव नहीं हो सका था। इस कार्य में गुजरात कितना उपयोगी सिद्ध हो सकता है, इस संभावना को जाँचने के लिए दिल्ली से 'जन संघ' के कौन से एक भूमिगत कार्यकर्ता अहमदाबाद आए थे ?

(क) नानाजी देशमुख (ख) रामभाऊ गोडबोले

(ग) अटल बिहारी वाजपेयी (घ) दीनदयाल उपाध्याय

प्र. 867 : आपातकाल के दौरान संघ प्रमुख श्री बालासाहब देवरस ने जेल में रहकर देश के कितने विभाग कर उसकी जिम्मेदारी कितने प्रचारकों को सौंपी थी ?

(क) दो विभाग कर उसकी जिम्मेदारी तीन प्रचारकों को सौंपी थी।

(ख) तीन विभाग कर उसकी जिम्मेदारी तीन प्रचारकों को सौंपी थी।

(ग) चार विभाग कर उसकी जिम्मेदारी चार प्रचारकों को सौंपी थी।

(घ) पाँच विभाग कर उसकी जिम्मेदारी बारह प्रचारकों को सौंपी थी।

प्र. 868 : संघ का वह कौन सा कार्यकर्ता (आपातकाल के दौरान) सर्वोदय नेता के वेश पहनकर पवनार गया और चतुराई से विनोबाजी को आपात-स्थिति के विरोध में बोलने को प्रेरित किया ?

(क) मोरोपंत पिंगले (ख) यादवराव जोशी

(ग) बजरंग लाल गुप्त (घ) बलराज मधोक

प्र. 869 : आपातकाल के दौरान गुजरात का मुख्यमंत्री कौन था ?

(क) बाबूभाई पटेल (ख) चिमनभाई पटेल

(ग) केशूभाई पटेल (घ) घनश्याम ओझा

प्र. 870 : आपातकाल के दौरान सरकार के विरुद्ध आंदोलन का समर्थन प्राप्त करने के लिए किसे विदेशों में भेजा गया था ?

(क) नानाजी देशमुख को (ख) रज्जू भैया को

(ग) रुखसाना स्वामी को (घ) एकनाथ रानाडे को

उत्तर के लिए कृपया पृष्ठ सं. 250 देखें।

प्र. 871 : आपातकाल के दौरान भूमिगत आंदोलन में रा.स्व. संघ और जनसंघ की भूमिका की चर्चा करते हुए किस विदेशी पत्र-पत्रिका ने लिखा था कि "इंदिरा गांधी के विरुद्ध भूमिगत आंदोलन एकमात्र आंदोलन है, जो वामपंथी नहीं है, जिसे दक्षिणपंथी कहा जा सकता है; क्योंकि इसमें प्राधान्य हिंदू दल जन संघ या सांस्कृतिक दल आर.एस.एस. का है। परंतु इसका एक मंत्र है—भारत में लोकतंत्र स्थापित करना ?"

(क) इकोनॉमिस्ट (ख) न्यूयॉर्क टाइम्स

(ग) टाइम्स (घ) वॉल स्ट्रीट जर्नल

प्र. 872 : आपातकाल के दौरान इंदिरा सरकार द्वारा संघ-विरोधी प्रचार लगातार किया जाता रहा था। संघ ने भी वास्तविक छवि प्रस्तुत करनेवाली कौन सी छोटी-छोटी भूमिगत पत्रिकाएँ तैयार की थीं ?

(क) फासिस्ट कौन ? (हम या वे ?)

(ख) संघ : लोकतंत्र और समर्थक शक्ति

(ग) राष्ट्रीय स्वयंसेवक संघ : जातिभेद और अस्पृश्यता

(घ) उपर्युक्त सभी

प्र. 873 : संघ द्वारा आपातकाल के प्रारंभिक दिनों में गुप्त रूप से कौन सा पत्र प्रकाशित किया जाता था ?

(क) जनवाणी (ख) सच्चा लोकतंत्र

(ग) जनता छापू (घ) जन संघर्ष

प्र. 874 : इंदिरा सरकार द्वारा 2 अगस्त, 1975 को किस प्रेस को सील करके उसके कर्मचारियों को मीसा के तहत गिरफ्तार किया गया था ?

(क) साधना प्रेस (ख) भारत प्रेस

(ग) जन जागरण प्रेस (घ) जन प्रेस

प्र. 875 : आपातकाल के दौरान तत्कालीन संघ प्रमुख बालासाहब देवरस ने किसे 'संत' कहकर संबोधित किया था ?

(क) नानाजी देशमुख को

(ख) एकनाथजी रानाडे को

(ग) अटल बिहारी वाजपेयी को

(घ) जयप्रकाश नारायण को

उत्तर के लिए कृपया पृष्ठ सं. 250 देखें।

प्र. 876 : आपातकाल के दौरान संघ पर प्रतिबंध लगा दिया गया था। वह प्रतिबंध (स्वतंत्र भारत में) कौन सी बार लगा था?

(क) पहली बार (ख) दूसरी बार

(ग) तीसरी बार (घ) चौथी बार

प्र. 877 : जयप्रकाश नारायण के संबंध में इनमें से कौन सा कथन सही है?

(क) उनका जन्म 11 अक्तूबर, 1902 को बिहार के सारण जिले में हुआ था।

(ख) सन् 1942 के भारत छोड़ो आंदोलन के दौरान वह आर्थर जेल से फरार हो गए थे।

(ग) सन् 1948 में उन्होंने कांग्रेस के समाजवादी दल का नेतृत्व किया और बाद में समाजवादी सोशलिस्ट पार्टी की स्थापना की।

(घ) उपर्युक्त सभी।

प्र. 878 : जयप्रकाश नारायणजी को किस उपनाम से जाना जाता है?

(क) लोकनायक (ख) जननायक

(ग) लौह पुरुष (घ) गुरुजी

प्र. 879 : इनमें से कौन सा कथन जयप्रकाश नारायणजी के संबंध में गलत है?

(क) ('70 के दशक में) इंदिरा गांधी के विरुद्ध विपक्ष का नेतृत्व करने के लिए जाना जाता है।

(ख) आपातकाल के दौरान गिरफ्तार किया गया।

(ग) जनता पार्टी का जन्म (वर्ष 1977 में) जयप्रकाश आंदोलन के कारण हुआ था।

(घ) सन् 1980 में उनके प्रयासों से एकजुट विरोधी पक्ष ने इंदिरा गांधी को चुनाव में हरा दिया था।

प्र. 880 : जयप्रकाश नारायण को किस वर्ष 'भारत-रत्न' से सम्मानित किया गया?

(क) सन् 1979 में (ख) सन् 1989 में

(ग) सन् 1998 में (घ) सन् 2001 में

प्र. 881 : आपातकाल के विरुद्ध सत्याग्रह में कितने स्वयंसेवकों को गिरफ्तार किया गया?

(क) 12,500 (ख) 35,310

(ग) 1200 (घ) एक भी नहीं

उत्तर के लिए कृपया पृष्ठ सं. 250 देखें।

प्र. 882 : रा.स्व. संघ के संबंध में इनमें से कौन सा कथन सही नहीं है?

(क) संघ ने जयप्रकाश नारायण की समग्र क्रांति का समर्थन किया था।

(ख) संघ के सरसंघचालक बालासाहब देवरस ने जयप्रकाश नारायण को 'संत' कहकर संबोधित किया था।

(ग) जन संघ के (20वें) सम्मेलन में जयप्रकाश नारायण ने कहा था कि यदि संघ फासीवादी है तो मैं भी एक फासीवादी हूँ।

(घ) संघ ने जन संघ के जनता पार्टी में विलय का सख्त विरोध किया था।

प्र. 883 : सन् 1974 में पटना के गांधी मैदान में असंख्य लोगों के शांतिपूर्ण विशाल जुलूस का नेतृत्व कर रहे जयप्रकाश नारायण पर जब पुलिस द्वारा जबरदस्त लाठी प्रहार किया गया, तब उक्त लाठी-प्रहार को संघ के किस नेता ने अपने ऊपर ले लिया?

(क) बजरंगलाल गुप्त (ख) नानाजी देशमुख

(ग) बलराज मधोक (घ) पं. दीनदयाल उपाध्याय

प्र. 884 : संगठित राष्ट्र की महाशक्ति को प्रकट करने के लिए चल रहे संगठन-कार्य को तात्कालिक राजनीतिक आंदोलन की अपेक्षा अधिक महत्त्व देने की दूरदर्शिता दिखाते हुए वर्ष 1930 में गांधीजी द्वारा आहूत 'सविनय अवज्ञा आंदोलन' में संघ ने स्वयं भाग लिया अथवा स्वयंसेवकों ने व्यक्तिगत रूप में?

(क) संघ ने स्वयं भाग लिया (ख) दोनों सही

(ग) कोई सही नहीं (घ) स्वयंसेवकों ने व्यक्तिगत रूप में

प्र. 885 : वर्ष 1932 में नागपुर में आयोजित संघ-विजयादशमी उत्सव के अवसर पर विशिष्ट अतिथि के रूप में वाराणसी से कौन पधारे थे?

(क) बाबासाहब कोलते (ख) माधवराव गोलवलकर

(ग) मदनमोहन मालवीय (घ) बाबाराव सावरकर

प्र. 886 : अक्तूबर 1936 में डॉक्टरजी श्री माधवराव गोलवलकर (श्रीगुरुजी) के बारे में क्या जानकर आश्चर्यचकित रह गए?

(क) श्रीगुरुजी का विदेश गमन

(ख) श्रीगुरुजी की सरकारी नौकरी

(ग) श्रीगुरुजी की संसार से विरक्ति

(घ) श्रीगुरुजी का अज्ञातवास

उत्तर के लिए कृपया पृष्ठ सं. 250 देखें।

प्र. 887 : श्रीगुरुजी माधवराव गोलवलकर अक्तूबर 1936 में संसार से विरक्त होकर किस आश्रम में चले गए थे?

(क) साबरमती आश्रम (ख) बंगाल में सारगाछी आश्रम

(ग) रवींद्र आश्रम (घ) अरविंद आश्रम

प्र. 888 : श्रीगुरुजी माधवराव गोलवलकर बंगाल के सारगाछी आश्रम से कब वापस नागपुर लौटे और डॉक्टरजी की उनके विषय में चिंता दूर हुई?

(क) नवंबर 1937 (ख) मई 1937

(ग) अगस्त 1937 (घ) मार्च 1937

प्र. 889 : किस वर्ष स्वतंत्रता सेनानी वीर विनायक दामोदर सावरकर ने महाराष्ट्र में व्यापक रूप से स्थान-स्थान पर जाकर संघ के कार्यों को देखा, संघ-कार्य की आवश्यकता व उसकी सफलता की कामना और हिंदुत्व के प्रचार-प्रसार के लिए उद्‌बोधन किए?

(क) 1935 (ख) 1937

(ग) 1938 (घ) 1936

प्र. 890 : प्रधानमंत्री इंदिरा गांधी द्वारा लागू आपातकाल (सन् 1975-77) के बाद जन संघ सहित भारत के प्रमुख राजनीतिक दलों का विलय करके किस एक नए दल का गठन किया गया?

(क) भारतीय जनता पार्टी (ख) जनता पार्टी

(ग) कांग्रेस सोशलिस्ट पार्टी (घ) लोकतांत्रिक कांग्रेस

प्र. 891 : बंगाल के सारगाछी आश्रम से वापस आकर माधवराव गोलवलकर ने किस वर्ष से संघ तथा डॉ. हेडगेवारजी से अपना संबंध पुनः जोड़ लिया?

(क) 1937 (ख) 1938

(ग) 1939 (घ) 1936

प्र. 892 : लाहौर में प्रथम बार लगे अधिकारी शिक्षण-वर्ग में डॉक्टरजी 22 अगस्त, 1938 को पहुँचे। उनके साथ और कौन-कौन वहाँ गए थे?

(क) नाना साहब आपटे

(ख) माधवराव गोलवलकर

(ग) अकेले गए

(घ) नाना साहब आपटे एवं माधवराव गोलवलकर

उत्तर के लिए कृपया पृष्ठ सं. 250 व 251 देखें।

प्र. 893 : अपने उत्तराधिकारी की खोज के क्रम में डॉ. हेडगेवारजी ने अपने किस अनन्य सहयोगी से यह प्र. पूछा था, ''मेरे स्थान पर गुरुजी को संघचालक बना दिया जाए तो कैसा रहेगा?''

(क) विट्ठलराव पतकी (ख) आप्पाजी जोशी

(ग) नाना साहब टालाटुले (घ) बबन राव पंडित

प्र. 894 : अपने उत्तराधिकारी की खोज के क्रम में डॉ. हेडगेवार किसे देख रहे थे कि वे संघमय बनने की दिशा में तेजी से पग बढ़ा रहे थे?

(क) रामभाऊ रजवाडे (ख) गणपतराव नलावडे

(ग) नाना साहब आपटे (घ) माधवराव गोलवलकर

प्र. 895 : कलकत्ता में पहली संघशाखा का शुभारंभ कराने नागपुर से डॉक्टरजी ने किसे भेजा था?

(क) गुरुजी एवं विट्ठलराव पतकी

(ख) विश्वनाथ राव केलकर एवं गणपतराव नलावडे

(ग) भाऊ राव देवरस एवं बाबासाहब आप्टे

(घ) गणपतराव नलावडे एवं रामभाऊ रजवाडे

प्र. 896 : जुलाई 1939 में गंभीर अस्वस्थता के दौरान जीवन और मृत्यु के बीच झूलते डॉक्टरजी की किसने अनन्य निष्ठा से 20-22 घंटे जागकर सेवा की थी?

(क) केशव जगन्नाथ आकूत (ख) डॉ. गोविंदराव दामले

(ग) डॉ. पांडुरंग राव (घ) श्रीगुरुजी

प्र. 897 : 20 जून, 1940 को सबके सामने डॉक्टरजी ने ये शब्द किससे कहे थे, ''अब लंबर-पंक्चर करने तक का समय आ गया है। मैं बच गया तो ठीक ही है, नहीं तो आगे संघ का सब काम आप सँभालिए।''

(क) श्रीगुरुजी (ख) विट्ठलराव पतकी

(ग) आप्पाजी जोशी (घ) नाना साहब टालाटुले

प्र. 898 : संघ की गतिविधियों में निष्ठापूर्वक भाग लेनेवाला प्रत्येक सदस्य क्या कहलाता है?

(क) देशभक्त (ख) मातृभक्त

(ग) सेवक (घ) स्वयंसेवक

उत्तर के लिए कृपया पृष्ठ सं. 251 देखें।

प्र. 899 : डॉ. केशव बलिराम हेडगेवार कितने भाई-बहन थे?

(क) 6 (ख) 4

(ग) 2 (घ) 3

प्र. 900 : महारानी विक्टोरिया के शासन के साठ वर्ष पूर्ण होने पर जब स्कूली जलसे में मिठाई बाँटी गई तो डॉ. हेडगेवार ने क्या किया?

(क) मिठाई खा ली

(ख) मिठाई को हाथ में लेकर जमीन पर फेंक दिया

(ग) मिठाई घर ले गए

(घ) मिठाई साथियों में बाँट दी

प्र. 901 : 'हेडगेवार' वंश आज से 200 वर्ष पूर्व आंध्र प्रदेश के तेलंगाना क्षेत्र के किस गाँव का निवासी था?

(क) कंदकुर्ती (ख) लालकुर्ती

(ग) कुर्तलीन (घ) कुर्तीमल

प्र. 902 : 'हेडगेवार' घराने का जीवन यापन का जरिया क्या था?

(क) खेती-बाड़ी (ख) वेद-अध्ययन-अध्यापन

(ग) व्यापार (घ) नौकरी

प्र. 903 : नागपुर में सीतावर्डी के किले पर फहराते अंग्रेजी झंडे को उखाड़ फेंकने के लिए बालक केशव ने साथियों के साथ मिलकर क्या योजना बनाई?

(क) खत लिखने की (ख) बातचीत की

(ग) हमले की (घ) सुरंग खोदने की

प्र. 904 : केशव के माता-पिता का एक ही दिन किस तिथि को स्वर्गवास हुआ?

(क) 11 फरवरी, 1905 (ख) 13 फरवरी, 1904

(ग) 12 फरवरी, 1906 (घ) 15 फरवरी, 1903

प्र. 905 : बालक केशव को विद्यार्थी जीवन में किस राजनेता ने स्वतंत्रता-संघर्ष में कूदने के लिए प्रेरित किया?

(क) महात्मा गांधी (ख) लोकमान्य बालगंगाधर तिलक

(ग) मदन मोहन मालवीय (घ) गोपाल कृष्ण गोखले

प्र. 906 : बालक केशव को बचपन में कौन सा अखबार भाता था?

(क) जनाक्रोश (ख) लोकसत्ता

(ग) हरिजन (घ) केसरी

उत्तर के लिए कृपया पृष्ठ सं. 251 देखें।

प्र. 907 : सन् 1977 में जनता पार्टी सरकार के गठन के कुछ मास बाद के लोग दोहरी सदस्यता छोड़ें। इस 'दोहरी सदस्यता' से क्या तात्पर्य था?

(क) जन संघ और जनता पार्टी की सदस्यता एक साथ न रखें।

(ख) जनता पार्टी और संघ की सदस्यता एक साथ न रखें।

(ग) जन संघ और भारतीय जनता पार्टी की सदस्यता एक साथ न रखें।

(घ) जन संघ और सोशलिस्ट पार्टी की सदस्यता एक साथ न रखें।

प्र. 908 : 'दोहरी सदस्यता' के विवाद के संबंध में 'इंडियन एक्सप्रेस' में 2 अगस्त, 1979 को 'वी आर ऑल टु ब्लेम' (हम सब दोषी हैं) नामक लेख में अटल बिहारी वाजपेयी ने किन बिंदुओं का उल्लेख किया था?

(क) जनता पार्टी की समस्या मुख्य रूप से चौ. चरण सिंह के केंद्रीय मंत्रिमंडल में स्वयं के लिए नं. 2 की स्थिति न स्वीकार कर पाने के कारण उत्पन्न हुई।

(ख) संघ का देश में सांप्रदायिक हिंसा से कोई लेना-देना नहीं है।

(ग) यह शंका कि संघ का लक्ष्य राजनीतिक सत्ता हथियाना है, एकदम निराधार है।

(घ) उपर्युक्त सभी।

प्र. 909 : अटल बिहारी वाजपेयी ने उक्त लेख का समापन संघ को कौन सा सुझाव देते हुए किया था?

(क) संघ को उन युवा निकायों तथा ट्रेड यूनियनों में शामिल नहीं होना चाहिए, जो राजनीतिक दलों से संपर्क बनाए रखते हैं।

(ख) संघ को औपचारिक रूप से घोषणा करनी चाहिए कि उनके द्वारा स्वीकृत हिंदू राष्ट्र का तात्पर्य भारतीय राष्ट्र से है।

(ग) संघ से जुड़ी पत्रिकाओं को राजनीतिक जगत् में चल रहे सत्ता के खेल में कोई पक्ष नहीं लेना चाहिए।

(घ) उपर्युक्त सभी।

□

उत्तर के लिए कृपया पृष्ठ सं. 251 व 252 देखें।

# संघ एवं समाज-सेवा

प्र. 910 : वर्तमान में संपूर्ण देश में संघ के स्वयंसेवकों द्वारा लगभग कितने सेवा-कार्य चल रहे हैं?

(क) 25,000 (ख) 50,000

(ग) 1,00,000 (घ) 2,00,000

प्र. 911 : आजादी के दौरान पश्चिमी एवं पूर्वी पाकिस्तान से जब लाखों हिंदू शरणार्थी बनकर भारत आ रहे थे, तब राष्ट्रीय स्वयंसेवक संघ ने किस नाम से एक संगठन बनाया था?

(क) हिंदू स्वयंसेवक समिति

(ख) हिंदू सहायता समिति

(ग) भारतीय जन-कल्याण समिति

(घ) हिंदू रक्षक मंच

प्र. 912 : आजादी के बाद जब निजाम ने हैदराबाद को स्वतंत्र राज्य घोषित कर दिया और हिंदुओं पर अत्याचार करना प्रारंभ किया, तब सरदार पटेल की प्रेरणा से मध्य प्रदेश के तत्कालीन मुख्यमंत्री पं. रविशंकर शुक्ल ने भयग्रस्त हिंदू समाज को आश्वस्त करने के लिए बरार के किस प्रांत संघचालक से संघ के स्वयंसेवकों के सहयोग की अपेक्षा की थी?

(क) रमाकांत देशपांडे

(ख) अमीरचंद गुप्त

(ग) बापू साहब सोहणी

(घ) हंसराज गुप्ता

उत्तर के लिए कृपया पृष्ठ सं. 252 देखें।

प्र. 913 : पं. जवाहरलाल नेहरू (जो कभी संघ के घोर विरोधी रहे) ने चीनी आक्रमण के दौरान संघ के स्वयंसेवकों की सेवा से प्रभावित होकर किस वर्ष की गणतंत्र परेड में उन्हें आमंत्रित किया था?

(क) सन् 1952 में (ख) सन् 1960 में

(ग) सन् 1963 में (घ) सन् 1966 में

प्र. 914 : अंग्रेजों के भारत से चले जाने के बावजूद संपूर्ण देश स्वतंत्र नहीं हुआ था। दादर व नगर हवेली पर अभी भी पुर्तगालियों का नियंत्रण था। संघ के लगभग 100 स्वयंसेवकों ने दादर व नगर हवेली की स्वतंत्रता के लिए पुर्तगालियों की बस्ती पर कब अचानक आक्रमण किया था?

(क) 2 जुलाई, 1951 को (ख) 2 अगस्त, 1954 को

(ग) 2 अगस्त, 1961 को (घ) 12 जुलाई, 1964 को

प्र. 915 : पुणे के किस तत्कालीन संघचालक के नेतृत्व में 100 स्वयंसेवकों ने दादर व नगर हवेली को मुक्त कराया था?

(क) रमाकांत देशपांडे (ख) विनायकराव आप्टे

(ग) बाबासाहब आप्टे (घ) मोहन रानाडे

प्र. 916 : गोवा की स्वतंत्रता के लिए किस वर्ष सर्वदलीय राष्ट्रीय संघर्ष में स्वयंसेवकों ने प्रमुख भूमिका निभाई थी?

(क) सन् 1955 में (ख) सन् 1966 में

(ग) सन् 1971 में (घ) सन् 1975 में

प्र. 917 : गोवा के पणजी सचिवालय पर (सन् 1955 में) राष्ट्रध्वज फहरानेवाले गोवा के किस अध्यापक स्वयंसेवक को 14 वर्ष तक लिस्बन की जेल में रहना पड़ा था?

(क) विनायकराव आप्टे (ख) जगन्नाथराव जोशी

(ग) एकनाथ रानाडे (घ) मोहन रानाडे

प्र. 918 : महात्मा गांधी संघ का वर्धा शिविर देखने के लिए आए थे और वहाँ उन्होंने पूर्ण अनुशासन देखा तथा छुआछूत की अनुपस्थिति पाई। वह कब आए थे?

(क) 13 मार्च, 1932 को (ख) 6 अप्रैल, 1933

(ग) 25 दिसंबर, 1934 को (घ) 6 जून, 1936 को

उत्तर के लिए कृपया पृष्ठ सं. 252 देखें।

प्र. 919 : समाज-सेवा में संघ अग्रणी रहा है। चाहे कभी कोई प्राकृतिक आपदा हो, दुर्घटना हो या मानव-निर्मित त्रासदी, संघ का स्वयंसेवक बिना बुलाए पहुँच जाता है और राहत कार्य में जुट जाता है। इस संबंध में कौन सा कथन सही है ?

(क) उत्तरकाशी, लातूर (महाराष्ट्र) एवं भुज (गुजरात) में भूकंप जैसी प्राकृतिक आपदाओं में स्वयंसेवकों ने सेवा की।

(ख) बिहार में पड़े (सन् 1964) भयंकर अकाल के समय स्वयंसेवक सेवा कार्य के लिए आगे आए।

(ग) आपदाओं के अतिरिक्त स्वयंसेवकों द्वारा समाज में समरसता लाने, वंचित वर्ग का आर्थिक विकास कर उनको मुख्यधारा में सम्मिलित करने के लिए अथक परिश्रम किया एवं अनेक कार्यक्रम चलाए गए हैं।

(घ) उपर्युक्त सभी।

प्र. 920 : भारत-पाकिस्तान के बीच हुए किस आक्रमण के दौरान सीमावर्ती क्षेत्र तक जाकर स्वयंसेवकों द्वारा स्फूर्त होकर सेना की हर संभव सहायता की गई थी ?

(क) सन् 1965 के युद्ध के दौरान

(ख) सन् 1971 के युद्ध के दौरान

(ग) कारगिल युद्ध के दौरान

(घ) उपर्युक्त सभी

प्र. 921 : किस वर्ष बाँगलादेश मुक्ति-संग्राम के समय नागरिक रक्षा और सहायता में स्वयंसेवकों ने महत्त्वपूर्ण भूमिका निभाई थी ?

(क) सन् 1951 में (ख) सन् 1961 में

(ग) सन् 1971 में (घ) सन् 1981 में

प्र. 922 : सन् 1972-73 में महाराष्ट्र के लगभग 5,000 गाँव अकाल की चपेट में आए। उस दौरान स्वयंसेवकों ने कौन सी समिति बनाकर उन लोगों को मृत्यु के मुख से बचाया था ?

(क) महाराष्ट्र नवनिर्माण समिति

(ख) महाराष्ट्र जन-कल्याण समिति

(ग) महाराष्ट्र दुष्काल विमोचन समिति

(घ) महाराष्ट्र स्वयंसेवक कल्याण मंच

उत्तर के लिए कृपया पृष्ठ सं. 252 देखें।

प्र. 923 : चरखी दादरी में दो विदेशी विमानों के टकराने पर हुई दुर्घटना के समय भी स्वयंसेवकों ने प्रशासन से पहले पहुँचकर पीड़ितों की निस्स्वार्थ सेवा की थी। उस दुर्घटना में मारे गए सभी यात्री यद्यपि मुसलमान थे। स्वयंसेवकों की सेवा से प्रभावित होकर वहाँ की मसजिद ने किस तत्कालीन जिला संघचालक को सम्मानित किया था?

(क) प्रभाकर राव (ख) नेकी रामजी

(ग) रमाकांत देशपांडे (घ) मोहन रानाडे

प्र. 924 : संघ से जुड़ी किस संस्था ने जम्मू कश्मीर से आतंकवाद से त्रस्त 57 अनाथ बच्चों को गोद लिया, जिसमें 19 हिंदू एवं 38 मुसलिम थे?

(क) संस्कार भारती (ख) सहकार भारती

(ग) सेवा भारती (घ) विद्या भारती

प्र. 925 : आंध्र प्रदेश में सन् 1977 के चक्रवात के समय संघ के स्वयंसेवकों के सेवा कार्य देखकर सर्वोदय नेता प्रभाकर राव ने तो संघ को नया नाम ही दे दिया था। उनके द्वारा वह कौन सा नया नाम दिया गया था?

(क) रेडी फॉर सेफ सर्विस (RSS)

(ख) रेडी फॉर सेल्फलेस सर्विस (RSS)

(ग) रियल सेल्फलेस सर्विस (RSS)

(घ) रेडी फॉर सोशल सर्विस (RSS)

□

उत्तर के लिए कृपया पृष्ठ सं. 252 देखें।

# संघ और राजनीति

प्र. 926 : नरेंद्र मोदी भारत के ऐसे कौन से प्रधानमंत्री हैं, जो राजनीति से पूर्व संघ के प्रचारक भी रहे थे?

(क) पहले (ख) दूसरे

(ग) तीसरे (घ) पाँचवें

प्र. 927 : नरेंद्र मोदी से पूर्व भारत के ऐसे कौन से एकमात्र प्रधानमंत्री हुए हैं, जो संघ के प्रचारक रहे?

(क) मोरारजी देसाई (ख) चौ. चरण सिंह

(ग) अटल बिहारी वाजपेयी (घ) वी.पी. सिंह

प्र. 928 : मोदी किसकी प्रेरणा से (बचपन) संघ की शाखा में जाने लगे थे?

(क) बालासाहब देवरस

(ख) एकनाथजी रानाडे

(ग) नानाजी देशमुख

(घ) लक्ष्मणराव इनामदार (वकील साहब)

प्र. 929 : मोदी ने लगभग कितने वर्ष की उम्र में संघ की शाखा में जाना प्रारंभ कर दिया था?

(क) आठ वर्ष की (ख) मात्र दस वर्ष की

(ग) बारह वर्ष की (घ) मात्र चौदह वर्ष की

प्र. 930 : मोदी किस वर्ष संघ के बाल स्वयंसेवक बने थे?

(क) सन् 1954 में (ख) सन् 1958 में

(ग) सन् 1962 में (घ) सन् 1968 में

**उत्तर के लिए कृपया पृष्ठ सं. 252 व 253 देखें।**

प्र. 931 : इनमें से किसने मोदी को बाल स्वयंसेवक की शपथ दिलाई थी?

(क) मा.स. गोलवलकर (गुरुजी)

(ख) बालासाहब देवरस

(ग) हो.वे. शेषाद्रि

(घ) लक्ष्मणराव इनामदार (वकील साहब)

प्र. 932 : भारत के सामाजिक एवं सांस्कृतिक विकास पर केंद्रित संगठन आर.एस.एस. से मोदी ने किस भावना को आत्मसात् किया?

(क) समाजवाद एवं धर्मनिरपेक्षता की भावना को

(ख) साम्यवाद एवं अंतरराष्ट्रीयवाद की भावना को

(ग) निस्स्वार्थता, सामाजिक समर्पण एवं राष्ट्रवाद की भावना को

(घ) समाजवाद एवं निजी स्वार्थ की भावना को

प्र. 933 : संघ से जुड़ने के बाद नरेंद्र मोदी ने इनमें से किसका उपयोग बंद कर दिया था?

(क) प्याज और लहसुन का

(ख) नमक और तेलवाले खाने का

(ग) मांसाहारी भोजन का

(घ) चमड़े के जूतों का

प्र. 934 : संघ के प्रचारक के रूप में मोदी ने अपना जीवन संघ को समर्पित कर दिया। उन्होंने किस वर्ष में औपचारिक रूप से संघ के प्रचारक के रूप में कार्य करना शुरू किया था?

(क) सन् 1972 में (ख) सन् 1978 में

(ग) सन् 1982 में (घ) सन् 1987 में

प्र. 935 : नरेंद्र मोदी ने (सन् 1973 में ) संघ के प्रथम वर्ष का संघ शिक्षा वर्ग कहाँ से किया था?

(क) सूरत से (ख) नडियाद से

(ग) राजकोट से (घ) बाजवा से

प्र. 936 : नरेंद्र मोदी ने (सन् 1975 में ) आपातकाल से पहले द्वितीय वर्ष का संघ शिक्षा वर्ग कहाँ से किया?

(क) भरुच से (ख) पाटण से

(ग) वडोदरा से (घ) बाजवा (बड़ौदा) से

उत्तर के लिए कृपया पृष्ठ सं. 253 देखें।

प्र. 937 : मोदी ने किस वर्ष नागपुर जाकर तृतीय वर्ष संघ शिक्षा वर्ग का प्रशिक्षण लिया था?

(क) सन् 1978 में (ख) सन् 1981 में

(ग) सन् 1984 में (घ) सन् 1986 में

प्र. 938 : नरेंद्र मोदी को राष्ट्रीय स्वयंसेवक संघ के विभाग प्रचारक का दायित्व सौंपा गया था?

(क) सन् 1974 में (ख) सन् 1976 में

(ग) सन् 1978 में (घ) सन् 1981 में

प्र. 939 : आपातकाल के उपरांत जब संघ ने नरेंद्र मोदी के कार्यभार का विस्तार किया और उन्हें विभाग प्रचारक नियुक्त किया, तब विभाग में कितने जिलों को शामिल किया गया था, जिसका कार्य उन्हें देखना होता था?

(क) एक जिले का (ख) दो जिलों का

(ग) चार जिलों का (घ) छह जिलों का

प्र. 940 : नरेंद्र मोदी संघ के संभाग प्रचारक (बड़ौदा से लेकर डांग तक का क्षेत्र) किस वर्ष बने थे?

(क) सन् 1978 में (ख) सन् 1980 में

(ग) सन् 1984 में (घ) सन् 1987 में

प्र. 941 : नरेंद्र मोदी संघ के पूर्णकालिक प्रचारक बनने से पूर्व अपने गुजारे के लिए क्या काम किया करते थे?

(क) संघ कार्यालय की स्टाफ कैंटीन में काम करते थे।

(ख) गुजरात राज्य सड़क परिवहन निगम की स्टाफ कैंटीन में काम किया करते थे।

(ग) वडोदरा स्थित एक प्राथमिक विद्यालय में अध्यापन का काम किया करते थे।

(घ) अपनी किराने की दुकान पर काम किया करते थे।

प्र. 942 : मोदी संघ के समर्पित व परिश्रमी कार्यकर्ता रहे। उनके किस गुण को देखने के बाद संघ ने उन्हें एक बड़ी जिम्मेदारी देने का फैसला लिया?

(क) गंभीरता (ख) शिक्षा

(ग) प्रबंधन (घ) सेवा-भाव

उत्तर के लिए कृपया पृष्ठ सं. 253 देखें।

प्र. 943 : गुजरात प्रांत के संघ कार्यालय में नरेंद्र मोदी के जिम्मे क्या काम होता था?

(क) संघ के पदाधिकारियों का भाषण तैयार करना।

(ख) संघ की प्रचार-सामग्री को तैयार करना।

(ग) संघ के कार्यकर्ताओं में आपसी तालमेल बैठाना।

(घ) 8-9 कमरों की सफाई करना एवं नाश्ता तैयार करना।

प्र. 944 : संघ नेताओं के किस कार्य का जिम्मा मोदी के पास हुआ करता था?

(क) बस और रेलगाड़ियों में सीट आरक्षित करवाने का।

(ख) प्रचार सामग्री तैयार करवाने का।

(ग) कपड़े धोने का।

(घ) संघ से संबंधित साहित्य लेखन का।

प्र. 945 : किसके कहने पर श्री नरेंद्र मोदी ने गुजरात प्रांत के संघ कार्यालय (हेडगेवार भवन) में निवास किया था?

(क) दत्तोपंत ठेंगड़ीजी

(ख) एकनाथजी रानाडे

(ग) लक्ष्मणराव इनामदार (वकील साहब)

(घ) राजा भाई नेने

प्र. 946 : गुजरात के तत्कालीन संघ प्रचारक केशवराव देशमुख के निधन के बाद नरेंद्र मोदी को अहमदाबाद में स्थित गुजरात के प्रांत मुख्यालय में ठहरने के लिए कहा गया। अब उनके ऊपर क्या जिम्मेदारी आ गई थी?

(क) संघ के विभिन्न संगठनों के बीच समन्वय बनाए रखने की।

(ख) संघ के साहित्य के प्रकाशन की।

(ग) संघ के प्रचार की।

(घ) संघ के विस्तार की।

प्र. 947 : आपातकाल में नरेंद्र मोदी ने कौन सी पुस्तिकाएँ प्रकाशित करवाने एवं उन्हें दिल्ली भिजवाने का प्रबंध किया था?

(क) फैक्ट्स वर्सेज इंदिराज लाइज

(ख) ट्वेंटी लाइज ऑफ इंदिरा

(ग) इंडियन प्रेस गेग्ड

(घ) उपर्युक्त सभी

उत्तर के लिए कृपया पृष्ठ सं. 253 व 254 देखें।

प्र. 948 : आपातकाल के दौरान नरेंद्र मोदी ने (जो तब संघ के प्रचारक थे) गुप्त गतिविधियों के संचालन में महत्त्वपूर्ण भूमिका निभाई। इस संबध में कौन सा कथन सही है ?

(क) आपातकाल के दौरान संघ के अन्य कार्यकर्ताओं (स्वयंसेवकों) की तरह वह भी छिपकर रहा करते थे।

(ख) एक भूमिगत कार्यकर्ता के रूप में कार्य करते हुए उन्हें अकसर अलग-अलग वेश बनाकर निकलना पड़ता था।

(ग) आपातकाल में उन्हें कई मुश्किल भरी जिम्मेदारियाँ निभानी पड़ती थीं। उन्हें संघ के उन कार्यकर्ताओं एवं नेताओं के परिवारों की मदद के लिए पैसा इकट्ठा करना होता था, जो जेल में बंद थे।

(घ) उपर्युक्त सभी।

प्र. 949 : नरेंद्र मोदी को आपातकाल के दौरान गुजरात के विभिन्न स्थानों की जेलों में बंद संघ के कार्यकर्ताओं को किस समाचार-पत्र की प्रतियाँ पहुँचाने का कार्य सौंपा गया था ?

(क) राष्ट्रधर्म (ख) पाञ्चजन्य

(ग) सत्यवाणी (घ) राष्ट्र चेतना

प्र. 950 : इनमें से कौन सी पुस्तक नरेंद्र मोदी ने लिखी है ?

(क) ज्योतिपुंज (ख) सामाजिक समरसता

(ग) सेतुबंध (घ) उपर्युक्त सभी

प्र. 951 : राष्ट्रीय स्वयंसेवक संघ को समर्पित 16 राष्ट्र-निर्माताओं पर मोदी ने इनमें से कौन सी पुस्तक लिखी ?

(क) सामाजिक समरसता

(ख) आपातकाल में गुजरात

(ग) ज्योतिपुंज

(घ) सेतुबंध

प्र. 952 : मोदी की किस पुस्तक का लोकार्पण संघ के तृतीय सरसंघचालक बालासाहब देवरस ने किया था ?

(क) सेतुबंध (ख) साक्षी-भाव

(ग) पत्र-रूप श्रीगुरुजी (घ) सामाजिक समरसता

उत्तर के लिए कृपया पृष्ठ सं. 254 देखें।

प्र. 953 : मोदी ने अपनी किस पुस्तक में आपात-स्थिति के दौरान के गुजरात का इतिहास लिखा है ?

(क) नजरबंद लोकतंत्र

(ख) इंदिरा की तानाशाही

(ग) संघर्ष मा गुजरात (आपातकाल में गुजरात)

(घ) साक्षी-भाव

प्र. 954 : नरेंद्र मोदी की पुस्तक साक्षी-भाव के संबंध में कौन सा कथन सही है ?

(क) 'साक्षी-भाव' पुस्तक नरेंद्र मोदी की कलम से सर्जित उनके अंतर्मन की यात्रा है।

(ख) मोदी जब संघ के रूप में समाज कार्य कर रहे थे, उस समय उनकी डायरी के पन्नों पर प्रवाहित उनकी यह संवेदना है।

(ग) मोदी आद्यशक्ति माँ को संबोधित डायरी (साक्षी भाव) लिखते थे। डायरी के अधिकांश पन्ने तो उन्होंने तभी जला दिए थे; परंतु जो कुछ पन्ने बच गए थे, साक्षी भाव उस डायरी के बचे हुए पन्ने ही हैं।

(घ) उपर्युक्त सभी।

प्र. 955 : मोदी ने 'सेतुबंध' नामक पुस्तक संघ के किस प्रचारक के साथ सह-लेखन में लिखी थी ?

(क) केशवराव देशमुख (ख) राजाभाई नेने

(ग) मधुकरराव भागवत (घ) नाथलाल जाघड़ा

प्र. 956 : नरेंद्र मोदी के शुरुआती जीवन पर संघ के जिस वरिष्ठ नेता का गहरा असर रहा, वह उनके लिए पिता-तुल्य थे। संघ में मोदी के प्रेरणा-स्रोत रहे वह व्यक्ति कौन थे, जिन पर उन्होंने अपनी 'सेतुबंध' नामक पुस्तक में विस्तार से विवेचन किया ?

(क) एकनाथजी रानाडे (ख) दत्तोपंत ठेंगड़ी

(ग) लक्ष्मणराव इनामदार (घ) नानाजी देशमुख

प्र. 957 : नरेंद्र मोदी संघ से भाजपा में किस वर्ष आए ?

(क) सन् 1975 में (ख) सन् 1980 में

(ग) सन् 1985-86 में (घ) सन् 1991-92 में

उत्तर के लिए कृपया पृष्ठ सं. 254 देखें।

प्र. 958 : संघ प्रचारकों को जब भाजपा की जरूरत महसूस हुई तो इनमें से कौन नरेंद्र मोदी को राजनीति की मुख्यधारा में लाए थे?

(क) अटल बिहारी वाजपेयी

(ख) शंकर सिंह वाघेला

(ग) एकनाथजी रानाडे

(घ) सरसंघचालक बालासाहब देवरस

प्र. 959 मोदी ने राष्ट्रीय स्वयंसेवक संघ की विचारधारा को एक नया आयाम दिया। उन्होंने किसके हिंदुत्व को विकास से जोड़कर एक नया मॉडल पेश किया, जिसमें वह बहुत सफल भी हुए?

(क) समाजवादियों के (ख) भाजपा के

(ग) हिंदुओं के (घ) विदेशों में स्थित हिंदुओं के

प्र. 960 : अहमदाबाद से लगभग 110 कि.मी. और मेहसाणा से मात्र 34 कि.मी. की दूरी पर स्थित वडनगर गुजरात का एक प्राचीनतम नगर है। वडनगर में संघ की प्रथम शाखा कब खोली गई थी?

(क) सन् 1931 में (ख) सन् 1944 में

(ग) सन् 1951 में (घ) सन् 1957 में

प्र. 961 : गुरुजी द्वारा सैनिक प्रशिक्षण बंद करने का निर्णय लेने के बाद अंग्रेजी में प्रचलित शब्द 'अटेंशन' के स्थान पर कौन सा शब्द लाया गया?

(क) संघ दक्ष (ख) संघ पुष्ट

(ग) संघ सक्षम (घ) संघ शरण

प्र. 962 : संघ ने सन् 1943 में किसे प्रचारक के रूप में कार्य करने हेतु अहमदाबाद (गुजरात) भेजा था?

(क) बापूराव लेले को (ख) राजपाल पुरी को

(ग) लक्ष्मणराव इनामदार को (घ) वसंतराव चिपलूणकर को

प्र. 963 : इनमें से किस वर्ष अहमदाबाद में संघ का अधिकारी प्रशिक्षण शिविर आयोजित किया गया था?

(क) सन् 1932 में (ख) सन् 1945 में

(ग) सन् 1955 में (घ) सन् 1965 में

प्र. 964 : सन् 1945 में किसे प्रांत प्रचारक बनाकर गुजरात भेजा गया था?

(क) विश्वनाथ वणीकर को (ख) मधुकरराव भागवत को

(ग) बचुभाई भगत को (घ) वकील साहब को

उत्तर के लिए कृपया पृष्ठ सं. 254 देखें।

प्र. 965 : मधुकरराव भागवत ने कुल कितने वर्ष रहकर गुजरात में संघ का विस्तार किया था?

(क) एक वर्ष (ख) छह वर्ष

(ग) डेढ़ दशक (घ) दो दशक

प्र. 966 : इनमें से किसे मधुकरराव भागवत के बाद गुजरात में प्रांत प्रचारक नियुक्त किया गया था?

(क) शतायु शास्त्रीजी (के.का. शास्त्री) को

(ख) वसंतराव चिपलूणकर को

(ग) राजपाल पुरी को

(घ) वासुदेवराय तलवलकर को

प्र. 967 : संघ ने राजपाल पुरी के बाद किसे गुजरात का प्रांत प्रचारक नियुक्त किया था?

(क) केशवराव देशमुख को (ख) लक्ष्मणराव इनामदार को

(ग) प्राणलाल दोषी को (घ) विश्वनाथ वणीकर को

प्र. 968 : लक्ष्मणराव इनामदार ने लगभग कितने दशकों तक गुजरात में संघ का नेतृत्व किया?

(क) एक दशक तक (ख) दो दशकों तक

(ग) तीन दशकों तक (घ) उपर्युक्त में से कोई नहीं

प्र. 969 : लक्ष्मणराव इनामदार को संघ में किस नाम से अधिक जाना जाता था?

(क) वकील साहब (ख) बाला साहब

(ग) नेताजी (घ) गुरूजी

प्र. 970 : गुजरात के संघ कार्यालय का नाम क्या है?

(क) गोलवलकर भवन (ख) हेडगेवार भवन

(ग) लक्ष्मणराव भवन (घ) केशव कुंज

प्र. 971 : संघ के स्वयंसेवकों द्वारा राष्ट्रीय विचारों को बल मिले, उसके लिए (गुजरात से) किस साप्ताहिक पत्रिका का प्रकाशन होता था?

(क) कर्मयोगी (ख) दीनबंधु

(ग) आर.एस.एस. (घ) साधना

□

उत्तर के लिए कृपया पृष्ठ सं. 254 व 255 देखें।

# विविध

प्र. 972 : हरियाणा के मुख्यमंत्री मनोहर लाल खट्टर के संबंध में इनमें सेकौन सा कथन गलत है ?

(क) वह वर्ष 1976 में मात्र 22 वर्ष की उम्र में संघ से जुड़े।

(ख) वह वर्ष 1980 में संघ के पूर्णकालिक प्रचारक बने।

(ग) वह 14 साल तक देश के कोने-कोने में घूमकर संघ का प्रचार करते रहे।

(घ) संघ ने उन्हें वर्ष 2014 में भाजपा में भेजा।

प्र. 973 : डॉ. हेडगेवार जब 13 वर्ष के ही थे, तब उनके माता-पिता की मृत्यु (एक ही दिन में) हो गई थी। उनकी मृत्यु किस कारण हुई थी ?

(क) कैंसर के कारण (ख) प्लेग के कारण

(ग) न्यूमोनिया के कारण (घ) एक सड़क दुर्घटना में

प्र. 974 : डॉ. हेडगेवार ने सन् 1904 में बम बनाना सीख लिया था। तब उनकी उम्र कितनी थी ?

(क) ग्यारह वर्ष (ख) पंद्रह वर्ष

(ग) बीस वर्ष (घ) बाईस वर्ष

प्र. 975 : डॉ. केशव बलिराम हेडगेवार ने सन् 1914 में कलकत्ता मेडिकल कॉलेज से मेडिकल की परीक्षा कितने प्रतिशत अंकों में उत्तीर्ण की थी ?

(क) 42 प्रतिशत

(ख) 49.01 प्रतिशत

(ग) 55.07 प्रतिशत

(घ) 60.81 प्रतिशत (प्रथम श्रेणी)

उत्तर के लिए कृपया पृष्ठ सं. 255 देखें।

प्र. 976 : विद्यालय में वंदे मातरम् के उद्घोष के कारण केशव को किस कक्षा से निष्कासित कर दिया गया?

(क) नवीं (ख) दसवीं

(ग) ग्यारहवीं (घ) आठवीं

प्र. 977 : वर्ष 1909 के दौरान पुलिन बिहारी दास के नेतृत्व में चल रहे कलकत्ता के किस क्रांतिकारी दल से संबद्ध नागपुर के क्रांतिकारी दल की गतिविधियों से केशव का संबंध रहा था?

(क) नरम दल (ख) क्रांति मोर्चा

(ग) अनुशीलन समिति (घ) गरम दल

प्र. 978 : इनमें से किसने भारत के प्रखर देशभक्त श्यामजी कृष्ण वर्मा की अस्थियों को (भारत की स्वतंत्रता के 55 वर्षों के बाद) 22 अगस्त, 2003 को स्विस सरकार से अनुरोध करके जिनेवा से स्वदेश (भारत में) मँगवाया?

(क) नरेंद्र मोदी (ख) इंदिरा गांधी

(ग) प्रकाश सिंह बादल (घ) मुलायम सिंह यादव

प्र. 979 : राष्ट्रीय स्वयंसेवक संघ में किस महान् व्यक्ति की सर्वाधिक चर्चा होती है?

(क) छत्रपति शिवाजी (ख) स्वामी विवेकानंद

(ग) महात्मा गांधी (घ) सरदार पटेल

प्र. 980 : गुरुजी का बचपन के दुलार का नाम क्या था?

(क) माधव (ख) मधु

(ग) मधुर (घ) मधुकर

प्र. 981. गुरुजी के कितने भाई-बहन जन्म के एक वर्ष के भीतर ही चल बसे?

(क) 3 (ख) 2

(ग) 4 (घ) 5

प्र. 982 : गुरुजी के पिता सदाशिव राव को सम्मान से लोग क्या पुकारते थे?

(क) दाऊ (ख) भाऊ

(ग) ताऊ (घ) जेठा

प्र. 983 : गुरुजी का परिवार महाराष्ट्र के कोंकण स्थित किस गाँव का मूल निवासी था?

(क) गोलवल (ख) गोवली

(ग) गोलली (घ) गोलवली

उत्तर के लिए कृपया पृष्ठ सं. 255 देखें।

प्र. 984 : गुरुजी का परिवार एक ब्राह्मण परिवार था। इसका उपनाम क्या था?

(क) पाध्ये (ख) पाधर

(ग) पाधेय (घ) पुध्ये

प्र. 985 : गुरुजी का बचपन छत्तीसगढ़ के किस पिछड़े गाँव में बीता; जहाँ केवल पैदल, बैलगाड़ी या घोड़ागाड़ी से ही जाया जा सकता था और वहाँ उनके पिता अध्यापक की नौकरी करते थे?

(क) पल्लीगाँव (ख) सराय

(ग) पल्लीसराय (घ) सरायपल्ली

प्र. 986 : मिडिल स्कूल में पढ़ाई के दौरान निम्न में से कौन सा ग्रंथ गुरुजी ने कंठस्थ कर लिया था?

(क) महाभारत (ख) अवेस्ता

(ग) रामचरितमानस (घ) बाइबल

प्र. 987 : गुरुजी अपने छात्र-जीवन में किस कला में माहिर थे और उसमें अनेक पुरस्कार जीते?

(क) चित्रकला (ख) भाषण कला

(ग) वाद-विवाद (घ) लेखन कला

प्र. 988 : गुरुजी को कौन सा वाद्य यंत्र बजाना पसंद था, जिसके वे उस्ताद थे?

(क) तबला (ख) सितार

(ग) गिटार (घ) बाँसुरी

प्र. 989 : गवर्नर जनरल कर्जन द्वारा अक्तूबर, 1905 में बंग-विभाजन के दौरान देशभक्ति की दीक्षा देनेवाले किस मंत्र ने केशव के जीवन को एक विशेष दिशा में मोड़ दिया?

(क) वसुधैव कुटुंबकम् (ख) जय श्री राम

(ग) वंदे मातरम् (घ) जन गण मन

प्र. 990 : गुरुजी ने बी.एस-सी. की पढ़ाई के लिए कहाँ प्रवेश लिया?

(क) बनारस हिंदू विश्वविद्यालय

(ख) इलाहाबाद विश्वविद्यालय

(ग) विदर्भ विश्वविद्यालय

(घ) मराठवाड़ा विश्वविद्यालय

उत्तर के लिए कृपया पृष्ठ सं. 255 व 256 देखें।

प्र. 991 : गुरुजी किस खेल के बेहतरीन खिलाड़ी थे?

(क) क्रिकेट (ख) मल्ल

(ग) कबड्डी (घ) टेनिस

प्र. 992 : बी.एच.यू. से प्राणिशास्त्र में एम.एस–सी. करने के उपरांत गुरुजी ने मत्स्य जीवन पर शोध कहाँ से किया?

(क) बंबई मत्स्यालय (ख) संगम मत्स्यालय

(ग) मद्रास मत्स्यालय (घ) मराठवाड़ा मत्स्यालय

प्र. 993 : गुरुजी का एक विचारक के रूप में निर्माण कहाँ रहकर हुआ?

(क) बनारस हिंदू विश्वविद्यालय (ख) मद्रास मत्स्यालय

(ग) एक व दो दोनों (घ) कोई नहीं

प्र. 994 : माधवराव सदाशिवराव गोलवलकर को 'गुरुजी' का संबोधन कहाँ रहकर मिला?

(क) बनारस हिंदू विश्वविद्यालय

(ख) इलाहाबाद विश्वविद्यालय

(ग) मुंबई महाविद्यालय

(घ) हिसलॉप महाविद्यालय, नागपुर

प्र. 995 : बी.एच.यू. में लगनेवाली संघ की शाखा में आने के लिए गुरुजी को किसने आमंत्रित किया?

(क) के.बी. हेडगेवार (ख) बालासाहब देवरस

(ग) भैयाजी जोशी (घ) भैयाजी दाणी

प्र. 996 : श्रीगुरुजी की डॉ. हेडगेवार से पहली मुलाकात कब और कहाँ हुई?

(क) सन् 1932 में विजयदशमी पर नागपुर में

(ख) सन् 1932 में बनारस हिंदू विश्वविद्यालय में

(ग) सन् 1931 में इलाहाबाद के संगम पर

(घ) सन् 1932 में बनारस में दशाश्वमेध घाट पर

प्र. 997 : डॉ. हेडगेवार के आग्रह पर गुरुजी किस वर्ष संघ में विधिवत् शामिल हुए?

(क) 1933 (ख) 1934

(ग) 1935 (घ) 1936

उत्तर के लिए कृपया पृष्ठ सं. 256 देखें।

प्र. 998 : संघ में विधिवत् शामिल होते ही डॉ. हेडगेवार ने गुरुजी को किस पद पर नियुक्त किया ?

(क) सरकार्यवाह (ख) सरसंघचालक

(ग) निजी सचिव (घ) संघ की केंद्रीय शाखा का कार्यवाह

प्र. 999 : नरेंद्र मोदी का स्टाइल संघ के अन्य प्रचारकों से अलग था। वह क्या स्टाइल था ?

(क) मोदी सभी कार्यकर्ताओं के पहनावेवाले पूरे बाजू के कुरते के बजाय आधी बाजू का कुरता पहनते थे।

(ख) वह दाढ़ी रखते थे, मगर ट्रिम भी करवाते थे। एक बार संघ प्रमुख गुरुजी ने दाढ़ी ट्रिम करवाने की वजह भी (मोदी से) पूछी थी।

(ग) जब सभी कार्यकर्ता खाकी नेकर पहनते थे तो मोदी सफेद रंग की नेकर पहनकर (शाखा में) आते थे।

(घ) उपर्युक्त सभी।

प्र. 1000 : मोदी सरकार (केंद्र सरकार) द्वारा हाल ही में किसके नाम पर 'ग्राम ज्योति योजना' का शुभारंभ किया गया है ?

(क) अटल बिहारी वाजपेयी के नाम पर

(ख) डॉ. श्यामा प्रसाद मुकर्जी के नाम पर

(ग) पं. दीनदयाल उपाध्याय के नाम पर

(घ) सरदार पटेल के नाम पर

□

उत्तर के लिए कृपया पृष्ठ सं. 256 देखें।

# उत्तर-सूची (व्याख्या सहित)

## राष्ट्रीय स्वयंसेवक संघ : एक नजर में

1. (ग) डॉ. केशव बलिराम हेडगेवार
2. (ख) 27 सितंबर, 1925 को (विजयादशमी के दिन)
3. (ग) तीन शब्दों का *('राष्ट्रीय' शब्द व्यावहारिक रूप से राष्ट्रीय, भारतीय, हिंदू शब्द का पर्यायवाची है। वास्तव में 'हिंदू' ही राष्ट्रीय है। 'स्वयंसेवक' स्वयं प्रेरणा से राष्ट्र, समाज, देश, धर्म व संस्कृति की सेवा करनेवालों को स्वयंसेवक कहते हैं। वहीं संघ का शाब्दिक अर्थ संगठन/समुदाय होता है।)*
4. (ख) प्रभाकर राव *(सन् 1977 में आंध्र प्रदेश में आए चक्रवात के दौरान स्वयंसेवकों के सेवा कार्य को देखकर वहाँ के सर्वोदय नेता प्रभाकर राव ने संघ को यह नया नाम दिया था।)*
5. (क) राष्ट्रीय स्वयंसेवक संघ *(यह भारत ही नहीं, बल्कि विश्व का सबसे बड़ा स्वयंसेवी संगठन है। संपूर्ण भारत में इसकी 40 हजार से अधिक शाखाएँ और लाखों की संख्या में स्वयंसेवक हैं।)*
6. (ख) नागपुर (महाराष्ट्र)
7. (ख) हेडगेवार भवन
8. (ग) संस्कृत में *(प्रारंभ में प्रार्थना मराठी में थी, जिसे बाद में (सन् 1940 में) संस्कृत में किया गया।)*

9. (घ) 40 हजार से अधिक
10. (ख) विश्व हिंदू परिषद् *(इसकी स्थापना सन् 1964 में हुई थी।)*
11. (घ) भारतीय जनता पार्टी *(6 अप्रैल, 1980 को जन संघ से भारतीय जनता पार्टी अस्तित्व में आई थी।)*
12. (ख) सरसंघचालक *(संघ के संविधान के अनुसार सरसंघचालक का स्थान तत्त्वज्ञ एवं मार्गदर्शक के रूप में होता है।)*
13. (घ) डॉ. केशव बलिराम हेडगेवार *(डॉक्टरजी संघ की स्थापना सन् 1925—से लेकर 1940 यानी—मृत्यु पर्यंत—संघ प्रमुख रहे।)*
14. (घ) उपर्युक्त सभी
15. (ग) नानाजी देशमुख
16. (ग) मा.स. गोलवलकर *(मा. गुरुजी सन् 1940 से 1973 तक (कुल 33 वर्ष) सबसे लंबी अवधि तक सरसंघचालक रहे।)*
17. (ख) प्रो. राजेंद्र सिंह (रज्जू भैया) *(सन् 1994 से 2000 तक मात्र 6 वर्षों तक सरसंघचालक रहे।)*
18. (ख) मोहनराव भागवत *(सन् 2009 में संघ के सरसंघचालक बने।)*
19. (घ) भैयाजी जोशी
20. (घ) चार
21. (घ) उपर्युक्त सभी
22. (ग) मनमोहन वैद्य
23. (ग) छत्तीसगढ़ *(प्रदेश के सरकारी कर्मचारियों पर आर.एस.एस. की गतिविधियों में भाग लेने पर प्रतिबंध अविभाजित मध्य प्रदेश के समय से ही लगा हुआ था। तत्कालीन प्रदेश सरकार के आदेश के तहत सरकारी कर्मियों के संघ की गतिविधियों में भागीदारी की सिविल सेवा की संहिता का उल्लंघन माना जाता था। प्रदेश के विभाजन के पश्चात् मध्य प्रदेश में संघ की गैर-राजनीतिक गतिविधियों में भागीदारी पर प्रतिबंध मध्य प्रदेश की (भाजपा) सरकार ने यद्यपि हटा लिया था, छत्तीसगढ़ से यह प्रतिबंध हाल ही में हटाया गया है।)*
24. (घ) योगेंद्रजी *(योगेंद्रजी को संघ परिवार में 'बाबा' के उपनाम से जाना जाता है, जबकि श्री प्रभाकर बलवंत का उपनाम 'भैयाजी दाणी' है।)*
25. (ग) सन् 2000 में *(संघ की स्थापना सन् 1925 में हुई और वर्ष 2000 में संघ के 75 वर्ष पूर्ण हुए।)*

26. (ख) 1 घंटा शाखा का और 23 घंटे देश व समाज के लिए *(1 घंटे की शाखा में प्राप्त किए गए संस्कारों का शेष 23 घंटों के जीवन में प्रकटीकरण हो, ऐसी अपेक्षा, यही स्वयंसेवकत्व की अभिव्यक्ति भी है)*
27. (ग) नानाजी देशमुख *(प्रख्यात समाज-सेवी व राजनेता नानाजी देशमुख ने 'राष्ट्रीय स्वयंसेवक संघ' नामक पुस्तक की रचना सन् 1979 में की थी। इस पुस्तक में उन्होंने जनता पार्टी के टूटने (1979) की कहानी लिखी। वर्ष 2010 में नानाजी के निधन के पश्चात् इस पुस्तक को पुन: प्रकाशित किया गया।)*
28. (घ) उपर्युक्त सभी
29. (क) संघ पर लगे प्रतिबंध के दौरान (सन् 1949 में)
30. (घ) अटल बिहारी वाजपेयी एवं नरेंद्र मोदी
31. (घ) हरियाणा
32. (ख) त्रैलोक्यनाथ चक्रवर्ती
33. (घ) 10 फरवरी, 2015 को *(मोदी के ट्विटर पर 10 फरवरी, 2015 को फॉलोवर की संख्या 1 करोड़ के पार हो गई। वह यह उपलब्धि प्राप्त करनेवाले भारत के पहले राजनीतिक व्यक्ति हैं तथा विश्व में बराक ओबामा (5 करोड़ से अधिक) एवं पोप फ्रांसिस के बाद विश्व में तीसरे स्थान पर हैं।)*
34. (ग) स्टैच्यू ऑफ यूनिटी (Statue of Unity) *(इसको निर्माण 4 साल में बनाने का लक्ष्य है। यह गुजरात के सरदार सरोवर बाँध के निकट बनाया जा रहा है। इसके निर्माण की लागत 2,500 करोड़ के करीब आएगी।)*
35. (घ) अटल बिहारी वाजपेयी *(अटलजी को वर्ष 2015 में 'भारत रत्न' दिया गया।)*
36. (ख) विजयादशमी का संबोधन
37. (घ) 22 अक्तूबर, 2015 को *(विजयादशमी के दिन संघ ने राष्ट्र-सेवा करने के अपने 90 वर्ष पूरे किए।)*
38. (घ) मोहनराव भागवत *(विजयादशमी के पर्व पर संघ प्रमुख मोहन भागवत ने नागपुर के रेशमबाग मैदान में संघ के कार्यकर्ताओं को अपने संबोधन में ये शब्द कहे थे।)*

## संघ का प्रारंभ

39. (ग) डॉ. केशव बलिराम हेडगेवार का मानना था कि इस देश में 80 प्रतिशत हिंदू हैं और फिर भी वे पिछले 400 वर्षों से शासक नहीं हैं। कभी बाहर से आए मुसलमान शासक बने तो कभी ईसाई। उनके अनुसार, ऐसा इसलिए हुआ, क्योंकि हिंदू आक्रामक नहीं हैं। वे सबकुछ सहन करते हैं। हिंदुओं के इस मूल स्वरूप को बदलना होगा। यह संघ की स्थापना करके उन्होंने ठाना।
40. (घ) उपर्युक्त सभी
41. (ग) उपर्युक्त 'क' और 'ख' दोनों
42. (क) डॉ. केशव हेडगेवार
43. (घ) उपर्युक्त सभी
44. (क) 24 मार्च, 1902 को
45. (घ) उपर्युक्त सभी
46. (क) साढ़े छह महीने
47. (ख) बंकिमचंद्र चटर्जी की पुस्तक 'अनुशीलन तत्त्व' से *(बंकिमचंद्र की पुस्तक 'अनुशीलन तत्त्व' में 'अनुशीलन' शब्द का प्रयोग मानव व्यक्तित्व को शारीरिक, बौद्धिक एवं आत्मिक अर्थात् सर्वांगीण विकास के संदर्भ में किया गया।)*
48. (घ) माधवराव सदाशिवराव गोलवलकर *(संघ स्थापना के समय तक 'गुरुजी' इससे जुड़े नहीं थे।)*
49. (ख) हम सब मिलकर संघ प्रारंभ कर रहे हैं।
50. (क) पांडुरंग कृष्ण सावलापुरकर
51. (क) 17 अप्रैल, 1926 *(संघ की स्थापना के लगभग 6 महीने तक नामकरण नहीं हुआ था।)*
52. (क) 28 मई, 1926 को
53. (घ) उपर्युक्त सभी *(उन दिनों लाठी की शिक्षा सर्वत्र दी जाती थी, इसलिए संघ के शारीरिक कार्यक्रमों के लिए डॉक्टरजी ने उसी शिक्षा को अपनाया।)*
54. (ख) संत तुकाराम *(संत तुकाराम का जन्म सन् 1598 में पुणे में हुआ था।)*
55. (क) नागपुर में
56. (क) डॉ. केशव हेडगेवार

57. (ख) पूना में
58. (ख) अप्पाजी जोशी
59. (ग) भैयाजी दाणी *(उत्तर भारत में संघ की पहली शाखा काशी हिंदू विश्वविद्यालय (सन् 1931) में भैयाजी दाणी ने वहाँ प्रवेश लेकर प्रारंभ की थी।)*
60. (ग) महाराष्ट्र *(सन् 1935 तक महाराष्ट्र में स्थान-स्थान तक संघ पहुँच चुका था।)*
61. (क) आज यहाँ पर मैं हिंदू राष्ट्र का छोटा स्वरुप ही देख रहा हूँ।
62. (ग) वसंतराव ओक को
63. (क) श्री अन्ना सोहनी
64. (ख) श्री मार्तंड राव
65. (ग) डॉ. शिवम मुंजे *(प्रारंभ में संघ को हिंदू महासभा का युवा संगठन ही माना जाता था।)*
66. (घ) श्री राजगुरु नागपुर की भोंसला वेदशाला के छात्र रहे थे तथा मोहिते संघ स्थान पर बार-बार आया करते थे। *(सन् 1929 में राजगुरु भूमिगत रहते हुए नागपुर आए थे, डॉक्टरजी ने उनके रहने का सारा प्रबंध किया था और उन्हें पूना न जाने की सलाह दी; परंतु उन्होंने सलाह नहीं मानी और पूना में गिरफ्तार कर लिये गए।)*
67. (ग) विनायक दामोदर सावरकर
68. (क) मैं सबको एक जगह एकत्र करूँगा और कहूँगा कि सब सो जाओ तो सब सो जाएँगे। *(स्पष्ट है कि यह टालनेवाला उत्तर था।)*
69. (क) केशव बलिराम हेडगेवार
70. (ख) सालूबाई मोहिते का पुराना बाड़ा *(इसी पुराने बाड़े में पहली विधिवत् शाखा सन् 1926 में लगी थी।)*
71. (क) 26 जनवरी, 1930 *(कांग्रेस द्वारा स्वाधीनता दिवस 26 जनवरी, 1930 मनाने के निर्णय को संघ ने सभी शाखाओं में लागू किया।)*
72. (ख) दांडी मार्च, सविनय अवज्ञा आंदोलन *(यह आंदोलन सन् 1930 में प्रारंभ हुआ था।)*
73. (ख) सन् 1934 में
74. (घ) उपर्युक्त सभी
75. (घ) उपर्युक्त सभी

76. (ख) संघ के द्वितीय चरण में *(आजादी के बाद सन् 1948 में जब संघ पर गांधी-हत्या के झूठे आरोप में पहली बार प्रतिबंध लगा तो संघ को अपनी निर्दोषता सिद्ध करने, अपने अस्तित्व की रक्षा के लिए प्रतिबंध को हटवाने हेतु शाखा-पद्धति से बाहर निकलकर सार्वजनिक कार्य-पद्धति को अपनाना पड़ा था। इसे संघ-यात्रा का द्वितीय चरण भी कहते हैं।)*

77. (ख) सन् 1932 में *(सन् 1932 में मध्य प्रांत की सरकार ने संघ की गतिविधियों को आपत्तिजनक घोषित किया। तब डॉक्टरजी ने मध्य प्रांत की सरकार की खुलकर आलोचना की।)*

78. (घ) उपर्युक्त सभी

79. (ग) 5 अगस्त, 1940

80. (ख) माधवराव गोलवलकर

81. (ख) सी.पी. एंड बरार *(वर्तमान मध्य प्रदेश एवं विदर्भ क्षेत्र)*

82. (क) सन् 1943 में

## संघ प्रार्थना

83. (ख) मराठी एवं हिंदी *(संघ की प्रारंभिक प्रार्थना हिंदी एवं मराठी में दो श्लोक रूपी थी।)*

84. (ख) 'राष्ट्रगुरु श्री समर्थ रामदास स्वामी की जय' का। *(प्रारंभ में संघ की प्रार्थना के अंत में छत्रपति शिवाजी महाराज के प्रेरणास्रोत श्री समर्थ रामदास स्वामी का जयघोष बोला जाता था।)*

85. (ग) सिंदी (महाराष्ट्र) *(फरवरी 1939 में सिंदी—नागपुर से 50 कि.मी. की दूरी पर—में एक बैठक हुई, जिसमें प.पू. डॉक्टरजी एवं गुरुजी आदि भी उपस्थित थे। उस बैठक में प्रार्थना को संस्कृत भाषा में करने का निर्णय हुआ, क्योंकि संस्कृत भाषा समस्त भारतीय भाषाओं की जननी तथा राष्ट्र को एक सूत्र में जोड़नेवाली भाषा है।)*

86. (ख) संस्कृत में

87. (घ) नरहरि नारायण भिड़े *(प्रार्थना का गद्य प्रारूप नाना साहब टालाटुले तथा पद्य प्रारूप नरहरि नारायण भिड़ेजी ने तैयार किया। प्रार्थना के प्रारूप का संस्कृत में रूपांतर नरहरि नारायण भिंड़े ने ही किया था। तब से वर्तमान तक संघ की प्रार्थना बिना किसी परिवर्तन के लागू है।)*

88. (ख) 23 अप्रैल, 1940 को पुणे के संघ शिक्षा वर्ग में।
89. (ख) यादवराव जोशी
90. (ख) 13
91. (क) 21 *(प्रथम श्लोक में 4 पंक्तियाँ तथा दूसरा एवं तीसरा श्लोक दोहराते हुए (8×2) 16 पंक्तियाँ तथा अंतिम 1 पंक्ति हिंदी में 'भारत माता की जय' सहित कुल 21 पंक्तियाँ)*
92. (ख) नमस्ते सदा वत्सले मातृभूमे *('वत्सले मातृभूमे' में अर्थात् बालकों (संतान) पर मातृवत् स्नेह करनेवाली मातृभूमि। 'सदा' का संबंध नमस्ते के साथ है, 'वत्सले' के साथ नहीं।)*
93. (ग) वसुधैव कुटुंबकम्
94. (ग) तीन
95. (क) पहला श्लोक
96. (घ) सभासद
97. (ग) क व ख दोनों ने
98. (घ) खाकी नेकर, खाकी कमीज और दो बटनोंवाली खाकी टोपी
99. (क) स्वयंसेवक
100. (ख) मोहिते का बाड़ा
101. (घ) 28 मई, 1926
102. (क) तुलसी बाग में
103. (घ) डॉक्टरजी के घर पर
104. (ग) बापूराव आंबेडकर
105. (ख) सन् 1940 से
106. (ग) नलिनी किशोर गुहा
107. (घ) अंतिम *('भारत माता की जय', यह उद्घोष नहीं, अपितु भारत माता की सर्वत्र जय-जयकार करने का दृढसंकल्प है। 'भारत माता की जय' प्रार्थना का ही भाग है।)*
108. (ग) भारत माता की जय का
109. (घ) उपर्युक्त सभी
110. (ख) बालकों (संतानों) पर मातृवत् स्नेह करनेवाली मातृभूमि
111. (घ) वैद्य भाऊजी कावरे
112. (ग) राजद्रोह

113. (ग) बाबाराव सावरकर
114. (क) मई 1932
115. (घ) पूना के 'सोन्या मारुति मंदिर' में घंटा बजाने के सरकारी प्रतिबंध के कारण
116. (घ) अजेय शक्ति
117. (घ) पुस्तकालय की स्थापना
118. (क) दिसंबर 1926
119. (घ) 1926 में
120. (क) वर्धा
121. (क) 10 वर्ष से कम
122. (घ) बड़े तरुण
123. (ग) संघ की स्वतंत्रता से पूर्व तथा पश्चात् की प्रतिज्ञा में कोई परिवर्तन नहीं हुआ है। *(स्वतंत्रता से पूर्व की प्रतिज्ञा में वही स्वतंत्रता के उपरांत प्रतिज्ञा में परिवर्तन करके हिंदू राष्ट्र की सर्वांगीण उन्नति की गई।)*
124. (ग) गुरु गोविंद सिंह *("जब तक राज्य को मुगलों से नहीं छुड़ा लूँगा, तब तक सोने-चाँदी के पात्रों में भोजन नहीं करूँगा।" यह प्रतिज्ञा महाराणा प्रताप ने ली थी; जबकि गुरु गोविंद सिंह ने जो प्रतिज्ञा ली थी, वह 'अमृत चखना' यानी शिष्य बनाने की थी।)*
125. (ख) हिंदू राष्ट्र की सर्वांगीण उन्नति करने के लिए मैं संघ का सदस्य बना हूँ।
126. (क) डॉ. केशव बलिराम हेडगेवार
127. (घ) राष्ट्रीय स्वयंसेवक संघ
128. (क) डॉ. हेडगेवार

## संघ भगवा ध्वज (गुरु)

129. (घ) उपर्युक्त सभी
130. (ग) ऋग्वेद
131. (घ) भारत के राष्ट्रीय ध्वज (तिरंगा ध्वज) और भगवा ध्वज में कोई अंतर नहीं है।
132. (ग) भगवा ध्वज को
133. (घ) उपर्युक्त सभी

134. (ख) भगवा ध्वज

135. (क) भगवान् श्रीरामचंद्रजी सांदीपनि *(श्रीराम के गुरु वसिष्ठ थे, जबकि श्रीकृष्ण के गुरु सांदीपनि थे।)*

136. (क) सन् 1928 में

137. (क) एक बार

138. (घ) उपर्युक्त सभी

139. (ग) 75 सें.मी.

140. (ख) 2.5 मीटर

141. (ख) कुश

142. (ग) 1000

143. (घ) उपर्युक्त सभी

144. (ख) एन.एच. पालकर

145. (क) 1928

146. (क) वाल्टर एंडरसन

## शाखा

147. (घ) शाखा केवल प्रांत प्रचारक की उपस्थिति में ही लगती है।

148. (ख) एक घंटे

149. (घ) उपर्युक्त सभी

150. (क) क्योंकि उस समय संघ में मुख्यत: विद्यार्थी स्वयंसेवक ही आते थे।

151. (घ) उपर्युक्त सभी *(शाखा कार्यकर्ता टोली की सबसे छोटी इकाई है।)*

152. (ग) शाखा कार्यवाह

153. (घ) उपर्युक्त सभी

154. (घ) प्रत्येक वर्ष शाखा से कम-से-कम दस स्वयंसेवकों को प्रशिक्षण हेतु नागपुर (मुख्यालय) भेजना।

155. (घ) उपर्युक्त सभी

156. (क) विद्यार्थी शाखा *(संघ शाखाएँ शिशु, बाल व तरुण विद्यार्थियों को सुसंस्कारित करने हेतु अधिक उपयुक्त हैं। अगली पीढ़ी के कार्यकर्ता इन्हीं शाखाओं में तैयार होते हैं, इसलिए संघ कार्य की रीढ़ विद्यार्थी शाखाएँ ही होती हैं।)*

157. (क) 'साप्ताहिक सेवा दिन' के रूप में

158. (ख) लोकनायक जयप्रकाश नारायण
159. (क) बालासाहब देवरस
160. (ख) नागपुर के सालूबाई मोहिते के बाड़े में
161. (ख) 28 मई, 1926
162 (घ) उपर्युक्त सभी
163 (घ) बैठक : कम संख्या के गट (टोली) में आपसी वार्तालाप एवं प्रश्नोत्तरी द्वारा विषयों की गहराई तक पहुँचकर उनको स्पष्ट करना। *(यह 'बैठक' नहीं, 'चर्चा' कहलाती है।)*
164. (ग) बी.एन. वरध पंडे
165. (ख) संघ मंडली
166. (ख) शाखा-विहीन स्थानों अथवा संघ-मंडल के स्थानों पर निश्चित दिन, निश्चित समय व स्थान पर साप्ताहिक एकत्रीकरण।
167. (ख) संघ मंडली
168. (ख) बैठक का
169. (घ) उपर्युक्त सभी
170. (ख) शिविर का

## संघ शिक्षा वर्ग

171. (ग) चार *(ये चार शिक्षा वर्ग हैं—प्राथमिक वर्ग, प्रथम वर्ग, द्वितीय वर्ग एवं तृतीय वर्ग)*
172. (ख) नागपुर
173. (क) वर्ष 1929 में
174. (घ) इन प्रशिक्षण शिविरों को सन् 1980 के बाद से 'संघ शिक्षा वर्ग' का नाम दिया गया। *(इन्हें यह नाम सन् 1950 के बाद दिया गया था।)*
175. (क) सन् 1950 के बाद से
176. (ख) मा.स. गोलवलकरजी
177 (ग) नागपुर
178. (क) पुणे
179. (ख) लाहौर
180. (ग) ऑफिसर ट्रेनिंग कैंप
181. (ख) शीतकालीन कैंप

182. (क) सन् 1928 में
183. (ख) सन् 1937 तक
184. (ग) सरसंघचालक, सरकार्यवाह, सह-सरकार्यवाह, वर्ग कार्यवाह
185. (ख) वर्धा
186. (ग) सन् 1939
187. (ग) पटना (बिहार)
188. (घ) उपर्युक्त सभी
189. (ग) दादाराव परमार्थ
190. (ख) हिंदू स्वयंसेवक संघ
191. (घ) उपर्युक्त सभी
192. (ग) तलझई (पूना)
193. (ख) 16 वर्ष से अधिक का
194. (ख) 18 वर्ष से अधिक का
195. (घ) प्राथमिक वर्ग, प्रथम वर्ग, द्वितीय वर्ग एवं तृतीय वर्ग।
196. (क) 20 दिन
197. (क) प्रांत
198. (ख) 20 दिनों का
199. (ख) क्षेत्र
200. (ख) 30 दिनों का
201. (ख) नागपुर
202. (ख) एक सप्ताह
203. (ख) जिला
204. (ग) यह वर्ग बौद्धिक एवं शारीरिक रूप से स्वयंसेवकों को संघ की जानकारी देता है तथा साथ ही समाज, राष्ट्र एवं धर्म की शिक्षा भी देता है।
205. (घ) उपर्युक्त सभी
206. (घ) उपर्युक्त सभी
207. (ख) दिसंबर
208. (क) तीन दिनों का
209. (ग) तीन दिन
210. (ग) यह वर्ग केवल संघ मुख्यालय, नागपुर में ही आयोजित किया जाता है।

211. (ग) यह छह-छह महीनों के बाद आयोजित होता है।

## संघ : भौगोलिक रचना

212. (ग) ग्यारह क्षेत्रों में
213. (घ) उपर्युक्त में से सभी
214. (ग) पाँच
215. (घ) उत्तर प्रदेश
216. (क) उत्तर क्षेत्र
217. (ख) तीन
218. (ग) महाराष्ट्र
219. (ग) पूर्वी एवं पश्चिमी तमिलनाडु
220. (क) गुजरात
221. (घ) जयपुर एवं जोधपुर
222. (घ) उपर्युक्त सभी
223. (घ) उपर्युक्त सभी
224. (क) मध्य प्रदेश
225. (ख) काशी
226. (घ) मुजफ्फरनगर
227. (ग) गौरक्ष (गोरखपुर)
228. (घ) उदयपुर
229. (क) मध्य क्षेत्र
230. (ख) उत्तर एवं दक्षिण बिहार
231. (घ) मार्च 1928 में
232. (घ) उपर्युक्त सभी
233. (ख) सिक्किम
234. (ग) 2 जून, 2014
235. (ख) नागपुर से 6 किलोमीटर दूर पहाड़ी (स्टार्की पॉइंट) पर
236. (ख) दक्षिण-मध्य क्षेत्र
237. (क) सरसंघचालक *(संघ के संविधान के अनुसार, सरसंघचालक का स्थान*

*सर्वोच्च है; परंतु क्रियान्वयन की दृष्टि से संघ के सर्वोच्च अधिकारी सरकार्यवाह हैं।)*

238. (ग) उपर्युक्त (क) एवं (ख) दोनों।

239. (ग) तीन वर्ष

240. (ग) सरसंघचालक का कार्यकाल 12 वर्ष से अधिक नहीं होता। *(कार्यकाल की कोई निश्चित अवधि नहीं।)*

241. (घ) उपर्युक्त सभी

242. (घ) उपर्युक्त सभी *(संघ के अखिल भारतीय कार्यकारी मंडल में सरसंघचालक, सरकार्यवाह, सह-सरकार्यवाह के अतिरिक्त अखिल भारतीय शारीरिक प्रमुख, वनवासी प्रमुख, संपर्क प्रमुख, प्रचार प्रमुख, सेवा प्रमुख, बौद्धिक प्रमुख आदि भी सम्मिलित होते हैं।)*

243. (ख) सरसंघचालक

## संघ प्रचारक

244. (घ) 4,000 प्रचारक

245. (घ) उपर्युक्त सभी

246. (घ) उपर्युक्त सभी

247. (क) पूर्णकालिक स्वयंसेवक को संघ में 'प्रचारक' कहा जाता है। *(साथ ही जिसने संघ के तीन वर्ष के प्रशिक्षण शिविर (संघ शिक्षा वर्ग) को किया है)*

248. (ग) बिना शर्त संपूर्ण समर्पण *(संन्यासी के समान, परंतु सामान्य रहते हुए उदात्त लक्ष्य के लिए कार्य करनेवाला, परंतु संन्यासियों से भिन्न।)*

249. (ग) 19 नवंबर, 1929 *(सन् 1932 तक 'प्रचारक' शब्द का इस्तेमाल नहीं होता था।)*

250. (क) 99

251. (क) सन् 1960 में

252. (घ) उपर्युक्त सभी

253. (घ) 1928

254. (घ) उपर्युक्त सभी

## संघ गणवेश

255. (घ) उपर्युक्त सभी
256. (क) सन् 1940 से
257. (ख) नीले मोजे व सफेद रंग के कपड़े के जूते
258. (ग) सफेद कमीज, पट्टा, नेकर, टोपी, जूते।
259. (ख) काली रंग की
260. (ख) खाकी
261. (ख) चमड़े/प्लास्टिक का सादा काले फीतेवाला जूता
262. (ख) सर्वप्रथम मोजा पश्चात् जूते, कमीज, नेकर, पट्टा, अंत में टोपी
263. (ख) नायलॉन का लाल पट्टा
264. (क) नागपुर
265. (घ) उपर्युक्त सभी

## संघ खेल

266. (घ) उपर्युक्त सभी
267. (क) घर बदलो एवं अंधा आदमी
268. (घ) उपर्युक्त सभी
269. (ग) यह तीन दंड का त्रिकोण (पिरामिड जैसा) तैयार करने की प्रतिस्पर्धा है।
270. (ख) भालू युद्ध में
271. (घ) लंबी कूद
272. (क) मेढक कूद स्पर्धा
273. (घ) उपर्युक्त सभी
274. (घ) निश्चित मर्यादा तक दौड़कर सबसे अंत में वापस आनेवाला गट विजयी होता है। सबसे अंत नहीं, बल्कि सबसे पहले/प्रथम आनेवाला विजयी होता है।
275. (घ) उपर्युक्त सभी
276. (ख) 1928
277. (घ) उपर्युक्त में से सभी
278. (ग) घर बदलो
279. (घ) उपर्युक्त सभी

280. (क) 'मैं शिवाजी' खेलते समय स्वयंसेवक संकट में पड़े अपने साथी का संकट अपने ऊपर ले लेता है।
281. (ख) घोड़ा बाँधो
282. (ग) गेंद
283. (ग) तीन बार
284. (ख) 'शेर-बकरी' द्वारा संगठन में शक्ति-भाव की अनुभूति होती है।
285. (ग) अंधा आदमी
286. (ग) मेढक कूद स्पर्धा
287. (घ) उपर्युक्त सभी
288. (ग) दीवार युद्ध
289. (ग) 3 और 5 दोनों से विभाजित होनेवाली संख्या आने पर 'रामकृष्ण' कहना चाहिए।

## संघ उत्सव

290. (ग) छह
291. (घ) महाशिवरात्रि महोत्सव
292. (घ) उपर्युक्त सभी
293. (घ) उपर्युक्त सभी
294. (ग) हिंदू साम्राज्य दिवसोत्सव
295. (ग) विजयादशमी के दिन डॉ. केशव बलिराम हेडगेवार ने संघ की स्थापना की थी।
296. (ग) विजयादशमी—सामाजिक समरसता एवं समानता का प्रकटीकरण।
297. (ख) स्वामी विवेकानंद का जन्म इसी दिन हुआ।
298. (ग) वर्ष प्रतिपदा के दिन संघ के संस्थापक डॉ. हेडगेवारजी का जन्म हुआ था।
299. (क) आषाढ़ मास
300. (क) 19 मई, 1674 को
301. (ख) भगवा ध्वज
302. (घ) 1928
303. (ख) विट्ठलभाई पटेल एवं डॉ. श्रीधर व्यंकटेश केलकर
304. (क) 500
305. (ग) 18

## हिंदुत्व

306. (क) हिंदुत्व में
307. (घ) 90 वर्षों से (अपनी स्थापना से)
308. (ग) सन् 1995 में
309. (घ) उपर्युक्त सभी
310. (ग) डॉ. गंगाप्रसाद पांडे
311. (ख) मध्य प्रांत कांग्रेस कार्यकारिणी के सदस्य के रूप में
312. (घ) खड्गपुर
313. (ख) राजगुरु
314. (घ) डॉ. हेडगेवार ने
315. (घ) मुक्तेश्वर
316. (ग) 10 नवंबर, 1929
317. (घ) उपर्युक्त सभी
318. (ख) वि.दा. सावरकर
319. (घ) वि.दा. सावरकर *('अभिनव भारत' की स्थापना वि.दा. सावरकर ने सन् 1904 में ब्रिटिश शासन से लड़ने के लिए की थी। सन् 1952 में (आजादी के बाद) सावरकर ने इस संगठन को विसर्जित कर दिया। यह संगठन सन् 2006 में पुन: सावरकरजी की बहू हिमानी सावरकर द्वारा आरंभ किया गया।)*
320. (क) बालाजी हुद्दार
321. (ख) मार्तंडराव जोग
322. (क) मई 1932
323. (घ) डी.डी. चौधरी
324. (ग) अनुच्छेद 44
325. (ग) 16
326. (क) 1200
327. (ख) माधवराव गोलवलकर
328. (घ) फेफड़ों में सूजन
329. (घ) संघ सांप्रदायिक है और राजनीतिक आंदोलनों में अत्यधिक भाग लेता है
330. (ख) संघ की प्रगति को रोकना
331. (ख) डॉ. हेडगेवार

## संघ साहित्य

332. (ग) पाञ्चजन्य
333. (ख) सन् 1948
334. (क) अटल बिहारी वाजपेयी
335. (ख) राष्ट्रधर्म प्रकाशन लिमिटेड
336. (घ) उपर्युक्त सभी *(वर्तमान में संघ की पत्रिका 'पाञ्चजन्य' दिल्ली स्थित भारत प्रकाशन से प्रकाशित होती है।)*
337. (ख) श्रीगुरुजी
338. (क) सन् 1948 *(पत्रिका पर पहली बार प्रतिबंध सन् 1948 तथा दूसरी बार आपातकाल के दौरान लगा था।)*
339. (ग) उपर्युक्त (क) और (ख) दोनों
340. (ख) भारतीय स्वाभिमान और शौर्य का उद्घोष
341. (ख) हितेश शंकर
342. (ग) 24 मार्च, 2014 *(ये दोनों पत्रिकाएँ 66 वर्षों से (1948 से 2014 तक) टैब्लायड आकार में प्रकाशित हो रही थीं। अब सन् 2014 से ये दोनों साप्ताहिक पत्रिकाएँ आकार व स्वरूप में प्रकाशित की जा रही हैं।)*
343. (ख) ऑर्गेनाइजर
344. (ख) सन् 1947 *(आजादी से कुछ ही सप्ताह पूर्व 'ऑर्गेनाइजर' का प्रकाशन प्रारंभ हुआ।)*
345. (क) साप्ताहिक
346. (घ) उपर्युक्त सभी
347. (ख) लालकृष्ण आडवाणी
348. (ख) आर. बालशंकर
349. (घ) उपर्युक्त सभी

## संघ परिवार-1

350. (घ) उपर्युक्त सभी
351. (ग) नेशनल स्टूडेंट्स ऑफ इंडिया *(यह छात्र संगठन कांग्रेस का छात्र संगठन है।)*
352. (घ) उपर्युक्त सभी
353. (ग) राष्ट्र सेविका समिति *(इस समिति की स्थापना सन् 1936 में वर्धा में*

*लक्ष्मीबाई केलकर द्वारा हुई थी।)*

354. (ख) ए.बी.वी.पी.
355. (ख) अखिल भारतीय विद्यार्थी परिषद्
356. (क) सन् 1948 में *(इसकी स्थापना सन् 1948 में हुई तथा 9 जुलाई, 1959 को यह पंजीकृत हुई।)*
357. (ख) प्रो. ओम प्रकाश बहल *(इसकी स्थापना का श्रेय बलराज मधोक को भी जाता है।)*
358. (ग) मुंबई
359. (घ) ज्ञान-शील-एकता
360. (क) प्रो. बलवंत बाल आप्टे *(बाल आप्टे सन् 1974 से 1979 तक ए.बी. वी.पी. के अध्यक्ष रहे।)*
361. (ग) चार *(ए.बी.वी.पी. की पहली इकाई कॉलेज इकाई, दूसरी नगर इकाई, तीसरी प्रांत इकाई एवं चौथी राष्ट्रीय इकाई है।)*
362. (ख) राष्ट्रीय छात्र-शक्ति
363. (घ) 22 लाख
364. (ग) बिहार
365. (ग) 9 जुलाई को
366. (क) राष्ट्रीय पुनर्निर्माण
367. (ख) अखिल भारतीय विद्यार्थी परिषद्
368. (घ) उपर्युक्त सभी
369. (घ) उपर्युक्त सभी
370. (ख) स्वामी विवेकानंद निःशुल्क शिक्षा शिविर
371. (ख) प्रो. पी. मुरली मनोहर
372. (ख) राष्ट्र सेविका समिति *(यह संघ के दर्शन के अनुरूप कार्य करती है, किंतु संघ की महिला शाखा नहीं है।)*
373. (ख) सन् 1936 में विजयादशमी के दिन
374. (घ) वर्धा में
375. (ग) लक्ष्मीबाई केलकर (मौसीजी)
376. (ग) वं. शांतक्का
377. (क) स्त्री राष्ट्र की आधारशिला है
378. (घ) उपर्युक्त सभी

379. (घ) उपर्युक्त सभी
380. (ख) नागपुर
381. (ख) वनवासी क्षेत्रों में ईसाइयों द्वारा छल से किए जा रहे धर्मांतरण को रोकने तथा वनवासियों को सक्षम एवं स्वावलंबी बनाने की दृष्टि से।
382. (ख) सन् 1952 में
383. (ख) बालासाहब देशपांडे *(श्री रमाकांत देशपांडे को 'बालासाहब देशपांडे' के उपनाम से जाना जाता है।)*
384. (क) जसपुर (छत्तीसगढ़)
385. (घ) उपर्युक्त सभी
386. (ख) नगरवासी, ग्रामवासी, वनवासी : हम सभी हैं—भारतवासी
387. (क) जमशेदपुर (झारखंड)
388. (ख) दत्तोपंत ठेंगड़ी
389. (क) सन् 1955 में
390. (घ) उपर्युक्त सभी
391. (ख) सन् 1979 में *(भारतीय किसान संघ के मार्गदर्शक भी दत्तोपंत ठेंगड़ी ही थे।)*
392. (घ) अखिल भारतीय साहित्य परिषद्
393. (ख) 26 अक्तूबर, 1966 को
394. (ग) दिल्ली
395. (ग) जैनेंद्र कुमार
396. (क) भारतीय जीवन-मूल्यों में आस्था रखनेवाले विभिन्न भाषाओं के साहित्यकारों को प्रोत्साहन देना तथा साहित्य का प्रचार व प्रसार करना।
397. (ख) इसका पंजीकृत केंद्रीय कार्यालय डॉ. हेडगेवार भवन, नागपुर में है *(इसका केंद्रीय कार्यालय बाबासाहब आप्टे भवन, नई दिल्ली में है)*।
398. (क) साहित्य परिक्रमा
399. (ख) काका साहब खाडिलकर
400. (घ) उपर्युक्त सभी
401. (ख) कोटा *(सन् 1972, 89 एवं 96 में इसका राष्ट्रीय अधिवेशन कोटा में हुआ।)*
402. (ग) झाँसी
403. (घ) उपर्युक्त सभी

404. (घ) उपर्युक्त सभी
405. (ग) एच.एस. अज्ञेय
406. (घ) 21 प्रांतों में
407. (क) त्रिभुवन नाथ शुक्ल
408. (ख) बाबा साहब आप्टे स्मारक समिति
409. (ख) अखिल भारतीय विद्यार्थी परिषद् *(इसकी स्थापना सन् 1948 में हुई, जबकि जन संघ की स्थापना 1951 में हुई।)*
410. (ख) सन् 1964 में *(पहली बार 21 मई, 1964 को बंबई के सांदीपनि साधनशाला में एक सम्मेलन संघ के तत्कालीन सरसंघचालक श्रीगुरुजी ने बुलाया। इस सम्मेलन में हिंदू, सिख, जैन, बौद्ध के प्रतिनिधि सम्मिलित हुए थे। विहिप की श्रीराम जन्मभूमि निर्माण आंदोलन में महत्त्वपूर्ण भूमिका रही।)*
411. (घ) उपर्युक्त सभी
412. (ग) बरगद का पेड़
413. (ग) धर्मो रक्षति रक्षितः *(यानी जो धर्म की रक्षा करता है, धर्म उसकी रक्षा करता है।)*
414. (घ) उपर्युक्त सभी
415. (ख) डॉ. विश्वनाथ राव वणीकर
416. (ग) सिद्धपुर में
417. (ख) अशोक सिंघल *(इनका देहावसान 17 नवंबर, 2015 को हुआ।)*
418. (ग) एक विख्यात कैंसर सर्जन
419. (ग) सन् 2013—मालदीव *(यह टोरंटो, कनाडा में वर्ष 2013 में आयोजित हुआ था।)*
420. (ख) बजरंग दल
421. (घ) सन् 1984 में
422. (ख) सेवा, सुरक्षा और संस्कृति
423. (ग) ललित कला के क्षेत्र में राष्ट्रीय चेतना लाने के उद्देश्य से।
424. (ग) सन् 1981 में
425. (घ) उपर्युक्त सभी
426. (घ) 1,200
427. (ख) लखनऊ में

428. (ग) सन् 1990 से
429. (घ) उपर्युक्त सभी
430. (ग) सन् 1979 में
431. (ग) माधवराव गोडबोले
432. (घ) उपर्युक्त सभी
433. (क) बिना संस्कार नहीं सहकार
434. (घ) सहकार भारत (दिल्ली)
435. (ख) विज्ञान के क्षेत्र में स्वदेशी दृष्टि तथा विचारों को स्थापित करना।
436. (घ) सन् 1991 में
437. (ख) अविद्यया मृत्युं तीर्वा विद्यया मृतमश्नुते
438. (घ) उपर्युक्त सभी
439. (ग) सन् 1980 में

## संघ परिवार-2

440. (ग) 18,000
441. (घ) सन् 1977 *(सन् 1977 में सभी समितियाँ विद्या भारती के अंतर्गत एकत्र की गई थीं)*
442. (घ) उपर्युक्त स्तर पर
443. (घ) 86
444. (ख) मिजोरम एवं लक्षद्वीप
445. (ग) विद्या भारती
446. (घ) 34 लाख से अधिक
447. (घ) उपर्युक्त सभी
448. (ग) सन् 1977
449. (घ) उपर्युक्त सभी
450. (ग) 22 नवंबर, 1991 को
451. (क) नागपुर में
452. (घ) सामाजिक समरसता मंच एवं हिंदू जागरण मंच
453. (ग) दत्तोपंत ठेंगड़ी
454. (घ) उपर्युक्त सभी
455. (घ) एन. गुरुमूर्ति

456. (ग) सन् 1972 में
457. (घ) नानाजी देशमुख
458. (ग) दिल्ली
459. (घ) उपर्युक्त सभी
460. (ख) 21 अक्तूबर, 1951 को
461. (ख) डॉ. श्यामा प्रसाद मुकर्जी द्वारा
462. (ग) दिल्ली में *(जनसंघ की स्थापना डॉ. श्यामा प्रसाद मुकर्जी की अध्यक्षता में 21 अक्तूबर, 1951 को दिल्ली में हुई थी।)*
463. (ग) श्यामा प्रसाद मुकर्जी
464. (क) कांग्रेस पार्टी की धर्मनिरपेक्ष राजनीति के प्रत्युत्तर में राष्ट्रवाद के समर्थन में इसकी (जनसंघ की) स्थापना की गई।
465. (घ) उपर्युक्त सभी
466. (ख) माधवराव सदाशिवराव गोलवलकर (गुरुजी)
467. (क) नानाजी देशमुख
468. (ग) कश्मीर के भारत में पूर्ण विलय के लिए आंदोलन
469. (ख) 21 अक्तूबर, 1951 को दिल्ली में
470. (ग) सन् 1967 में *(जनसंघ का यह ऐतिहासिक सम्मेलन पं. दीनदयाल उपाध्याय की अध्यक्षता में हुआ था।)*
471. (ग) उपर्युक्त (क) और (ख) दोनों
472. (ग) लालकृष्ण आडवाणी
473. (ख) जयप्रकाश नारायण
474. (ख) पं. मौलिचंद्र शर्मा *(डॉ. श्यामा प्रसाद मुकर्जी की मृत्यु के उपरांत जन संघ के अध्यक्ष पं. मौलिचंद्र शर्मा बनाए गए थे। जबकि पं. दीनदयाल उपाध्याय तो बाद में सन् 1967 में जन संघ के अध्यक्ष बने।)*
475. (घ) उपर्युक्त सभी
476. (ग) नानाजी देशमुख
477. (क) सन् 1955 में
478. (घ) वह जनता पार्टी के गठन के दौरान जनसंघ के अध्यक्ष रहे।
479. (ख) सन् 1966 में
480. (क) पं. दीनदयाल उपाध्याय
481. (क) सन् 1967 में *(जन संघ के सन् 1967 के कालीकट (केरल) के*

*ऐतिहासिक अधिवेशन में पं. दीनदयाल उपाध्याय को जन संघ का अध्यक्ष चुना गया।)*

482. (ख) सन् 1969 से 72 तक
483. (ख) सन् 1973 में (सन् 1973 से 77 तक)
484. (घ) लालकृष्ण आडवाणी
485. (ख) तीन *(सन् 1957 के दूसरी लोकसभा के चुनावों में भी जन संघ ने मात्र 4 सीटें ही जीती थीं।)*
886. (क) चौदह
887. (क) पैंतीस
488. (ख) बाईस
489. (घ) हर हाथ को काम, हर खेत को पानी, हर घर में दीपक *(यही है जन संघ की निशानी)*
490. (घ) भारतीय जन संघ
491. (क) कार्यकर्ता का एक पाँव रेल में और दूसरा जेल में।
492. (घ) उपर्युक्त सभी
493. (ख) जनता पार्टी में
494. (ग) दीपक
495. (ख) दोहरी सदस्यता का *(जनता पार्टी के गठन के कुछ मास बाद उसके गैर-जन संघ के नेताओं ने एक प्रस्ताव रखा कि जन संघ के लोग दोहरी सदस्यता छोड़ें। इसका तात्पर्य था—जनता पार्टी एवं संघ की सदस्यता एक साथ न रखें। जनसंघ के संघ से संबंध रखने पर आपत्ति उठाई गई। जन संघ के नेताओं ने यह प्रस्ताव ठुकरा दिया। 4 अप्रैल, 1980 को जनता पार्टी की कार्यकारिणी ने अपने सदस्यों के संघ का सदस्य होने पर प्रतिबंध लगाया। इसके दो दिन बाद 6 अप्रैल, 1980 को जनता पार्टी से अलग होकर जन संघ ने 'भारतीय जनता पार्टी' नाम से नई राजनीतिक पार्टी बनाई।)*
496. (ग) भारतीय जनता पार्टी
497. (ग) वे मात्र 40 वर्ष की उम्र में (नेहरू मंत्रिमंडल में) केंद्रीय मंत्री बने।
498. (घ) उद्योग मंत्री
499. (क) नेहरूवाद तथा पाकिस्तान एवं बँगलादेश (पूर्वी पाकिस्तान) में हिंदू अल्पसंख्यकों पर हो रहे अत्याचार पर भारत के चुप रहने से क्षुब्ध होकर।

500. (ख) डॉ. मुकर्जी सन् 1948 से 50 तक हिंदू महासभा के राष्ट्रीय अध्यक्ष रहे *(वे सन् 1933-34 में हिंदू महासभा के अध्यक्ष रहे। सन् 1951 में डॉ. मुकर्जी ने एक राष्ट्रवादी हिंदुत्ववादी पार्टी बनाने की घोषणा की। प्रारंभ में उन्होंने 'इंडियन पीपुल्स पार्टी' नामक एक पार्टी बनाई, पर बाद में संघ के सुझाव पर उन्होंने अपने दल का नाम जन संघ रखा।)*

501. (घ) उपर्युक्त सभी

502. (घ) एक देश में दो निशान, दो प्रधान, दो विधान—नहीं चलेंगे, नहीं चलेंगे। *(जम्मू व कश्मीर के प्रमुख राजनीतिक दल प्रजा परिषद् ने 20वीं शताब्दी के पाँचवें दशक में राज्य के विभिन्न मुद्दों को लेकर एक ऐतिहासिक आंदोलन चलाया। इसी परिषद् के आंदोलन का मुख्य स्वर था—एक देश में दो संविधान, दो प्रधान और दो निशान नहीं हो सकते हैं। इसी आंदोलन का समर्थन करते हुए डॉ. मुकर्जी जम्मू व कश्मीर सरकार द्वारा गिरफ्तार हुए और वहीं श्रीनगर की जेल में उनकी रहस्यमय मृत्यु (सन् 1953) हुई।)*

503. (ग) डॉ. श्यामा प्रसाद मुकर्जी

504. (ख) 23 जून, 1953 को श्रीनगर की जेल में *(पं. नेहरू के अधिनायकवादी रवैए के फलस्वरूप डॉ. श्यामा प्रसाद मुकर्जी को कश्मीर की जेल में डाल दिया गया, जहाँ उनकी संदेहास्पद परिस्थिति में मृत्यु 23 जून, 1953 को हो गई। 23 जून का दिन भाजपा द्वारा 'बलिदान दिवस' के रूप में मनाया जाता है।)*

505. (क) पं. दीनदयाल उपाध्याय *(उल्लेखनीय है कि तब तक जनसंघ में अटलजी एवं आडवाणीजी का वर्चस्व स्थापित नहीं हुआ था।)*

506. (घ) उपर्युक्त सभी

507. (ग) पं. दीनदयाल उपाध्याय सन् 1977 में बनी जनता पार्टी की सरकार में वित्त मंत्री थे।

508. (ग) श्यामा प्रसाद मुकर्जी *(जनसंघ की स्थापना के बाद पार्टी का दूसरा अधिवेशन कानपुर में हुआ, जहाँ डॉ. मुकर्जी ने पं. दीनदयाल उपाध्याय की संगठन क्षमता से प्रभावित होते हुए कहा था कि 'यदि मेरे पास और दो दीनदयाल हों तो मैं भारत का राजनीतिक स्वरूप बदल दूँगा।')*

509. (ख) अटल बिहारी वाजपेयी

510. (ग) सन् 1937 में

511. (घ) उपर्युक्त सभी

512. (क) उत्तर प्रदेश 'भारतीय जनसंघ' का मंत्री/महासचिव

513. (घ) पं. दीनदयाल उपाध्याय *(भारतीय अर्थ-चिंतन में पं. दीनदयाल का मौलिक योगदान एकात्म मानववाद है, जिसमें आज की सामाजिक व आर्थिक समस्याओं के साथ चार पुरुषार्थों—धर्म, अर्थ, काम, मोक्ष के संबंध में प्रकाश डाला गया है।)*

514. (घ) 'मेरा देश, मेरा जीवन' (यह पुस्तक भाजपा के वरिष्ठ नेता श्रीलालकृष्ण आडवाणी की आत्मकथा है।)

515. (क) पॉलिटिकल डायरी *(पं. दीनदयाल उपाध्याय अपने व्यस्त राजनीतिक जीवन में भी अनेक वर्षों तक अंग्रेजी साप्ताहिक 'ऑर्गेनाइजर' में 'पॉलिटिकल डायरी' नामक स्तंभ के अंतर्गत तत्कालीन राजनीतिक आर्थिक घटनाक्रम पर गंभीर विवेचनात्मक टिप्पणियाँ लिखते रहे। उनके देहांत के बाद उनके लेखों का संकलन उसी स्तंभ में 'पॉलिटिकल डायरी' नाम से प्रकाशित हुआ।)*

516. (क) 11 फरवरी, 1968 को *(11 फरवरी, 1968 की रात ट्रेन से लखनऊ से पटना के सफर के दौरान पं. दीनदयाल की रहस्यमय ढंग से मौत हो गई। उनका शव मुगलसराय के रेलवे ट्रैक पर मिला।)*

517. (ख) अटल बिहारी वाजपेयी

518. (ख) 6 अप्रैल, 1980 *(6 अप्रैल, 1980 को दिल्ली के रामलीला मैदान में कार्यकर्ताओं के एक विशाल अधिवेशन में (जन संघ से) भारतीय जनता पार्टी का गठन किया गया। प्रथम अध्यक्ष अटल बिहारी वाजपेयी को बनाया गया। भाजपा की स्थापना जनसंघ के स्थान पर हुई। हालाँकि भाजपा का गठन सन् 1980 में हुआ, परंतु इसका इतिहास जनसंघ से जुड़ा है।)*

519. (घ) उपर्युक्त सभी

520. (ख) एकात्म मानववाद *(भारतीय जनता पार्टी की कथित विचारधारा एकात्म मानववाद को सर्वप्रथम पं. दीनदयाल उपाध्याय ने (सन् 1965) दी थी। भारतीय सभ्यता एवं संस्कृति की चिंतनधारा के आधार पर उन्होंने पूरे विश्व को एकात्म मानववाद का दर्शन दिया।)*

521. (ख) राष्ट्रीय स्वयंसेवक संघ

522. (घ) उपर्युक्त सभी *(भाजपा के अध्यक्ष समेत कोई भी पदाधिकारी आसानी*

*से संघ के सुझावों की अवहेलना नहीं कर सकता। संघ की देखरेख, आशीर्वाद एवं मार्गदर्शन से भाजपा का संगठन संचालित होता है।)*

523. (ख) भारतीय जनता पार्टी
524. (ख) बलराज मधोक
525. (ख) भारतीय जनता पार्टी
526. (घ) 10 करोड़ *(भाजपा ने अपना नवीनतम सदस्यता अभियान 1 नवंबर, 2014 से प्रारंभ किया था, जिसके तहत भाजपा अध्यक्ष अमित शाह ने 1 नवंबर को प्रधानमंत्री श्री नरेंद्र मोदी को पहला सदस्य बनाकर इस अभियान की शुरुआत की थी। 31 मार्च, 2015 तक (मात्र 5 महीने में) सदस्यता 10 करोड़ करने का लक्ष्य था।)*
527. (घ) बलराज मधोक
528. (क) डॉ. श्यामाप्रसाद मुकर्जी
529. (घ) 94
530. (ख) 742
531. (क) जवाहर लाल नेहरू
532. (ख) 489 में से 3
533. (घ) 3283 में से 35
534. (ख) नहीं
535. (घ) प्रकाशन के जरिए
536. (क) राष्ट्रधर्म
537. (ग) पाञ्चजन्य
538. (ख) स्वदेश
539. (ग) ऑर्गेनाइजर
540. (घ) हिंदुस्तान समाचार
541. (ख) अखिल भारतीय विद्यार्थी परिषद्
542. (घ) भारतीय मजदूर संघ
543. (क) विश्व हिंदू परिषद्
544. (ग) हस्ताक्षर अभियान
545. (क) कन्याकुमारी
546. (ख) नहीं
547. (घ) गोवा विमोचन समिति

548. (क) 2 अगस्त, 1954 को
549. (ग) 26 जनवरी, 1963
550. (क) बंच ऑफ थॉट्स
551. (ग) गुरु गोलवलकर
552. (क) दक्षिणा
553. (ख) माधव सदाशिव गोलवलकर
554. (क) 11 नवंबर, 1923
555. (क) राजा लक्ष्मण राव भोंसले
556. (ख) डॉ. मुंजे
557. (घ) डॉ. हेडगेवार
558. (क) वीर सावरकर
559. (घ) साढ़े छह महीने
560. (ख) आडवाणी द्वारा जिन्ना को धर्मनिरपेक्ष बताए जाने के कारण *(आडवाणी द्वारा पाकिस्तान यात्रा के दौरान मुहम्मद अली जिन्ना को दुश्मन के बजाय धर्मनिरपेक्ष बताए जाने के कारण संघ ने आडवाणी की आलोचना की और तत्कालीन संघ प्रमुख सुदर्शनजी ने आडवाणी से इस्तीफे की माँग की।)*
561. (क) उनका जन्म 25 दिसंबर, 1934 को लखनऊ में हुआ। *(अटलजी का जन्म 25 दिसंबर, 1924 को ग्वालियर में हुआ था।)*
562. (घ) उपर्युक्त सभी
563. (क) गुरुजी की रणनीति के तहत
564. (ख) प्रचारकों को
565. (ख) सांस्कृतिक
566. (घ) संघ के खिलाफ आरोप सिद्ध करो या प्रतिबंध हटाओ
567. (क) संघ का लिखित संविधान दें
568. (घ) टी.आर. व्यंकटराम शास्त्री ने
569. (ग) संघ राजनीतिक दल न बन जाए
570. (क) अटल बिहारी वाजपेयी
571. (ख) राजा लक्ष्मण राव भोंसले
572. (ख) महात्मा गांधी
573. (क) 25 दिसंबर, 1934

574. (ग) महादेव भाई देसाई एवं कुमारी मीरा बेन

575. (क) आप्पाजी जोशी

576. (ख) महादेव भाई देसाई ने आप्पाजी जोशी के

577. (क) 26 दिसंबर, 1934

578. (क) संघ की प्रशंसा की

579. (ग) माधवराव गोलवलकर

580. (क) माधवराव गोलवलकर

581. (घ) चिकित्सक दल बनाकर

582. (घ) उपर्युक्त सभी *(मोदी में संघ को ऐसा व्यक्ति दिखाई देता है, जो उसकी विचारधारा को मुख्यधारा में स्थापित कर सकता है। संघ ने सन् 1977 के चुनावों के बाद दूसरी बार (इस बार वर्ष 2014 के चुनावों में) भाजपा को सहारा दिया है।)*

583. (क) स्वयंसेवक

584. (घ) 28 मई, 1926

## संघ से जुड़ी संस्थाएँ

585. (ग) 23 नवंबर, 1986 *(इसकी स्थापना 23 नवंबर, 1986 को गुरु नानक देव के प्रकाश पर्व के दिन हुई।)*

586. (ग) सन् 1984 में सिखों का नरसंहार

587. (ख) सरदार शमशेर सिंह

588. (ख) रज्जू भैया

589. (क) हिंदुस्तान की रक्षा करो और उसे विजयी बनाओ

590. (क) अमृतसर में

591. (ख) लखनऊ के प्रसिद्ध सिख विद्वान्

592. (ख) सरदार चिरंजीव सिंह

593. (ग) श्रीगुरु ग्रंथ साहिब

594. (ख) संगत संसार

595. (ख) सरदार गुरुचरण सिंह गिल

596. (ग) 3 दिसंबर, 1992 को

597. (ख) पुणे में

598. (घ) उपर्युक्त में से कोई नहीं

599. (घ) उपर्युक्त सभी

600. (ख) सन् 1963 *(सन् 1963 में एकनाथजी रानाडे द्वारा विवेकानंद शिला स्मारक समिति का गठन किया गया। इसी के अंतर्गत विवेकानंद शिला स्मारक का निर्माण-कार्य पूरा हुआ।)*

601. (ग) विवेकानंदजी की जन्म-शताब्दी के अवसर पर

602. (ख) संघ के तत्कालीन सरकार्यवाह मा. एकनाथजी रानाडे को

603. (घ) कन्याकुमारी में

604. (क) वर्धा

605. (ग) वाहिनी

606. (घ) घोष

607. (ग) सन् 1893 में

608. (क) इसी दिन स्वामी विवेकानंद का जन्म हुआ था।

609. (ग) स्वामी विवेकानंद

610. (क) सन् 1974 में

611. (ग) पुणे में

612. (ग) इस संगठन के प्रारंभिक अध्यक्ष के.एन. गोविंदाचार्य थे।

613. (घ) 26 मई, 1994 को

614. (क) नागपुर

615. (क) अनंत रावजी भिड़े

616. (ख) समदृष्टि क्षमता विकास एवं अनुसंधान मंडल

617. (क) विकलांग परिवार का अंग है, वह समाज का बोझ नहीं।

618. (घ) 20 जून, 2008 को

619. (क) अखिल भारतीय दृष्टिहीन कल्याण संघ

620. (ग) मदनदासजी

621. (ग) 12 जनवरी, 1963 को

622. (ख) भारत विकास परिषद् एक सेवा एवं संस्कार-उन्मुख अराजनीतिक, सामाजिक व सांस्कृतिक स्वयंसेवी संस्था है।

623. (क) स्वस्थ, समर्थ, संस्कृत भारत।

624. (घ) उपर्युक्त सभी

625. (ख) भारत विकास परिषद्

626. (ख) सन् 1967 से

627. (घ) उपर्युक्त सभी
628. (ग) सन् 1983 में
629. (क) विकास प्रक्रिया में समान अवसरों की उपलब्धता के साथ बंधुभाव का विकास करना।
630. (ग) डॉ. भीमराव अंबेडकर की *(20 मार्च, 1927 को डॉ. अंबेडकर ने (महाड़) कोलाबा के चवादार तालाब से सबके लिए पानी के उपयोग का अधिकार प्राप्त करने हेतु सामाजिक न्याय की नई दिशा प्रदान की थी। उसकी स्मृति में इसी दिन 'सामाजिक अधिकारिता स्मृति दिवस' मनाया जाता है।)*
631. (क) बालासाहब देवरस ने *(बालासाहब देवरस ने (1974 में) पुणे में आयोजित वसंत व्याख्यानमाला में 'सामाजिक समरसता एवं हिंदू संगठन' विषय पर दिए अपने भाषण में ये शब्द कहे थे।)*
632. (ग) नरेंद्र मोदी

## हिंदू स्वयंसेवक संघ

633. (ग) हिंदू स्वयंसेवक संघ *(विदेश स्थित हिंदुओं को संगठित करने के उद्‍देश्य से पिछले लगभग 68 वर्षों से 'हिंदू स्वयंसेवक संघ' अनेक देशों में कार्यरत है।)*
634. (ग) केन्या (अफ्रीका)
635. (ग) 35 देशों *(वर्तमान में विश्व के पाँच महाद्वीपों के लगभग 35 देशों में हिंदू स्वयंसेवक संघ कार्यरत है। प्रत्येक देश का कार्य उन देशों के कानूनों के अंतर्गत चलता है।)*
636. (घ) 550 शाखाएँ
637. (घ) उपर्युक्त सभी
638. (ग) उपर्युक्त (क) और (ख) दोनों
639. (घ) के.एस. सुदर्शन
640. (ग) प्रो. राजेंद्र सिंह
641. (क) इंग्लैंड में मिल्टन केंस नामक स्थान पर
642. (ग) सन् 1994 में *(जबकि अमेरिका में तो सन् 1989 में ही 'हिंदू स्वयंसेवक संघ' स्थापित हो चुका था।)*

## डॉ. केशव बलिराम हेडगेवार (सरसंघचालक)

643. (ख) 1 अप्रैल, 1889 को नागपुर में
644. (घ) उपर्युक्त सभी
645. (ग) सन् 1910 में
646. (ग) छह वर्ष *(सन् 1910 से 1916 तक)*
647. (ग) अनुशीलन समिति
648. (घ) कोकेन *(क्रांतिकारियों के बीच छद्म नाम 'कोकेन' से जाने जाते थे।)*
649. (ग) सन् 1916 में
650. (ख) त्रैलोक्यनाथ चक्रवर्ती
651. (ख) नागपुर नेशनल यूनियन
652. (ग) कांग्रेस *(डॉक्टरजी सन् 1919 से 1931 तक प्रांतीय कार्यकारिणी समिति के सदस्य रहे, साथ ही हिंदू महासभा के प्रांतीय सचिव एवं बंगाल प्रदेश के उपाध्यक्ष भी रहे।)*
653. (क) डॉ. हेडगेवार ने *(कांग्रेस के राष्ट्रीय अधिवेशन नागपुर (1920) में आए लगभग 15 हजार प्रतिनिधियों के रहने एवं खाने-पीने की सारी व्यवस्था डॉक्टरजी ने खुद की थी।)*
654. (ख) असहयोग आंदोलन
655. (ख) कलकत्ता अधिवेशन *(यहाँ डॉक्टरजी की मुलाकात सुभाषचंद्र बोस से हुई।)*
656. (ग) सन् 1925 में *(संघ की स्थापना डॉ. हेडगेवार ने विजयादशमी के दिन 27 सितंबर, 1925 को अपने घर में 15-20 लोगों की बैठक में की थी।)*
657. (ख) 19 दिसंबर, 1926 को
658. (ग) 36 वर्ष
659. (ख) बाबासाहब आप्टे एवं दादाराव परमार्थ
660. (क) संगठन शास्त्र के विशेषज्ञ
661. (ख) 19 अगस्त, 1921 से 12 जुलाई, 1922 तक *(रिहाई के बाद स्थान-स्थान पर डॉक्टरजी का स्वागत हुआ। नागपुर के व्यंकटेश नाटक गृह में आयोजित अभिनंदन समारोह में पं. मोतीलाल नेहरू जैसे बड़े कांग्रेसी नेता उपस्थित रहे थे।)*
662. (क) 21 जुलाई, 1930 *(डॉक्टरजी को उनके साथियों समेत गिरफ्तार किया*

*गया। डॉक्टरजी बाद में 14 फरवरी, 1931 को जेल से रिहा हुए। जेल से रिहाई के बाद कार्यवाहक सरसंघचालक डॉ. परांजपे ने डॉक्टरजी को सरसंघचालक के पद का कार्यभार सौंप दिया।)*

663. (ख) डॉ. ल.वा. परांजपे

664. (ख) गण

665. (ख) बाबा साहब आप्टे

666. (क) 19 नवंबर, 1929 को *(अप्पाजी जोशी सहित डॉक्टरजी के सहयोगियों ने निर्णय लिया कि डॉक्टरजी को अब से 'सरसंघचालक' कहा जाए। इस शब्द का प्रथम प्रयोग 19 नवंबर, 1929 को अप्पाजी ने डॉक्टरजी की 'सरसंघचालक' प्रणाम की आज्ञा देकर किया। उसी समय सरसंघचालक की सहायता के लिए सरकार्यवाह के पद का सृजन भी किया गया।)*

667. (घ) अप्पाजी जोशी

668. (ख) अप्पाजी जोशी

669. (ग) 20 जून, 1939 को

670. (ग) श्री ह.व्यं. कुलकर्णी

671. (ख) सुभाषचंद्र बोस

672. (ग) श्रीगुरुजी

673. (ख) सन् 1962 में

674. (क) सन् 1988-89

675. (क) स्वामी सत्यमित्रानंदजी ने

## माधवराव सदाशिवराव गोलवलकर

676. (घ) उपर्युक्त सभी

677. (घ) श्री गुरुजी *(अध्यापन व्यवसाय के कारण सदाशिवराव गोलवलकरजी को 'श्रीगुरुजी' की उपाधि मिली, जो हमेशा के लिए उनके व्यक्तित्व के साथ जुड़ गई। 'गुरुजी' उनका मूल नाम नहीं, उपनाम है।)*

678. (ग) बनारस हिंदू विश्वविद्यालय

679. (ग) सन् 1931 में

680. (ग) सन् 1932 में

681. (ख) सन् 1933 में *(बनारस हिंदू विश्वविद्यालय से वापस नागपुर लौट आने के बाद सन् 1933 में श्रीगुरुजी रामकृष्ण आश्रम की धतौली, नागपुर शाखा से जुड़े।)*

682. (घ) डॉ. हेडगेवार

683. (क) वी एंड द नेशन डिफाइंड *(इस पुस्तक में श्रीगुरुजी ने अपने सपनों के भारत का खाका खींचा था।)*

684. (ख) स्वामी अखंडानंदजी

685. (ख) 13 अगस्त, 1939 को

686. (क) 3 जुलाई, 1940 को *(राष्ट्रीय स्वयंसेवक संघ की जो नींव डॉ. हेडगेवारजी ने रखी, उसे शक्तिशाली आंदोलन का रूप 'गुरुजी' ने दिया।)*

687. (क) श्रीगुरुजी

688. (घ) 33 वर्षों तक *(सन् 1940 से 1973 तक)*

689. (ख) 34 वर्ष

690. (ख) श्रीगुरुजी

691. (घ) 2 अप्रैल, 1973 को

692. (क) हो.वे. शेषाद्रि

693. (ख) भारत की तत्कालीन प्रधानमंत्री इंदिरा गांधी *(5 जून, 1973 को श्रीगुरुजी ने महाप्रयाण किया।)*

694. (ख) विनोबा भावे

695. (ग) सन् 2006–07

## बालासाहब देवरस

696. (ख) बालासाहब देवरस

697. (क) इनका जन्म 1 दिसंबर, 1925 को नागपुर में हुआ। *(देवरसजी का जन्म 11 दिसंबर, 1915 को हुआ था।)*

698. (घ) उपर्युक्त सभी

699. (ख) बालासाहब देवरस

700. (ग) सन् 1973 में *(सन् 1973 में गुरुजी के देहावसान के पश्चात् वह सरसंघचालक बने थे।)*

701. (घ) 58 वर्ष

702. (ग) 22 वर्षों तक *(सन् 1973 से 1994 तक)*

703. (क) सन् 1974 में पुणे में आयोजित

704. (ग) बालासाहब देवरस

705. (ख) मोरोपंत पिंगले तथा रज्जू भैया *(बालासाहब देवरस की दूरदृष्टि के चलते आपातकाल के दौरान जब वह जेल में रहे, तब भी संघ को उसी गति से चलाते रहे, जिस गति से वह पूर्व में चल रहा था। संघ की कार्य प्रणाली एवं व्यवस्थित ढंग से चलती गतिविधियों को देखकर सभी चकित थे। एक बार एक राजनेता जब बालासाहब से मिलने जेल में आउ तो उन्होंने बालासाहब से एक प्रश्न किया था, 'आप तो यहाँ कारागृह में हैं, फिर भी बाहर संघ की गतिविधियाँ इतनी सुव्यवस्थित ढंग से कैसे चल रही हैं ?' इस पर बालासाहब ने उनसे कहा, 'उन्होंने (इंदिरा सरकार ने) एक सरसंघचालक को गिरफ्तार किया है। बाहर चार सरसंघचालक कार्य कर रहे हैं।')*

706. (ख) बालासाहब देवरस

707. (क) बालासाहब देवरस *(इसका अर्थ है कि डॉक्टरजी या गुरुजी ने विशिष्ट परिस्थितियों में जो कुछ कहा होगा, उसको धर्मग्रंथ मानकर संघ नई परिस्थिति में नया विचार करने से इनकार नहीं करेगा।)*

708. (क) श्रीगुरुजी ने *(नागपुर से प्रकाशित हिंदी साप्ताहिक 'युगधर्म' में बालासाहब देवरस को गुरुजी ने 'डॉक्टरजी की प्रतिमूर्ति' कहा था।)*

709. (ख) सन् 1994 में *(बालासाहब देवरस ने अपने जीवनकाल में ही रज्जू भैया को सरसंघचालक पद पर अभिषिक्त किया तो यह घटना भारत के सार्वजनिक जीवन में एक अजूबा बन गई; जबकि देवरसजी की मृत्यु बाद में 17 जून, 1996 को हुई।)*

## प्रो. राजेंद्र सिंह

710. (ग) रज्जू भैया

711. (घ) उपर्युक्त सभी

712. (ग) अक्तूबर 1942 *(प्रारंभ में प्रो. राजेंद्र सिंह को संघ ने प्रयाग नगर का दायित्व सौंपा था।)*

713. (क) इलाहाबाद विश्वविद्यालय

714. (ख) सन् 1994 में *(सन् 1994 में संघ के तीसरे सरसंघचालक बालासाहब देवरस ने अपने जीवन काल में ही रज्जू भैया को सरसंघचालक पद पर*

*दायित्व दिया। वह (उत्तर) भारत के प्रथम गैर-महाराष्ट्रियन अब्राह्मण सरसंघचालक थे।)*

715. (ग) चौथे
716. (ख) रज्जू भैया
717. (ख) 6 वर्ष तक *(सन् 1994 से 2000 तक)*
718. (ख) 10 मार्च, 2000 को

## के.एस. सुदर्शन

719. (क) 18 जून, 1931 को रायपुर (छत्तीसगढ़) में
720. (घ) कुप्हल्ली सीतारामय्या सुदर्शन
721. (ग) वह सन् 1964 से 1977 तक पूर्वांचल क्षेत्र के प्रचारक रहे थे।
722. (ख) सागर विश्वविद्यालय
723. (घ) उपर्युक्त सभी
724. (ग) सन् 2000 में
725. (ख) 9 वर्ष *(सन् 2000 से 2009 तक)*
726. (ग) पाँचवें
727. (ख) सुदर्शनजी का जन्म मांड्या (कर्नाटक) में हुआ। *(सुदर्शनजी का जन्म रायपुर, छत्तीसगढ़ (तब म.प्र.) में हुआ।)*
728. (घ) 21 मार्च, 2009 को *(सुदर्शनजी का देहावसान 15 सितंबर, 2012 को हुआ।)*

## मोहनराव भागवत

729. (ख) 11 सितंबर, 1950 को चंद्रपुर (महाराष्ट्र) में
730. (घ) उपर्युक्त सभी
731. (क) अंकोला के प्रचारक बने *(प्रारंभ में अकोला, बाद में नागपुर एवं विदर्भ क्षेत्र के प्रचारक भी बने।)*
732. (ख) गुजरात प्रांत के *(मोहनराव भागवत के पिता श्री मधुकरराव भागवत ने ही आडवाणीजी का संघ से परिचय कराया था।)*
733. (क) सन् 1991 से 1999 तक
734. (ख) सन् 2000 में *(सन् 2000 में जब सुदर्शनजी सरसंघचालक बने, तभी*

*भागवतजी सरकार्यवाह नियुक्त हुए।)*

735. (ख) 21 मार्च, 2009 को
736. (ग) छठे
737. (घ) उपर्युक्त सभी

## संघ : प्रमुख व्यक्तित्व

738. (क) होंगासांद्रा वेंकटरमैया शेषाद्रि
739. (घ) वे भारतीय मजदूर संघ के पंद्रह वर्षों तक अध्यक्ष रहे।
740. (ग) सन् 1925 में बंगलौर में *(उनकी मृत्यु सन् 2005 में हुई)*
741. (क) कर्नाटक से
742. (घ) सन् 1987 में
743. (क) द स्टैजिक स्टोरी ऑफ पॉर्टीशन
744. (घ) खंडित कश्मीर *(यह पुस्तक बलराज मधोक ने लिखी थी)*
745. (क) तारबेरालू
746. (घ) उपर्युक्त सभी
747. (ग) बाबा
748. (ग) संस्कार भारती
749. (ख) अटल बिहारी वाजपेयी
750. (घ) 75
751. (ख) सुधीर फड़के ने
752. (घ) 71 स्थानों पर
753. (ग) उन्होंने वनवासियों को सक्षम एवं स्वावलंबी बनाने हेतु सन् 1955 में 'वनवासी कल्याण आश्रम' की स्थापना की।
754. (क) केरल
755. (ख) बंगाल
756. (घ) उपर्युक्त सभी *(वर्तमान संघ प्रमुख मोहनराव भागवत के पिता मधुकरराव भागवत थे।)*
757. (घ) 115 नगरों में
758. (ख) सन् 1943-44
759. (ग) लालकृष्ण आडवाणी
760. (ख) सन् 1948 में

761. (ख) गुजरात में संघ के प्रांत प्रचारक के रूप में *(सन् 1945 में देशमुखजी अपनी नौकरी छोड़कर संघ-कार्य करने लगे। उसके बाद वडोदरा उनका मुख्य केंद्र बना। देशमुखजी को प्रांत प्रचारक के रूप में केवल 10 वर्ष का अल्प समय मिला; लेकिन उस छोटी सी अवधि में भी उन्होंने गुजरात के संघ जीवन में हर स्तर पर आधुनिक रूप से नया काम कर खड़ा कर दिया।)*

762. (ख) वसंतभाई गजेंद्रगडकर

763. (ख) लक्ष्मणराव इनामदार

764. (घ) उपर्युक्त सभी

765. (ख) सन् 1952 में *(वकील साहब मात्र 35 वर्ष की उम्र में गुजरात के प्रांत प्रचारक बने। वे सन् 1952 से 1973 तक गुजरात में प्रांत प्रचारक के रूप में और बाद में क्षेत्र प्रचारक (गुजरात, महाराष्ट्र) के रूप में उन्होंने संघ-कार्य का मार्गदर्शन किया।)*

766. (क) गुजरात में प्रांत प्रचारक के रूप में

767. (ग) नरेंद्र मोदी

768. (ग) पप्पाजी

769. (ग) उन्हें सन् 1963 में स्वामी विवेकानंद शिला स्मारक के निर्माण का दायित्व सौंपा गया था।

770. (ग) गुजरात

771. (घ) उपर्युक्त सभी

772. (घ) डॉ. विश्वनाथराव वणीकर

773. (घ) उपर्युक्त सभी

774. (ग) बाल आप्टे

775. (घ) अखिल भारतीय विद्यार्थी परिषद्

776. (ख) नेशन फर्स्ट

777. (घ) उपर्युक्त सभी

778. (क) सन् 1973 में

779. (ख) सही इतिहास का सही लेखन एवं संस्कृत भाषा का प्रचार करना।

780. (ग) वह सन् 1982 से 83 तक भाजपा के अध्यक्ष रहे। *(बलराज मधोक का जन्म सन् 1920 में कश्मीर में हुआ। वे संघ के प्रचारक रहे। जब 1973 में उन्होंने जन संघ पर संघ के बढ़ते नियंत्रण का जिक्र किया*

*तो तत्कालीन जन संघ अध्यक्ष लालकृष्ण आडवाणी ने तीन वर्ष के लिए उन्हें पार्टी से बाहर किया।)*

781. (ख) सन् 1966 में
782. (घ) उपर्युक्त सभी
783. (ख) जम्मू-कश्मीर प्रजा परिषद् *(प्रेमनाथ डोगरा ने बलराज मधोक के साथ मिलकर जम्मू-कश्मीर प्रजा परिषद् का गठन किया। इस पार्टी ने पिछली शताब्दी के पाँचवें दशक में जम्मू-कश्मीर राज्य के विभिन्न मुद्दों को लेकर एक ऐतिहासिक आंदोलन भी चलाया था। बाद में (1970 में) इस पार्टी का जन संघ में विलय हुआ।)*
784. (ख) जम्मू-कश्मीर को भारत के संविधान में विशेष दर्जा (अनुच्छेद 370 के तहत) देने के विरुद्ध
785. (ख) देश में दो प्रधान, दो विधान, दो निशान नहीं चलेंगे।
786. (ख) जम्मू
787. (ग) वह सन् 1966 में भारतीय जन संघ के अध्यक्ष बने *(पं. प्रेमनाथ डोगरा का जन्म 24 अक्तूबर, 1884 को जम्मू-कश्मीर में हुआ। पं. डोगरा आज भी जम्मू वासियों के लिए श्रद्धेय हैं। जम्मू के सभी आंदोलन उनके मार्गदर्शन में हुए। जब सन् 1949 में उन्हें गिरफ्तार किया गया, तब उन्हें मुक्त कराने के लिए आंदोलन हुआ। उस समय नारा था—'जेल के दरवाजे खोल दो, पंडितजी को छोड़ दो।')*
788. (क) सन् 1955
789. (ग) वे सबसे लंबी अवधि तक (सन् 1962 से 1979 तक) संघ के सह-सरकार्यवाह रहे।
790. (घ) पं. दीनदयाल उपाध्याय शोध संस्थान
791. (ग) भारतीय जनता पार्टी

## नानाजी देशमुख

792. (ख) चंडिकादास अमृतराव देशमुख
793. (घ) नानाजी देशमुख सन् 1973 से 1989 तक संघ के सरकार्यवाह रहे। *(सन् 1939 में नानाजी ने संघ निर्माता डॉ. हेडगेवार से संघ की प्रतिज्ञा ली। सन् 1940 में प्रचारक जीवन अपनाया और 2010 में अंतिम साँस तक वे स्वयं को 'संघ का प्रचारक' बताते रहे।)*

794. (ग) दीनदयाल शोध संस्थान

795. (ग) सन् 1991 में

796. (ख) ए.पी.जे. अब्दुल कलाम

797. (घ) उपर्युक्त सभी

798. (घ) नानाजी सन् 1989 में राज्यसभा के लिए मनोनीत हुए। *(वे राज्यसभा के लिए सन् 1999 में मनोनीत हुए थे। नानाजी ने संघ तथा समाज-सेवा के चलते (सन् 1977 में) मंत्री पद तक ठुकरा दिया था।)*

799. (घ) जयप्रकाश नारायण की

800. (ग) नानाजी देशमुख को *(इंदिरा गांधी की तानाशाही के विरुद्ध सर्वदलीय लोक संघर्ष समिति का प्रथम महासचिव बनकर नानाजी ने उस संघर्ष को धार दी, जिससे घबराकर इंदिरा गांधी ने 25 जून, 1975 को आपातकाल की घोषणा की।)*

801. (घ) उपर्युक्त सभी

802. (ख) रज्जू भैया *(रज्जू भैया के कहने पर नानाजी ने मोरारजी देसाई को फोन करके कहा, 'मैं मंत्री पद नहीं ले सकता।')*

803. (ख) नानाजी देशमुख *(नानाजी ने खुद ऐसे ही किया, जब उनकी लोकप्रियता चरम पर थी। उन्होंने एक दिन अचानक चुनाव न लड़ने की घोषणा की और उत्तर प्रदेश के गोंडा में सेवा प्रकल्प प्रारंभ किया।)*

804. (ग) नानाजी देशमुख *(गोरखपुर में प्रथम शिशु मंदिर स्कूल नानाजी द्वारा सन् 1952 में खोला गया।)*

805. (ग) सन् 1978 में

806. (घ) सन् 2002 में

807. (क) पद्म विभूषण

808. (घ) सन् 1999 में

809. (ख) गैर-सरकारी संगठन

810. (घ) उपर्युक्त सभी

811. (ग) नानाजी देशमुख

## संघ पर प्रतिबंध

812. (घ) मध्य प्रांत की सरकार ने *(संघ का विरोध प्रारंभ से ही किया जाता रहा। सन् 1932 में मध्य प्रांत की सरकार ने अपने सभी कर्मचारियों के*

*संघ की शाखाओं में जाने पर प्रतिबंध लगाया, साथ ही सभी विभागों से संघ की गतिविधियों पर नजर रखने को कहा था।)*

813. (ग) तीन बार *(पहली बार संघ पर प्रतिबंध सन् 1948-49 में, दूसरी बार 1975-77 में तथा तीसरी बार 1992 में लगा था।)*

814. (ख) 4 फरवरी, 1948 को

815. (ख) गांधीजी की हत्या के आरोप में *(गांधीजी की हत्या से संघ का कोई संबंध न होते हुए भी उसे प्रतिबंधित किया गया (कांग्रेस सरकार द्वारा) साथ ही सरसंघचालक श्रीगुरुजी सहित हजारों स्वयंसेवकों को गिरफ्तार किया गया।)*

816. (ख) माधवराव सदाशिवराव गोलवलकर

817. (ख) मद्रास में *(गुरुजी ने मद्रास से ही नेहरू एवं पटेल की शोक संवेदना के तार भेजे तथा संघ-शाखाओं को भी तार भेजकर गांधीजी के निधन का शोक मनाने हेतु 13 दिनों तक दैनंदिन शाखा कार्य स्थगित करने का निर्देश दिया।)*

818. (ग) भैयाजी दाणी *(21 फरवरी, 1949 को सत्याग्रह स्थगित किया गया।)*

819. (घ) 77,090 स्वयंसेवक

820. (घ) उपर्युक्त सभी *(गांधीजी की हत्या के बाद संघ पर प्रतिबंध लगा दिया गया, जिसमें हजारों स्वयंसेवकों को सरसंघचालक गोलवलकर सहित गिरफ्तार किया गया। छह माह बाद गुरुजी जेल से बाहर आए। किंतु सरकार ने उनकी संपूर्ण गतिविधियों पर रोक लगा दी।)*

821. (ख) जनाधिकार समिति

822. (ग) उपर्युक्त (क) और (ख) दोनों

823. (घ) उपर्युक्त सभी

824. (क) टी.आर. व्यंकट शास्त्री

825. (घ) डेढ़ वर्ष तक *(4 फरवरी, 1948 से 12 जुलाई, 1949 तक)*

826. (क) 11 जुलाई, 1949 को

827. (ख) संघ का संविधान *(संघ से प्रतिबंध हटाने के लिए सरदार पटेल की माँग थी कि वह अपना संविधान बनाए तब तक संघ का अपना कोई संविधान नहीं था। इसके बाद संघ ने अपना संविधान बनाया और उस पर से प्रतिबंध हटा।)*

828. (घ) उपर्युक्त सभी

829. (ग) तृतीय चरण *(सन् 1925 में संघ की स्थापना से आजादी तक शाखा-केंद्रित कालखंड को संघ-यात्रा का प्रथम चरण माना जाता है। सन् 1947-49 तक के संघर्ष (प्रतिबंध) काल को द्वितीय चरण तथा संघ पर से प्रतिबंध (जुलाई 1949) हटाने के पश्चात् को संघ-यात्रा का तीसरा चरण माना जाता है।)*

830. (ग) 4 जुलाई, 1975 को *(आपातकाल के दौरान संघ पर दूसरी बार प्रतिबंध लगाया गया।)*

831. (ख) आपातकाल के दौरान

832. (ख) बालासाहब देवरस

833. (ग) लोक संघर्ष समिति

834. (ग) 4 जुलाई, 1975 से 22 मार्च, 1977 तक

835. (घ) उपर्युक्त सभी *(जहाँ फासिस्टवादियों एवं नाजियों का राष्ट्रवाद उग्र राष्ट्रीयवादी था, वहीं संघ का विश्वास सांस्कृतिक राष्ट्रवाद में है, जो हिंदू दर्शन एवं परंपराओं के अनुरूप है। यह दुर्भाग्य है कि संघ जैसे राष्ट्रवादी, देश-प्रेमी, सांस्कृतिक संगठन को हमेशा अपनी निष्ठा का प्रमाण देना पड़ता है।)*

836. (घ) उपर्युक्त सभी *(नानाजी देशमुख ने अपनी पुस्तक के प्रथम अध्याय में संघ को बदनाम करनेवाले विरोधियों के चार वर्ग बताए हैं, जिनमें एक वर्ग साम्यवादियों का है, दूसरा अमेरिका जैसे देशों का है, तीसरा अल्पसंख्यकों का है तथा चौथा वर्ग बुद्धिजीवियों का है।)*

837. (ख) 22 मार्च, 1977 को

838. (ख) 10 दिसंबर, 1992 को

839. (ग) सन् 1992 में अयोध्या स्थित श्रीराम जन्मभूमि पर विवादित बाबरी ढाँचा गिराए जाने पर। *(श्रीराम जन्मभूमि आंदोलन की सफलता तथा विवादित ढाँचा गिराए जाने के बाद बौखलाई कांग्रेस सरकार ने सन् 1992 में संघ पर प्रतिबंध लगाया।)*

840. (ख) छह महीने *(10 दिसंबर, 1992 से 4 जून, 1993 तक)*

841. (क) बालासाहब देवरस

842. (ग) 4 जून, 1993 को

843. (ख) हिंदू चेतना दिवस

844. (ख) संघ पर लगा (सन् 1975 में) द्वितीय प्रतिबंध *(आपातकाल के दौरान*

*जुलाई 1975 से मार्च 1977 तक संघ पर प्रतिबंध लगा।)*

845. (ख) कांग्रेस पार्टी की *(संघ पर लगे सभी तीनों—प्रतिबंध कांग्रेस की सरकार के दौरान लगे थे।)*

846. (घ) 1 फरवरी, 2015 से *(प्रदेश के सरकारी कर्मचारियों पर आर.एस.एस. की गतिविधियों में भाग लेने पर प्रतिबंध अविभाजित मध्य प्रदेश के समय से लगा हुआ था। जहाँ प्रदेश के विभाजन के पश्चात् मध्य प्रदेश में संघ की गैर-राजनीतिक गतिविधियों में भागीदारी पर प्रतिबंध मध्य प्रदेश की भाजपा सरकार ने यद्यपि हटा लिया था, वहीं छत्तीसगढ़ में यह प्रतिबंध (फरवरी 2015) में हटाया गया।)*

## संघ एवं आपातकाल

847. (ख) बालासाहब देवरस
848. (घ) उपर्युक्त सभी
849. (क) 30 जून, 1975 को
850. (ख) 2 जुलाई, 1975 को
851. (क) 22 मार्च, 1977 को
852. (घ) सभी
853. (ग) समाजवादी नेता राजनारायण द्वारा इंदिरा गांधी के खिलाफ दायर की गई चुनाव याचिका पर दिए गए फैसले के कारण। *(यह फैसला इलाहाबाद उच्च न्यायालय ने दिया था। यह फैसला न्यायमूर्ति जगमोहन सिंह सिन्हा ने दिया था।)*
854. (घ) सभी
855. (क) राष्ट्रीय स्वयंसेवक संघ ने
856. (ख) 80 हजार
857. (ख) लोक संघर्ष समिति
858. (ख) विवाह की तारीख पक्की हो गई
859. (ख) मुक्त वाणी
860. (घ) उपर्युक्त सभी
861. (घ) उपर्युक्त सभी
862. (क) गुजरात
863. (ग) जन संघ

864. (घ) श्री न.मा. घटाटे
865. (घ) उपर्युक्त सभी
866. (ख) रामझाऊ गोडबोले
867. (ग) चार विभाग कर उसकी जिम्मेदारी चार प्रचारकों को सौंपी थी।
868. (ग) बजरंग लाल गुप्त
869. (क) बाबूभाई पटेल
870. (ग) रुखसाना स्वामी को
871. (क) इकोनॉमिस्ट
872. (घ) उपर्युक्त सभी
873. (ग) जनता छापू
874. (क) साधना प्रेस
875. (घ) जयप्रकाश नारायण को *(जयप्रकाश नारायण संकट की घड़ी में भी समाज को बचाने के लिए आगे आए थे।)*
876. (ख) दूसरी बार
877. (घ) उपर्युक्त सभी
878. (क) लोकनायक *(9 अप्रैल, 1974 को पटना में हुई एक विशाल जनसभा में जे.पी. को 'लोकनायक' की उपाधि दी गई थी।)*
879. (घ) सन् 1980 में जयप्रकाशजी के प्रयासों से एकजुट विरोधी पक्ष ने इंदरा गांधी को चुनाव में हरा दिया था। *(सन् 1980 में नहीं, 1977 में इंदिरा (कांग्रेस) को हराया था, जिसके चलते जनता पार्टी की सरकार बनी थी। जे.पी. की मृत्यु 8 अक्तूबर, 1979 को हुई थी।)*
880. (ग) सन् 1998 में *(वाजपेयी सरकार द्वारा मरणोपरांत जयप्रकाश नारायण को सन् 1998 में 'भारत रत्न' से सम्मानित किया गया।)*
881. (ख) 35,310
882. (घ) संघ ने जन संघ के जनता पार्टी में विलय का सख्त विरोध किया था।
883. (ख) नानाजी देशमुख
884. (घ) स्वयंसेवकों ने व्यक्तिगत रूप में
885. (ख) माधवराव गोलवलकर
886. (ग) श्रीगुरुजी की संसार से विरक्ति
887. (ख) बंगाल में सारगाछी आश्रम
888. (घ) मार्च 1937

889. (ख) 1937
890. (ख) जनता पार्टी *(सन् 1977 के लोकसभा चुनावों से पूर्व प्रमुख विपक्षी दलों को मिलाकर एक दल बनाने संबंधी जे.पी. के सुझाव पर सभी प्रमुख विपक्षी दलों ने, जिनमें भारतीय जन संघ सहित भारतीय लोक दल, सोशलिस्ट पार्टी एवं संगठन कांग्रेस ने मिलकर एक दल 'जनता पार्टी' का गठन किया। बाद में जगजीवन राम द्वारा कांग्रेस से त्यागपत्र देकर लोकतांत्रिक कांग्रेस का गठन किया गया, जिससे विपक्षी दलों का मनोबल बढ़ा।)*
891. (ख) 1938
892. (घ) नाना साहब आपटे एवं माधवराव गोलवलकर
893. (ख) आप्पाजी जोशी
894. (घ) माधवराव गोलवलकर
895. (क) गुरुजी एवं विट्ठलराव पतकी
896. (घ) श्रीगुरुजी
897. (क) श्रीगुरुजी
898. (घ) स्वयंसेवक
899. (क) 6
900. (ख) मिठाई को हाथ में लेकर जमीन पर फेंक दिया
901. (क) कंदकुर्ती
902. (ख) वेद-अध्ययन-अध्यापन
903. (घ) सुरंग खोदने की
904. (घ) 15 फरवरी, 1903
905. (ख) लोकमान्य बालगंगाधर तिलक
906. (घ) केसरी
907. (ख) जनता पार्टी और राष्ट्रीय स्वयंसेवक संघ की सदस्यता एक साथ न रखें। *(जनसंघ के नेताओं ने यह प्रस्ताव अस्वीकार कर दिया। इस मामले पर जनता पार्टी के जन संघ एवं गैर-जन संघ घटक दलों के नेताओं में दरार बढ़ने लगी और जनता पार्टी के विभाजन की नौबत आ गई। यह प्रस्ताव पारित किया गया कि संघ के सदस्य जनता पार्टी के सदस्य नहीं बन सकते। इसके दो दिन बाद 6 अप्रैल, 1980 को जनता पार्टी से अलग होकर भारतीय जनता पार्टी नाम की नई राजनीतिक*

*पार्टी बनाई गई।)*

908. (घ) उपर्युक्त सभी

909. (घ) उपर्युक्त सभी

## संघ एवं समाज-सेवा

910. (घ) 2,00,000 *(इन सेवा कार्यों में लगभग 17,000 सेवा कार्य केवल वनवासी क्षेत्रों में चलाए जा रहे हैं। इनमें शिक्षा, चिकित्सा, सिलाई आदि के साथ-साथ सामाजिक संस्कार, सुरक्षा, स्वच्छता लाने एवं समरसता के वातावरण का निर्माण करने के प्रयास भी सम्मिलित हैं।)*.

911. (ख) हिंदू सहायता समिति

912. (ग) बापू साहब सोहणी

913. (ग) सन् 1963 में

914. (ख) 2 अगस्त, 1954 को

915. (ख) विनायक राव आप्टे *(संघ के स्वयंसेवकों ने विनायक राव आप्टे के नेतृत्व में दादर एवं नगर हवेली को स्वतंत्र कराया।)*

916. (क) सन् 1955 में

917. (घ) मोहन रानाडे (वे सन् 1969 में कारागार से मुक्त हुए थे।)

918. (ग) 25 दिसंबर, 1934 को

919. (घ) उपर्युक्त सभी

920. (घ) उपर्युक्त सभी

921. (ग) सन् 1971 में

922. (ग) महाराष्ट्र दुष्काल विमोचन समिति

923. (ख) नेकी रामजी

924. (ग) सेवा भारती

925. (ख) रेडी फॉर सेल्फलेस सर्विस (RSS)

## संघ और राजनीति

926. (ख) दूसरे

927. (ग) अटल बिहारी वाजपेयी

928. (घ) लक्ष्मणराव इनामदार *(नरेंद्र मोदी ने वकील साहब की प्रेरणा पर मात्र 8 वर्ष की उम्र में रा.स्व. संघ की शाखा में जाना प्रारंभ किया था।*

*नरेंद्र मोदी वकील साहब के 'मानस पुत्र' बन गए थे।)*

929. (क) आठ वर्ष की
930. (ख) सन् 1958 में
931. (घ) लक्ष्मणराव इनामदार *(दीपावली के दिन सन् 1958 में वकील साहब ने मोदी को संघ के बाल स्वयंसेवक की शपथ दिलाई थी।)*
932. (ग) निस्स्वार्थता, सामाजिक समर्पण एवं राष्ट्रवाद की भावना को
933. (ख) नमक और तेल खाने का
934. (क) सन् 1972 में
935. (ख) नडियाड से
936. (घ) बाजवा (बड़ौदा से)
937. (क) सन् 1978 में
938. (ग) सन् 1978 में *(आपातकाल के उपरांत सन् 1978 में संघ ने मोदी के कार्यक्षेत्र का विस्तार किया। अब वह विभाग प्रचारक नियुक्त कर दिए गए थे और उन्हें छह जिलों का कार्य करना होता था। उन्हीं दिनों उन्हें प्रांत सह-व्यवस्था प्रमुख का दायित्व भी प्रदान किया गया।)*
939. (घ) छह जिलों का *(विभाग में जिन छह जिलों को शामिल किया गया था, वे इस प्रकार थे—ग्रामीण वडोदरा, वडोदरा नगर, दाहोद, आणंद, खेड़ा और पंचमहाल)।*
940. (ख) सन् 1980 में
941. (ख) गुजरात राज्य सड़क परिवहन निगम की स्टाफ कैंटीन में काम किया करते थे।
942. (ग) प्रबंधन
943. (घ) 8-9 कमरों की सफाई करना तथा नाश्ता तैयार करना *(साथ ही मोदी को संघ प्रांतीय कार्यालय में पत्र-व्यवहार के अतिरिक्त कार्य भी दिया जाता था—हर चिट्ठी को खोलने का कार्य।)*
944. (क) बस और रेलगाड़ियों में सीट आरक्षित करवाने का। *(संघ के पदाधिकारियों, जो अधिकांश समय यात्रा पर रहते थे, के लिए बस एवं रेलगाड़ियों में सीट आरक्षित करवाने का कार्य सौंपा गया।)*
945. (ग) लक्ष्मणराव इनामदार *(आर.एस.एस. का प्रदेश (गुजरात) कार्यालय डॉ. हेडगेवार भवन ही मोदी का निवास-स्थान था और संघ कार्यालय में रहकर ही उन्होंने संघ कार्य को दिशा दी।)*

946. (क) संघ के विभिन्न संगठनों के मध्य संपर्क बनाए रखने को *(संघ के इन आनुषंगिक संगठनों में ए.बी.वी.पी., भारतीय किसान संघ, विहिप आदि प्रमुख थे।)*

947. (घ) उपर्युक्त सभी

948. (घ) उपर्युक्त सभी

949. (ग) सत्यवाणी

950. (घ) उपर्युक्त सभी

951. (ग) ज्योतिपुंज

952. (ग) पत्र-रूप श्रीगुरुजी

953. (ग) संघर्ष में गुजरात (आपातकाल में गुजरात)

953. (ग) 'आपातकाल में गुजरात' *(इस पुस्तक में श्री नरेंद्र मोदी ने 'मैं', 'मेरा', 'मेरे' आदि शब्दों का इस्तेमाल नहीं किया। यह पुस्तक मोदी ने मात्र 23 दिनों में लिखी थी।)*

954. (घ) उपर्युक्त सभी

955. (ख) राजाभाई नेने

956. (ग) लक्ष्मणराव इनामदार *(मोदी ने इस पुस्तक में लक्ष्मणराव इनामदार (वकील साहब) की तुलना लंका में भगवान् श्रीराम द्वारा बनाए गए पौराणिक सेतु से की थी।)*

957. (ग) सन् 1985-86 में

958. (घ) सरसंघचालक बालासाहब देवरस

959. (ख) भाजपा के

960. (ग) सन् 1951 में

961. (ख) संघ दक्ष

962. (क) बापूराव लेले को

963. (ख) सन् 1945 में

964. (ख) मधुकरराव भागवत को

965. (ख) छह वर्ष

966. (ग) राजपाल पुरी को

967. (ख) लक्ष्मणराव इनामदार को

968. (ग) तीन दशकों तक *(सन् 1952 से 1973 तक, 21 वर्षों तक)*

969. (क) वकील साहब
970. (ख) हेडगेवार भवन
971. (घ) साधना *(गुजरात में वैचारिक मुख पत्र 'साधना' साप्ताहिक प्रकाशित करने में डॉ. वणीकर का महत्त्वपूर्ण योगदान रहा।)*

## विविध

972. (घ) रा.स्व. संघ ने उन्हें सन् 2014 में भाजपा में भेजा *(संघ ने मनोहर लाल खट्टर को सन् 1994 में भाजपा में भेजा था। खट्टर का जन्म सन् 1954 में रोहतक में एक पंजाबी परिवार में हुआ था। मोदी की तरह खट्टर को भी मुख्यमंत्री बनने से पहले कोई प्रशासनिक एवं विधायी कार्य का अनुभव नहीं था। मोदी की तरह खट्टर ने भी अपने कॅरियर की शुरुआत संघ में प्रचारक के रूप में की।)*
973. (ख) प्लेग के कारण
974. (ख) पंद्रह वर्ष
975. (घ) 60.81 प्रतिशत में (प्रथम श्रेणी)
976. (ख) दसवीं
977. (ग) अनुशीलन समिति
978. (क) नरेंद्र मोदी *(श्यामजी कृष्ण वर्मा का जन्म गुजरात के कच्छ जिले के मांडवी में 4 अक्तूबर, 1857 को हुआ था। उन्होंने उत्तरी लंदन के हिगगेर में 'इंडियन होमरूल सोसाइटी' की स्थापना की थी। 30 मार्च, 1930 को जिनेवा (स्विट्जरलैंड) में उनका निधन हुआ। मोदी ने (सन् 2003 में) गुजरात के मांडवी में श्यामजी कृष्ण वर्मा के जन्म-स्थान में 'क्रांति तीर्थ' के नाम से एक पर्यटक स्थल बनवाकर उसमें स्मृति को संरक्षण प्रदान किया।)*
979. (क) छत्रपति शिवाजी
980. (ख) मधु
981. (ख) 2
982. (ख) भाऊ
983. (घ) गोलवली
984. (क) पाध्ये
985. (घ) सरायपल्ली

986. (ग) रामचरितमानस
987. (ख) भाषण कला
988. (घ) बाँसुरी
989. (ग) वंदे मातरम्
990. (क) बनारस हिंदू विश्वविद्यालय
991. (घ) टेनिस
992. (ग) मद्रास मत्स्यालय
993. (ग) एक व दो दोनों
994. (क) बनारस हिंदू विश्वविद्यालय
995. (घ) भैयाजी दाणी
996. (क) सन् 1932 में विजयदशमी पर नागपुर में
997. (ख) 1934
998. (घ) संघ की केंद्रीय शाखा का कार्यवाह
999. (घ) उपर्युक्त सभी
1000. (ग) पं. दीनदयाल उपाध्याय के नाम पर *(पं. दीनदयालजी (सन् 1916-68) की जन्म-शताब्दी पर 'पं. दीनदयाल उपाध्याय ग्राम ज्योति योजना' मोदी सरकार द्वारा प्रारंभ की जा रही है, जिससे 'भारत के हर गाँव एवं हर घर में बिजली, हर खेत में पानी का सपना पूरा होगा।')*

□

# राष्ट्रीय स्वयंसेवक संघ के विकास का घटनाक्रम : एक नजर में

| वर्ष | विवरण |
|---|---|
| 1925 | संघ की स्थापना डॉ. हेडगेवारजी ने सन् 1925 में विजयादशमी के दिन (27 सितंबर, 1925 को) अपने घर में 15-20 लोगों को लेकर की थी। उस बैठक में श्री अन्ना सोहनी, भाऊजी कावरे, बापूराव भेदी एवं विश्वनाथ केलकर आदि उपस्थित रहे थे। उसी बैठक में डॉक्टरजी ने कहा, "हम सब मिलकर संघ प्रारंभ कर रहे हैं।" उल्लेखनीय है कि संघ की स्थापना के छह महीने तक इसका नामकरण भी नहीं हुआ था। |
| 1926 | संघ का नाम 'राष्ट्रीय स्वयंसेवक संघ' 27 अप्रैल, 1926 को रखा गया था। |
| 1926 | 28 मई, 1926 से (नागपुर में) मोहिते के बाड़े में विधिवत् दैनिक शाखा शुरू की गई। |
| 1926 | सभी मा. संघचालकों ने मिलकर 19 दिसंबर, 1926 को पूज्य डॉक्टरजी को औपचारिक रूप से संघ का प्रमुख चुना। |
| 1928 | संघ में पहली बार गुरु-पूजा सन् 1928 में आयोजित की गई। जब भगवा ध्वज को गुरु के रूप में स्वीकार किया गया। |
| 1928 | संघ के प्रथम शीत प्रशिक्षण कैंप का आयोजन नागपुर में सन् 1928 में हुआ। |
| 1929 | संघ स्थान पर पूज्य. डॉक्टरजी को प्रथम बार सरसंघचालक का प्रणाम 19 नवंबर, 1929 को (अप्पाजी जोशी द्वारा) दिया गया। |

| | |
|---|---|
| 1930 | जुलाई 1930 से प्रारंभ हुए जंगल सत्याग्रह में भाग लेते समय डॉक्टरजी ने (संघ-कार्य सुचारु रूप से चलता रहे, इस हेतु) अपने पुराने साथी डॉ. ल.वा. परांजपे को सरसंघचालक नियुक्त किया। इस सत्याग्रह के दौरान डॉक्टरजी को गिरफ्तार भी किया गया। डॉक्टरजी बाद में जब 14 फरवरी, 1931 को जेल से रिहा हुए, तब कार्यवाहक सरसंघचालक डॉ. परांजपे ने डॉक्टरजी को पुनः सरसंघचालक का पद-भार सौंपा। |
| 1932 | सन् 1932 में मध्य प्रांत की सरकार ने अपने सभी कर्मचारियों के संघ की शाखाओं में जाने पर प्रतिबंध लगाया, साथ ही सभी विभागों से संघ की गतिविधियों पर नजर रखने को कहा। |
| 1934 | 25 दिसंबर, 1934 को प्रात: 6 बजे महात्मा गांधी संघ का वर्धा शिविर देखने आए थे। वहाँ उन्होंने पूर्ण अनुशासन देखा एवं छुआछूत की अनुपस्थिति पाई तो वे अत्यंत प्रभावित हुए थे। |
| 1935 | सन् 1935 में नागपुर के बाहर पूना में प्रथम संघ शिक्षा वर्ग प्रारंभ हुआ। |
| 1936 | 'राष्ट्र सेविका समिति', जो भारत की स्त्रियों की एक संस्था है और जो संघ के दर्शन के अनुरूप कार्य करती है, की स्थापना सन् 1936 में वर्धा में हुई। |
| 1939 | फरवरी 1939 में सिंदी, नागपुर से 50 कि.मी. दूरी पर एक बैठक हुई, जिसमें डॉक्टरजी एवं गुरुजी आदि भी उपस्थित थे। उस बैठक में प्रार्थना को (मराठी से) संस्कृत भाषा में करने का निर्णय लिया गया। |
| 1940 | 21 जून, 1940 को डॉक्टरजी ने अपने देहावसान से पूर्व गुरुजी को संघ का सरसंघचालक मनोनीत किया। |
| 1948 | संघ पर पहली बार प्रतिबंध (गांधी-हत्या के झूठे आरोप में) 4 फरवरी, 1948 को लगा। यह प्रतिबंध 11 जुलाई, 1949 को हटा। |
| 1949 | संघ से प्रतिबंध हटने के साथ ही संघ का संविधान अस्तित्व में आया। |
| 1954 | पुणे के मा. संघचालक विनायक राव आप्टे के नेतृत्व में 2 अगस्त, 1954 को 100 स्वयंसेवकों ने दादर व नगर हवेली को पुर्तगाल के आधिपत्य से मुक्त कराया। |

| | |
|---|---|
| 1962 | प.पू. डॉक्टरजी की नूतन समाधि (स्मृति मंदिर) का नागपुर में श्रीगुरुजी ने उद्घाटन किया। |
| 1963 | चीनी आक्रमण (सन् 1962) के दौरान संघ के स्वयंसेवकों की सेवा से प्रभावित होकर सन् 1963 की गणतंत्र दिवस परेड में (पं. नेहरू ने) संघ के स्वयंसेवकों को आमंत्रित किया गया। |
| 1963 | सन् 1963 में स्वामी विवेकानंद की जन्म-शताब्दी के अवसर पर संघ के एकनाथ रानाडे को कन्याकुमारी में विवेकानंद शिला स्मारक के निर्माण का दायित्व सौंपा गया। |
| 1973 | 5 जून, 1973 को श्रीगुरुजी का देहावसान हुआ। |
| 1973 | मा. बालासाहब देवरस 6 जून, 1973 को संघ के तृतीय सरसंघचालक बने। |
| 1975 | 4 जुलाई, 1975 को (आपातकाल के दौरान) संघ पर दूसरी बार प्रतिबंध लगा। |
| 1977 | 22 मार्च, 1977 को संघ पर प्रतिबंध हटा। |
| 1989 | डॉ. हेडगेवार की जन्म-शताब्दी का सन् 1989 में वृहद् आयोजन किया गया। |
| 1992 | संघ पर तीसरी बार प्रतिबंध लगा, जो दिसंबर 1992 में हटा। |
| 1994 | प्रो. राजेंद्र सिंह (रज्जू भैया) को सरसंघचालक का दायित्व (बालासाहब देवरसज ने) सौंपा। |
| 2000 | संघ के 75 वर्ष पूर्ण होने पर विशेष आयोजन। |
| 2000 | के.एस. सुदर्शन संघ के पाँचवें सरसंघचालक बने। |
| 2006 | श्रीगुरुजी की जन्म-शताब्दी (सन् 2006) के अवसर पर कई सम्मेलन एवं विशेष आयोजन किए गए। |
| 2009 | मा. सुदर्शनजी ने 21 मार्च, 2009 को छठे सरसंघचालक का दायित्व मोहनराव भागवत को सौंपा। |
| 2011 | मार्च 2011 में संघ के गणवेश में लाल चमड़े के पेटी की जगह नायलॉन का लाल पट्टा प्रारंभ हुआ। |

| | |
|---|---|
| 2014 | डॉक्टरजी की 125वीं वर्षगाँठ (1989-2014) मनाई गई। |
| 2014 | संघ की प्रतिष्ठित पत्रिका 'पाञ्चजन्य' एवं 'ऑर्गेनाइजर' का पत्रिका के रूप में प्रकाशित प्रथम अंकों का लोकार्पण 24 मार्च, 2014 को किया गया। |
| 2015 | राष्ट्रीय स्वयंसेवक संघ, जो अपनी स्थापना से ही (वर्ष 1925) राष्ट्र की सेवा करता आया है। हाल ही में विजयादशमी के दिन 22 अक्तूबर, 2015 को संघ ने अपना 90वाँ स्थापना दिवस मनाया। |

## संघ के सरसंघचालक

| क्रम | नाम/अवधि/विवरण |
|---|---|
| प्रथम सरसंघचालक | डॉ. केशव बलिराम हेडगेवार (संघ की स्थापना से सन् 1940 तक) |
| द्वितीय सरसंघचालक | माधवराव सदाशिवराव गोलवलकर उपाख्य 'श्रीगुरुजी' (सन् 1940 से 1973 तक। सबसे लंबी अवधि तक कुल 33 वर्ष तक) |
| तृतीय सरसंघचालक | मधुकर दत्तात्रेय देवरस उपाख्य, बालासाहब देवरस (सन् 1973 से 1994 तक) |
| चतुर्थ सरसंघचालक | प्रो. राजेंद्र सिंह उपाख्य 'रज्जू भैया' (सन् 1994 से 2000 तक। सबसे छोटी अवधि तक) |
| पंचम सरसंघचालक | के.एस. सुदर्शन (सन् 2000 से 2009 तक) |
| षष्ठ सरसंघचालक | मोहनराव भागवत (2009 से वर्तमान तक) |

## संघ प्रार्थना

नमस्ते सदा वत्सले मातृभूमे
त्वया हिन्दुभूमे सुखं वर्धितोऽहम्।
महामङ्गले पुण्यभूमे त्वदर्थे
पतत्वेष कायो नमस्ते नमस्ते॥1॥

प्रभो शक्तिमन् हिन्दुराष्ट्राङ्गभूता
इमे सादरन त्वान् नमामो वयम्।
त्वदीयाय कार्याय बद्धा कटीयं
शुभामाशिषन् देहि तत्पूर्तये।
अजय्याञ्च विश्वस्य देहीश शक्तिं
सुशीलज्जगद येन नम्रं भवेत्।
श्रुतं चैव यत् कण्टकाकीर्णमार्गं
स्वयं स्वीकृतन् नस् सुगङ्कारयेत्॥2॥

समुत्कर्ष निश्श्रेयसस्येकमुग्रं
परम साधनानां वीरव्रतम्।
तदन्तस स्फुरत्वक्षया ध्येयनिष्ठा
कृदन्तः प्रजागर्तु तीव्रानिशम्।
विजेत्री च नस् संहता कार्यशक्तिं
विधायास्य धर्मस्य संरक्षणम्।
परम वैभवं नेतुमेतत् स्वराष्ट्रं
समर्था भवत्वाशिषा ते भृशम्॥3॥
॥ भारत माता की जय॥

## संघ की प्रतिज्ञा

सर्वशक्तिमान् श्री परमेश्वर तथा अपने पूर्वजों का स्मरण कर मैं प्रतिज्ञा करता हूँ कि अपने पवित्र हिंदू धर्म, हिंदू संस्कृति तथा हिंदू समाज का संरक्षण कर हिंदू राष्ट्र की सर्वांगीण उन्नति करने के लिए मैं राष्ट्रीय स्वयंसेवक संघ का घटक बना

हूँ। संघ का कार्य मैं प्रामाणिकता, निस्स्वार्थ बुद्धि तथा तन-मन-धनपूर्वक करूँगा और इस व्रत का मैं आजन्म पालन करूँगा।

भारत माता की जय।

## संघ रचना दायित्वानुसार

संघ के मार्गदर्शक और मुखिया, केंद्रीय कार्यकारी मंडल की राय से पूर्व सरसंघचालक द्वारा नामित। → सरसंघचालक

↓

संघ की अखिल भारतीय प्रतिनिधि सभा द्वारा चयनित महासचिव, सरसंघचालक के कार्याधिकारी और केंद्रीय कार्यकारी मंडल अध्यक्ष → सरकार्यवाह

↓

↓ सह-सरकार्यवाह ↓ अखिल भारतीय बौद्धिक प्रमुख

संयुक्त सचिव के दो पद →
(वर्तमान में 4)
सरकार्यवाह द्वारा नियुक्त

↓ अखिल भारतीय शारीरिक प्रमुख ↓ अखिल भारतीय निधि प्रमुख ↓ अखिल भारतीय प्रचार प्रमुख ↓ प्रत्येक क्षेत्र में प्रांतीय संघचालक

## संघ परिवार : एक दृष्टि में

- भारतीय जनता पार्टी
- अखिल भारतीय विद्यार्थी परिषद्
- राष्ट्र सेविका समिति
- भारतीय किसान संघ
- विश्व हिंदू परिषद्
- बजरंग दल
- वनवासी कल्याण आश्रम
- भारतीय मजदूर संघ
- स्वदेशी जागरण मंच
- हिंदू युवा वाहिनी
- हिंदू विवेक केंद्र
- सेवा भारती

- सहकार भारती
- संस्कार भारती
- दुर्गा वाहिनी
- अखिल भारतीय साहित्य परिषद्
- 'पाञ्चजन्य' एवं 'ऑर्गेनाइजर' (पत्रिका)
- विद्या भारती
- राष्ट्रीय सिख संगत
- क्रीड़ा भारती
- हिंदू स्वयंसेवक संघ (विदेशों में)

□□□